História do Dinheiro

Volume II

O valor das moedas, das coisas e do trabalho na Idade Moderna

Antonio Luiz M. C. Costa

1ª edição

Editora Draco

São Paulo
2020

Antonio Luiz M. C. Costa

Formou-se em engenharia de produção e filosofia, fez pós-graduação em economia e foi analista de investimentos e assessor econômico-financeiro antes de reencontrar sua vocação na escrita, no jornalismo e na ficção especulativa. Além de já ter escrito sobre a realidade na revista CartaCapital, é autor do romance *Crônicas de Atlântida: o tabuleiro dos deuses*, *Crônicas de Atlântida: O olho de Agarta* e de dezenas de contos e novelas.

© 2020 by Antonio Luiz M. C. Costa

Todos os direitos reservados à Editora Draco

Publisher: Erick Santos Cardoso
Revisão: Ana Lúcia Merege
Capa: Ericksama

Dados Internacionais de Catalogação na Publicação (CIP)
Ana Lúcia Merege 4667/CRB7

C 837

Costa, Antonio Luiz M. C.

História do dinheiro - volume II: O valor das moedas, das coisas e do trabalho na Idade Moderna / Antonio M. C. Costa. – São Paulo : Draco, 2020.

ISBN 978-85-8243-274-7

1. Moeda - História   2. Dinheiro - História   I. Título

CDD-332.49

Índices para catálogo sistemático:
1. Moeda - História 332.49

1ª edição, 2020

Editora Draco
R. César Beccaria, 27 - casa 1
Jd. da Glória – São Paulo – SP
CEP 01547-060
editoradraco@gmail.com
www.editoradraco.com
www.facebook.com/editoradraco
Twitter e Instagram: @editoradraco

Sumário

Sumário 5

Introdução 8

Idade Moderna 10

A revolução da prata 13

A cunhagem mecânica 19

A revolução do ouro 20

A revolução do papel 22

Aviltamentos e inflação 23

O poder aquisitivo da prata na Idade Moderna (Inglaterra) 25

Outros países europeus 32

Orçamentos dos reinos europeus 36

Espanha 38

A viagem de Colombo 43

Carlos V (1516-1556), rei Carlos I da Espanha 45

A conquista das Américas 49

Filipe II (1556-1598) 52

Século XVII 55

Século XVIII 63

Portugal 70

A idade de ouro dos Descobrimentos (1481-1580) 71

Vasco da Gama e o Venturoso 72

União Ibérica (1580-1640) 78

Restauração (1640-1706) 80

A idade do ouro das Minas Gerais e a decadência (1707-1808) 85

A origem do cifrão 88

Brasil Colônia 92

União Ibérica (1580-1640) 95

Brasil holandês ou Nova Holanda (1630-1654) 98

Restauração (1640-1706) 101

A descoberta do ouro e o início da cunhagem no Brasil 107

O Ciclo do Ouro (1706-1799) 110

Maranhão 112

Minas Gerais 113

A regência de D. João até o Reino Unido (1799-1815) 117

Inglaterra e Grã-Bretanha 122

Século XVI: a dinastia Tudor
(1485-1603) 123

Irlanda 134

Século XVII: A dinastia
Stuart e a Revolução Puritana
(1603-1714) 135

Século XVIII: Reino da
Grã-Bretanha e Era Georgiana 139

COLÔNIAS BRITÂNICAS
NAS AMÉRICAS 156

Virgínia 159

Plymouth e os "pais peregrinos" 160

A idade de ouro da pirataria 162

Moedas coloniais no século XVIII 166

América do Norte, 1701-1775 168

Estados Unidos
da América (1775-1800) 171

FRANÇA 178

Século XVI 180

Século XVII 183

Século XVIII 189

Revolução Francesa (1789-1800) 192

SACRO IMPÉRIO ROMANO
E PRÚSSIA 196

O surgimento do Gulden
e do Thaler 197

O Reichsthaler imperial
(1566-1750) 201

A ascensão da Prússia
e a Convenção de Leipzig 206

O Reichsthaler prussiano
e o Conventionsthaler
austríaco (1750-1800) 209

PAÍSES-BAIXOS
HOLANDESES 216

A era de Carlos V (1515-1555) 219

Filipe II e o domínio
espanhol (1555-1588) 221

O Século de Ouro dos
Países-Baixos (1584-1702) 225

Os Países-Baixos no
século XVIII (1702-1810) 238

SUÉCIA 242

Primeiro século de
independência (1523-1623) 243

Três metais e cinco ou
mais moedas (1624-1719) 247

A Suécia absolutista (1776-1809) ... 262

ITÁLIA 264

Veneza 266

Milão 272

Gênova 276

Florença (depois grão-ducado
da Toscana) 282

Roma (Estados Pontifícios) 287

Nápoles (Reino da Sicília Citerior) ... 290

Turim (ducado de Savoia,
depois reino da Sardenha) 293

HUNGRIA 298

POLÔNIA-LITUÂNIA 304

Rússia 314

Império Otomano 324

Irã 332

Bibliografia 340

Financiadores que
valem ouro 344

Introdução

O primeiro volume da série sobre a história do dinheiro cobriu a Antiguidade e a Idade Média. Este segundo volume é uma descrição abrangente da evolução dos sistemas monetários na Europa e Oriente Médio do século XVI ao XVIII, o período tradicionalmente chamado de Idade Moderna. A Idade Contemporânea ficará para o terceiro volume e a história dos sistemas monetários do Extremo Oriente, Sul da Ásia e África subsaariana, para o quarto e último volume.

Para facilitar as comparações, introduzimos uma unidade de medida do poder aquisitivo, ou moeda imaginária, que chamaremos de **numo**[1] e representaremos por ñ.

O valor do numo foi escolhido de maneira arbitrária, mas cômoda. Os múltiplos simples correspondem em números redondos a referências comuns[2]:

Exemplo	ñ
Uma libra esterlina da era vitoriana (1837-1901) na Inglaterra	1.000
Um dólar dos anos 1920 nos EUA	100
Um real em 2015 no Brasil	4
Um dia de salário mínimo nacional brasileiro em 2015	100
Um dia de consumo digno de um trabalhador pré-industrial	25
Limiar de pobreza extrema do Banco Mundial, renda per capita diária	10
Fruta popular média ou ovo de galinha	1 a 2

(*)Como se recebia por dia efetivamente trabalhado e normalmente não se trabalhava mais de 250 dias por ano, um salário diário de 100 garantia um consumo de 75.

---

1 Do latim *nummus*, "moeda", é um sinônimo pouco usado de "dinheiro" em português e também o nome de várias moedas romanas e de uma unidade de conta na era bizantina.
2 Mais Informações sobre o numo e a ciência da comparação de valores monetários podem ser encontradas em *História do Dinheiro v. I*.

Idade Moderna

A Idade Moderna, que para nossos fins é o período que se inicia com as primeiras navegações europeias para as Índias e Américas (final do século XVI) e se encerra com a Revolução Francesa, é um período de intensa remonetarização da economia e das relações sociais na Europa e de expansão do modelo europeu de moeda e crédito para o restante do mundo, juntamente com armas de fogo portáteis e conversões forçadas ao cristianismo. Na Europa, o desenvolvimento estatisticamente mais espetacular do período é a difusão da palavra escrita e da alfabetização.

Produção de livros manuscritos ou impressos na Europa (exceto Rússia)

Período	Século	Manuscritos, total	Livros impressos, total	Por milhão de habitantes
Alta Idade Média	VI	13.552	–	6,5
	VII	10.639	–	5,3
	VIII	43.702	–	20,9
	IX	201.742	–	88,1
	X	135.637	–	52,6
Baixa Idade Média	XI	212.030	–	70,2
	XII	768.721	–	206,1
	XIII	1.761.951	–	330,0
	XIV	2.746.951	–	507,8
	XV	4.999.161	12.589.000	2.340,0
Idade Moderna	XVI	–	217.444.000	46.900,0
	XVII	–	531.941.000	107.300,0
	XVIII	–	983.874.000	188.100,0

Fonte: Eltjo Buringh e Jan Luiten Van Zanden

Taxas de alfabetização (% de adultos capazes de assinar o próprio nome)

País	1500	1800
Holanda	10%	68%
Grã-Bretanha	6%	53%
Bélgica	10%	49%
França	7%	37%
Alemanha	6%	35%
Itália	9%	22%
Espanha	9%	20%
Polônia	6%	21%

Fonte: Robert C. Allen

Não se tratou de um progresso linear da razão e do esclarecimento, como acreditaram os entusiastas do Iluminismo. Ao contrário da crença popular, a caça às bruxas foi um fenômeno típico da Idade Moderna e não da Idade Média. A Inquisição, as guerras religiosas entre cristãos e as perseguições a judeus e muçulmanos, embora tenham existido em tempos medievais, também cresceram muito na Idade Moderna. Por um lado, tornou-se popular o fundamentalismo no sentido próprio da palavra, de adesão a uma interpretação literal, simplista e inflexível de dogmas e textos religiosos; isso pressupõe alfabetização e acesso direto das massas aos livros sagrados, em contraste com o mero tradicionalismo, no qual as crenças são transmitidas ao povo por um clero letrado e relativamente culto, possivelmente manipulativo, porém mais consciente dos problemas de interpretação e contexto e mais aberto ao debate teológico. Por outro lado, foi um período de grandes mudanças culturais, sociais e econômicas, incompreensíveis para a maioria dos envolvidos, cujo mal-estar frequentemente se expressou na forma de movimentos messiânicos e sectários.

O feudalismo, gradualmente convertido em um sistema de propriedade senhorial submetida a governos monárquicos cada vez mais fortes e centralizados, ainda tinha um papel relevante no Ocidente e mesmo ascendente na Rússia, mas o setor dinâmico da economia era o capitalismo mercantil, impulsionado por uma burguesia que lucrava direta ou indiretamente com o comércio ultramarino e colonial (especiarias, escravos, prata, açúcar, chá, café, porcelanas) e pouco a pouco ascendia na hierarquia social, embora a nobreza tradicional ainda detivesse, na maior parte da Europa, o monopólio do poder político e militar, e o ideal dos mercadores burgueses ainda fosse ascender à nobreza por meio da compra de terras e títulos.

As formas tradicionais e informais de crédito usadas no comércio local durante toda a Idade Média, vendas "fiadas" a serem pagas quando a colheita permitisse, caíram em descrédito e foram desencorajadas ou vetadas pelas autoridades, cada vez mais ciosas do controle da circulação monetária. Moedas privadas e alternativas (como os "contos" medievais) foram proibidas, e o dinheiro vivo cada vez mais exigido nas transações quotidianas. O empréstimo a juros tornou-se rotineiro no comércio, perdeu gradualmente o caráter de crime ou pecado, e as condenações tradicionais das igrejas à usura perderam a força e foram esquecidas. Com isso, os juros comerciais caíram para patamares mais baixos, mas aqueles cobrados de consumidores em apuros continuaram muito altos. As punições para devedores inadimplentes se tornaram cada vez mais severas e infamantes, incluindo prisão e trabalho forçado nas Américas.

Outrora subestimados pelos historiadores europeus, o impacto e a importância da exploração colonial na economia e ecologia mundiais só em tempos recentes vieram a ser devidamente avaliados. O momento hoje mais citado como do início do Antropoceno, ou seja, o período geológico em que o planeta passou a ser dominado pela atividade humana, é o chamado *Orbis Spike* ("Pico Mundial") de 1610, marcado pela queda brusca do conteúdo de dióxido de carbono na atmosfera, resultante da destruição da agricultura e recrescimento de florestas nas Américas após o extermínio de pelo menos 50 milhões de indígenas. Isso deflagrou um esfriamento temporário do planeta e coincidiu com os efeitos econômicos, demográficos e ecológicos da troca massiva de espécies vegetais e animais entre os continentes e do início da escravidão africana em grande escala.

A revolução da prata

O início da Idade Moderna foi marcado por um enorme aumento da quantidade de moeda em circulação, inicialmente pelo saque colonial do ouro e prata dos templos astecas e incas e depois pela exploração de minas de prata nas Américas. De 1503 a 1600, 153,6 toneladas de ouro e 7.439 de prata das Américas entraram pelo porto de Sevilha; de 1601 a 1660, foram 27,8 toneladas de ouro e 9.448 toneladas de prata.

A invenção do processo de amalgamação com mercúrio, introduzido nas minas mexicanas de Pachuca (atual estado de Hidalgo) por Bartolomé de Medina em 1554, permitiu uma produtividade jamais vista, principalmente quando foi aplicado às minas de Potosí (descobertas em 1545 na atual Bolívia), a partir de 1571. O processo era conhecido de romanos e árabes, que o aplicaram em pequena escala, mas as inovações criadas no México e as propriedades dos minérios das Américas o tornaram revolucionário e o fizeram dominar a produção mundial.

Período	Porcentagem da produção mundial de prata			
	Alto Peru (atual Bolívia)	Baixo Peru (atual Peru)	México	Total
1493-1600	48%	13%	12%	72%
1601-1700	36%	26%	24%	86%
1701-1800	12%	20%	57%	88%
1801-1850	9,5%	15%	57%	81%

Fonte: Jerome O. Nriagu. 1994.

Nos Andes, as jazidas eram exploradas por meio de concessões da coroa espanhola a empreendedores que contavam com o trabalho forçado de indígenas em regime de "mita", sorteados para servir em condições degradantes, além de escravos africanos e trabalhadores voluntários. No auge da exploração de Potosí, por volta de 1625, a população atingiu 160 mil habitantes, o que a fazia a maior cidade das Américas, comparável a Londres e Paris. As expressões "vale um Potosí" e "vale um Peru" se tornaram proverbiais em espanhol para um valor inestimável, enquanto a região andina vivia seu período de maior miséria. Estima-se que de quatro milhões a oito milhões de trabalhadores morreram em Potosí durante os quase três séculos de funcionamento das minas do Alto Peru. Delas foram extraídas cerca de 60 mil toneladas de prata pura, dois terços das quais de 1570 a 1660.

A produção de prata chegou a parecer excessiva. Nos anos 1540, a queda do poder aquisitivo do metal ameaçava inviabilizar as minas do Novo Mundo e fazer fracassar o projeto colonial espanhol. Este só pôde ser salvo graças aos famosos "negócios da China", tão vitais para a prosperidade e a expansão colonial da Europa Moderna quanto o trabalho forçado dos indígenas e a escravização dos africanos.

Por razões explicadas em pormenores na seção sobre o Extremo Oriente, a dinastia Ming abandonou em meados do século XV o papel-moeda inventado e usado pelos chineses desde o século XI e passou a usar lingotes de prata nas grandes transações. Para sustentar o vasto crescimento da economia e da população (de 155 milhões em 1500 para 268 milhões em 1650), seu império necessitava de um enorme influxo de prata. Como sua demanda era praticamente ilimitada e a prata ali valia muito mais – 1:5 a 1:7 relativamente ao ouro na China do século XVI, ante 1:12 a 1:14 na Europa do mesmo período –, o comércio de seda, porcelana, chá e outros produtos chineses em troca de prata proporcionava enormes lucros aos mercadores, e ainda mais aos banqueiros que controlavam as alavancas financeiras desse fluxo, que chegou a 50 toneladas de prata por ano no final do século XVI e 116 no início do XVII. Só então atingiu certa estabilidade o poder aquisitivo da prata, que de 1500 a 1575 caíra 53%. Independentemente de medidas dos governos para reduzir ou aviltar as moedas, os preços europeus subiram em média 113%, o equivalente a uma inflação média de 1,0% ao ano.

A prata mexicana era embarcada em Veracruz, no Golfo do México, e a andina saía do porto peruano de Callao para o Panamá, onde atravessava o istmo por terra para ser reembarcada no porto caribenho de Colón. Rumo à Europa ou à Ásia, as duas rotas atravessavam o Caribe em galeões visados por piratas e corsários, cujos saques eram na maior parte constituídos de "peças de oito" (reais) espanholas, embora sonhassem com os bem menos comuns *dobloons* ou *onzas de oro* de oito escudos (128 reais). A partir da conquista espanhola das Filipinas, em 1571, parte da prata passou a seguir diretamente para Cantão, no Oriente, atravessando o Oceano Pacífico e desafiando os piratas da Malásia, Indonésia e sul da China.

A prata que escapava aos piratas e chegava à Espanha não se acumulava por muito tempo no tesouro de Valladolid (capital informal de Castela e dos Reis Católicos até 1561) ou Madri (capital formal do Império Espanhol a partir de Filipe II). A maior parte financiaria a luta dos reis espanhóis pela hegemonia europeia e enchia os bolsos de mercenários, armeiros, mercadores, comerciantes, construtores navais e banqueiros.

A aristocracia e os fornecedores do Império Espanhol, por sua vez, gastaram seus pesos para importar bens manufaturados, tais como tecidos, joias, louça e marcenaria, bem como os produtos do comércio asiático. Assim impulsionaram o desenvolvimento manufatureiro, militar e naval de seus rivais na França, Holanda e Inglaterra.

A prata fora a base da maioria dos sistemas monetários desde a Antiguidade[1], mas nunca de maneira tão hegemônica, a ponto de *plata* tornar-se sinônimo de "dinheiro" em castelhano (e também em outras línguas). Na Baixa Idade Média, haviam existido nos centros comerciais da Europa vários sistemas monetários paralelos – ouro, prata, bolhão e escritural – que eram até certo ponto independentes, embora conectados por cambistas e controlados com rédea curta pelos governos. Reis e cidades-estados recorriam com frequência e alguma facilidade à substituição forçada do relativamente escasso meio circulante e à mudança dos conteúdos metálicos e valores relativos das moedas para se financiarem.

No século XVI, a avalanche de prata das Américas e o enorme crescimento da importância relativa do comércio internacional e colonial tornou esse controle muito mais difícil. O tamanho e alcance dos fluxos financeiros tornaram-se grandes demais para serem controlados com eficácia dentro de um país ou mesmo de um império. A "quebra" da moeda tornou-se relativamente inócua e incapaz de atrair metal precioso na medida necessária. Mais do que antes, os governos ficaram à mercê de empréstimos de banqueiros, a menos que conseguissem reter e taxar parte da prata que passava por seus países. Por isso o prestígio das doutrinas e políticas do mercantilismo. Incremento das exportações, restrição das importações, repressão do contrabando, implantação de manufaturas locais, proteção de monopólios e fundação de colônias se tornaram a base das políticas econômicas, visando a acumulação da maior quantidade possível de metal precioso dentro das fronteiras.

As moedas de bolhão, base de quase todos os sistemas monetários da Baixa Idade Média, desapareceram ou se tornaram moedas fracionárias de importância secundária. Por outro lado, moedas de cobre ou bronze, praticamente inexistentes ou encontradas só como "contos" ou fichas de crédito de uso informal e privado antes do século XV, passaram gradualmente (graças à cunhagem a

---

1 Exceções notáveis: Lídia e Jônia (electro), República Romana (cobre), Império Romano (moeda fiduciária de latão), China medieval (cobre e papel-moeda), bizantinos e abássidas (ouro).

máquina, que as tornou mais difíceis de falsificar) a ser aceitas no varejo em todos os países como moedas fracionárias de menor valor. Na Suécia, carente de prata, houve até mesmo uma tentativa de adotar o cobre como base do sistema monetário.

Devido à escassez relativa de ouro, o comércio internacional, que durante a Baixa Idade Média se baseara principalmente em pequenos florins ou ducados de ouro (cerca de 3,5 gramas), passou a ser praticado principalmente com grandes moedas de prata. Estas apareceram pela primeira vez no Tirol em 1486 com 31,93 gramas e o mesmo valor do *Gulden* de ouro (florim, literalmente "áureo") e por isso chamadas *Guldengroschen* ("Grosso áureo"), mas foi na forma ligeiramente reduzida (27,47 gramas de prata 93%), cunhada com o nome de *real de a ocho* (real de oito ou peça de oito reais) ou *peso* a partir de 1543 na Espanha, 1568 em Lima e depois no México, Potosí e outras colônias, que elas conduziram o comércio marítimo da Idade Moderna. Pela diminuição e pela mudança na relação de preços entre os metais, valiam 8 reais espanhóis, a metade do escudo espanhol de 16 reais, equivalente ao florim tradicional. Era praticamente igual em conteúdo de prata ao *Reichsthaler* (29,23 g de prata 89%), adotado como moeda padrão no Sacro Império em 1566 e que circulou pela Europa, Mediterrâneo e Oriente Médio. As duas moedas muitas vezes recebiam o mesmo nome informal.

Esses pesos e táleres se impuseram a formas de dinheiro e trocas tradicionais nas Américas, Ásia e África, e foram mais tarde imitadas por cunhagens locais. Receberam muitos nomes populares, alguns dos quais ainda hoje usados para unidades monetárias delas derivadas:

> **peso** (no Império Espanhol e depois nas repúblicas hispânicas das Américas),
>
> **duro** (Espanha a partir de 1686, de *peso duro* ou *peso fuerte,* usado nas colônias e comércio exterior, em contraste com o *peso maria* ou *peso sencillo,* 20% inferior, para as províncias)
>
> **táler** (Sacro Império, abreviação de *Joachimsthaler,* "do vale de São Joaquim", na Boêmia, onde foi inicialmente cunhado e depois de *Reichsthaler,* "táler imperial"),

dáler ou **rixdáler** (holandês *daalder* ou *rijksdaalder* e sueco *dalder* ou *riksdalder*),

tólar (países eslavos, derivado de *thaler*),

dólar (nas colônias britânicas e depois nos Estados Unidos da América, idem),

tala (ilhas Samoa, derivado de "dólar"),

butaca (Egito, de *abu taqa*, "pai da janela", pelo desenho do escudo espanhol identificado popularmente como uma janela),

pataca (Portugal e colônias, inclusive Brasil, etimologia duvidosa[2]),

piastra (Itália, difundido por Veneza pelo Mediterrâneo e depois usado também na Indochina Francesa, do latim *plastrum*, "emplastro", "coisa amassada"),

kurush (Império Otomano, termo derivado do italiano *grosso*),

riyal (países árabes, do castelhano *real*),

riel (Camboja, derivado khmer do castelhano *real*)

birr (Etiópia, "prata" em amárico e geez),

ringgit (Malásia, "serrilhado" em malaio),

yuan (China, "redondo" em mandarim),

yen (Japão, "redondo" em japonês),

dong (Vietnã, literalmente "cobre", no sentido de dinheiro),

kip (Laos, "lingote").

---

[2] Às vezes tido como derivado de "butaca", mas *patacca* (italiano) e *patac* (provençal), de origem desconhecida, eram usados para moedas semelhantes ao grosso desde o século XIV, pelo menos.

A cunhagem mecânica

Uma inovação importante foi a cunhagem mecânica. Até a primeira metade do século XVI, a Europa continuava a praticar a cunhagem a martelo inventada na Grécia Antiga, que começou a se tornar impraticável com o aumento na oferta de metais preciosos das Américas. A sobrecarga de trabalho resultou em moedas de baixa qualidade, fáceis de falsificar ou "cercear", ou seja, de ter metal precioso cortado ou raspado das bordas.

Em 1550, o embaixador francês em Augsburgo, Charles de Marillac, soube que um engenheiro local, Marx Schwab, aperfeiçoara um processo mecânico de laminar lingotes com a espessura necessária, cortar discos ou *flans* de metal laminado e cunhar sobre esses discos, por meio de uma prensa conhecida como balancim, moedas perfeitamente redondas e difíceis de falsificar e nas quais as tentativas de limar ou aparar as bordas seriam facilmente detectadas. O governo francês comprou o processo em uma negociação secreta e o instalou em 1551. Os moedeiros franceses protestaram, porém, contra a inovação, e, antes de uma década, os ex-funcionários do *Moulin des Étuves* foram trabalhar em outros países. A Inglaterra usou o processo em uma grande operação de recunhagem em 1560, mas o abandonou em seguida.

Zurique e Heidelberg experimentaram balancins de cunhagem em 1558 e 1567, respectivamente, e a casa da moeda de Hall, no Tirol, os adotou definitivamente em 1567. A técnica se difundiu para Colônia em 1568, Dresden em 1574, Kremnica (Eslováquia) e Dantzig (atual Gdansk, Polônia) em 1577, mas o primeiro a usá-la em grande escala foi Filipe II de Espanha, que em 1580 investiu fundos pessoais para usar o novo processo na *Real Casa de la Moneda* de Segóvia, usando máquinas hidráulicas. As casas operadas pelo Tesouro Nacional espanhol continuaram, porém, a usar a cunhagem a martelo por muito tempo. A Casa da Moeda de Madri adotou as máquinas em 1700, a do México em 1732 e a de Lima em 1751. Antes disso, o balancim foi readotado na França em 1639 e na Grã-Bretanha em 1662. Portugal começou a usá-lo em 1678 e o Brasil em 1694. Enquanto a cunhagem tradicional a martelo permitia produzir 12 peças por minuto, as primeiras prensas mecânicas produziam 20 a 30 moedas no mesmo tempo. Além disso, o processo permitia o uso de um "terceiro cunho" (além daqueles que gravavam o anverso e o reverso) para imprimir uma serrilha ou legenda à borda, de forma a tornar ainda mais óbvias as tentativas de cerceio.

Em 1789, o empresário britânico Matthew Boulton instalou as oito primeiras prensas a vapor, com capacidade para 70 a 84 moedas por minuto cada uma, inicialmente para cunhar fichas de cobre encomendadas por empresas privadas para facilitar o troco. Em 1797, obteve também um contrato do Estado e começou a cunhar moedas oficiais.

A revolução do ouro

As moedas de ouro tinham prestígio, e os ducados ou florins continuaram a ser a base da contabilidade das transações internacionais na Europa até o século XVII, mas, no início da Idade Moderna, representavam uma parte relativamente pequena e decrescente do meio circulante efetivo. Sua escassez relativa ante o aumento da oferta de prata fez a relação entre os preços do ouro e da prata, que girou em torno de 10:1 durante a maior parte da Antiguidade e Idade Média (China à parte), passar a cerca de 15:1 no início do século XVIII.

A produção de ouro só avançaria em proporção comparável no século XVIII, depois de bandeirantes paulistas anunciarem a descoberta das jazidas de Minas Gerais e iniciarem em 1695 o ciclo cujo auge seria de 1730 a 1770. Em meados do século, o Brasil produzia cerca de 75% do ouro do mundo ocidental. Por volta de 1770, essa participação havia caído para cerca de 50%.

Maiores produtores de ouro nos anos 1750

Região	Toneladas por ano	% da produção mundial
Brasil	15,6 a 17,1	72% a 75%
Chile	1,1 a 1,2	5%
Peru	0,8 a 0,9	4%
México	0,8 a 0,9	4%
Alto Peru (atual Bolívia)	0,3 a 0,5	1% a 2%
África (principalmente a atual Gana)	2,3 a 3,1	11% a 13%
Total	20,8 a 23,8	100%

Fonte: Virtual Gold

Assim como a superprodução de prata do México e Peru provocara uma alta generalizada de preços no século XVI, a superprodução de ouro no Brasil teve efeito comparável no século XVIII. Entre 1740 e 1790, antes que as guerras revolucionárias mostrassem seus efeitos, os preços europeus em prata ou ouro subiram 40%, o correspondente a uma inflação anual de 0,7%, independentemente de qualquer medida inflacionária.

Isso interrompeu a escalada do preço relativo do ouro, permitiu a cunhagem de moedas de ouro em maior escala e a transição para o padrão-ouro na Grã-Bretanha. Esta ocorreu, porém, de forma acidental. Nos anos 1680 e 1690, o desgaste, cerceio e falsificação de moedas de prata deteriorou drasticamente o meio circulante, resultando em sua desvalorização e em alta dos preços. Os guinéus de ouro, teoricamente de 20 xelins, chegaram em 1696 a ser avaliados por 28 xelins. Para tentar solucionar o problema, o governo britânico efetuou uma vasta operação de recunhagem de moedas e perseguição aos falsários, comandada por Isaac Newton. Do ponto de vista técnico, foi um sucesso. Falsificadores foram enforcados e esquartejados às dezenas, e as moedas reduzidas e falsas substituídas por moedas novas e mais difíceis de adulterar, cunhadas a máquina e com bordas serrilhadas. O saneamento foi acompanhado pela tentativa de fixar o valor dos guinéus de ouro em 21½ xelins, enquanto o preço do ouro em relação à prata tendia a cair no mercado internacional. Isso estimulou o derretimento e a exportação da prata para importar ouro. Para conter essa tendência, Newton recomendou em 1717 a redução do valor do guinéu para 21 xelins, mas foi insuficiente.

Enquanto isso, o Tratado de Methuen, em vigor entre a Inglaterra e Portugal desde 1703, proporcionava uma forte injeção de ouro na economia britânica, uma vez que o comércio de panos, ferro e trigo inglês por vinho português era deficitário para Portugal, que pagava suas importações com ouro extraído do Brasil. Em meados do século XVIII, havia mais moedas portuguesas do que nacionais em circulação na Inglaterra. Estima-se que, de 1700 a 1790, entraram na Inglaterra 329 toneladas de ouro brasileiro, o equivalente a £45 milhões.

Durante o século XVIII, a prata, exceto pelas moedas mais deterioradas, praticamente desapareceu do meio circulante britânico. Em 1774 deixou de ser obrigatório aceitá-las no pagamento de somas maiores que 25 libras. Isso significava, na prática, a adoção do padrão-ouro, tanto que em 1785, quando o preço internacional da prata começou a cair e o metal a retornar à Grã-Bretanha, sua cunhagem foi suspensa devido ao receio de desestabilização do sistema monetário baseado no ouro já vigente na prática. A oficialização do padrão-ouro só se daria, porém, em 1816.

A revolução do papel

A moeda escritural, originalmente baseada na prata, cresceu de importância com o aumento das transações internacionais e o desenvolvimento do sistema bancário na Idade Moderna. Notas promissórias e letras de câmbio, já usadas na Baixa Idade Média, tornaram-se ainda mais rotineiras e deram origem ao papel-moeda ocidental.

No século XVI, os cambistas-ourives-banqueiros de Londres começaram a emitir notas pagáveis em moedas a depositários que a eles confiavam seu ouro. Seus clientes podiam endossar essas notas a terceiros, de modo que começaram a servir como papel-moeda. Ao constatar a ampla aceitação dessas notas, acabavam por emiti-las em valor superior às suas reservas de metal precioso, contando com que seus portadores não fossem resgatá-las todas ao mesmo tempo. Com isso, multiplicavam de fato seus ativos, seus próprios lucros e o dinheiro em circulação, mas se expunham à falência no caso de uma crise provocar uma corrida a seus depósitos e pôr sua credibilidade em dúvida. Isso ocorreu muitas vezes e continua a acontecer com bancos modernos.

A primeira emissão de notas de banco por um banco central (privado) ocorreu em 1661 pelo Stockholms Bank, um antecessor do Banco da Suécia, como substituto prático das pesadas placas de cobre usadas então no país como moeda. O banco faliu três anos depois, porém, após aumentar exageradamente a oferta de papel-moeda.

Mais bem-sucedida foi a fundação do Banco da Inglaterra em 1694, para arrecadar fundos para a guerra contra a França em troca de um monopólio real para a emissão de papel-moeda. Inicialmente manuscritas e especificadas em valores exatos de depósito ou empréstimo, as notas foram, a partir de 1745, padronizadas em valores de £20 a £1.000. Como a emissão era superior aos depósitos, o Banco correu risco de falência em várias crises a partir de 1696, mas sua importância para a gestão da dívida pública levou o governo britânico a salvá-lo.

Essa disposição do governo britânico de proteger e sustentar a credibilidade do papel-moeda tornou possível o dinheiro moderno, baseado 1) na gestão e monetização da dívida pública e 2) na garantia de resgate em metal precioso. Apesar de as teorias econômicas dominantes nos séculos XIX e grande parte do XX considerarem este segundo aspecto como essencial, na prática mostrou-se acessório. A emissão de papel-moeda foi desde o início muito superior às reservas metálicas do banco emissor, e o governo teve de suspender sua conversibilidade sempre que uma crise de liquidez causada por guerras, crises econômicas ou corridas bancárias ameaçou quebrar a autoridade monetária, como aconteceu no estouro da bolha especulativa dos Mares do Sul, na Guerra dos Sete Anos e na Revolução Francesa.

A única garantia real do valor do papel-moeda foi, desde o início, a moderação das autoridades monetárias e sua disposição de regular a emissão mais pelo estado da economia do que pela disponibilidade de ouro ou prata. A possibilidade de esticar e eventualmente cortar o cordão umbilical entre o papel-moeda e o lastro de metal no qual teoricamente se baseava foi inerente à moeda moderna e essencial ao financiamento dos Estados que a emitiam, assim como a possibilidade de quebra do padrão monetário para a moeda e Estados medievais.

A quantidade de metal precioso, por mais que se descobrissem novas jazidas, não bastaria para movimentar o crescimento da economia a partir da Revolução Industrial, deflagrada pela invenção de máquinas têxteis na Inglaterra a partir dos anos 1730, muito menos para atender às despesas emergenciais criadas pelas grandes guerras. Ao se encerrar a Idade Moderna, por volta de 1800, apenas 33% do meio circulante nos países industrializados (cerca da metade na Inglaterra) era constituído de papel-moeda ou escritural, mas, em 1913, o montante chegaria a 90%. No século XX, a ligação entre o papel-moeda e o ouro seria cortada.

Aviltamentos e inflação

Durante a Idade Média, a quebra da moeda por aviltamento do metal, redução do peso ou redenominação fora um recurso rotineiro da maioria dos Estados europeus (com exceção da Inglaterra) quando a arrecadação tributária era insuficiente e precisavam fazer frente à guerra ou outras emergências. Na Idade Moderna, porém, essa estratégia tornou-se menos compensadora, ao menos para os países de economia mais moderna e dinâmica. Clientes de além-mar não podiam ser forçados a aceitar moeda de valor intrínseco reduzido, e os comerciantes voltados para eles, cada vez mais importantes e influentes, não queriam quebras. Além disso – o que talvez fosse mais importante –, investidores externos relutariam em aplicar seus fundos em bancos de países cuja moeda fosse sujeita a quebras, ou exigiriam juros muito mais altos.

As economias mais tradicionais, como a Polônia e o Império Otomano, continuaram a recorrer a quebras como na Idade Média, mas a Inglaterra e os Países-Baixos, onde as finanças se desenvolveram mais cedo, evitaram esse recurso depois de 1600, o que no segundo caso exigiu medidas de força da Holanda e Zelândia sobre as províncias mais pobres e interioranas. No caso da Espanha, as quebras pouparam a moeda usada nas colônias e no comércio exterior e afetaram apenas o mercado interno, o que limitou os ganhos para o Estado. Em algumas cidades-estados da Itália e do norte da Europa, as quebras continuaram a ser aplicadas à moeda corrente, mas os bancos foram autorizados a trabalhar com moedas escriturais próprias, imunes a essas vicissitudes, para evitar a fuga de capitais. Em Gênova, por exemplo, as "liras de numerário" nas quais eram denominadas as contas no Banco di San Giorgio mantiveram sua paridade em metal precioso de 1602 a 1790, enquanto as liras genovesas perderam 55% de seu conteúdo em prata no mesmo período.

Com o início da popularização do papel-moeda, outro tipo de ganho de senhoriagem tornou-se possível, mas os riscos de abusos e perda de credibilidade eram maiores, principalmente quando os emissores não tinham experiência, nem respaldo firme do Estado. Enquanto a experiência britânica foi bem-sucedida, outras fracassaram de forma espetacular. Com isso, os dois maiores rivais dos britânicos, a França e os Estados Unidos, só vieram a ter papel-moeda confiável na segunda metade do século XIX.

Em 1716, com o tesouro francês endividado a ponto de não conseguir pagar os bônus de dívida emitidos, o banqueiro escocês John Law convenceu o regente Filipe de Orléans a criar um *Banque Générale* para emitir papel-moeda segundo o modelo inglês. Entretanto, os inimigos de Law promoveram uma corrida bancária que em 1720 levou à falência o banco e desacreditou suas notas. Durante a Revolução Francesa, a emissão excessiva dos *assignats* para financiar um governo sitiado provocou uma inflação galopante. Tais experiências retardaram a aceitação do papel-moeda e a modernização do sistema bancário na França.

As colônias britânicas da América do Norte, onde a moeda metálica era ainda mais escassa do que na metrópole, recorreram ainda mais amplamente à emissão de papel-moeda, na forma de títulos de crédito emitidos pelos governos coloniais, usados por estes para pagar despesas, aceitos no pagamento de impostos e eventualmente transformados em moeda legal de aceitação obrigatória. Entretanto, a emissão abusiva e descoordenada durante a Guerra de Independência, tanto pelas colônias transformadas em estados quanto pelo governo da Confederação e pelo governo colonial britânico que resistia em Nova York, provocaram uma inflação galopante que desmoralizou o papel-moeda continental e originou um longo retrocesso na política monetária dos Estados Unidos.

O poder aquisitivo da prata na Idade Moderna (Inglaterra)

O enorme aumento da oferta de prata criado pelo uso do processo de amalgamação nas minas das Américas reverteu o processo de deflação que marcara o final da Idade Média na Europa e provocou uma alta secular e generalizada de preços na Europa e no mundo. A relação de valor entre o ouro e a prata, que oscilara quase sempre entre 8:1 e 12:1 durante a Antiguidade e Idade Média, passou depois de 1610 a variar entre 13:1 e 18:1. No século XVIII, a descoberta do ouro das Minas Gerais impediu que ela continuasse a subir. As tabelas abaixo mostram a evolução do poder aquisitivo da prata na Inglaterra, com base em trabalhos de E. H. Phelps Brown e Sheila V. Hopkins.

Poder aquisitivo da prata
(ñ por grama de prata pura, média móvel centrada de 5 anos)

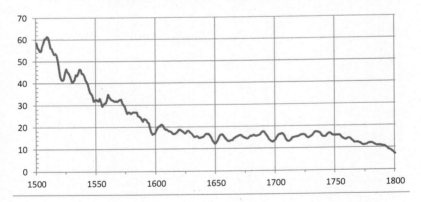

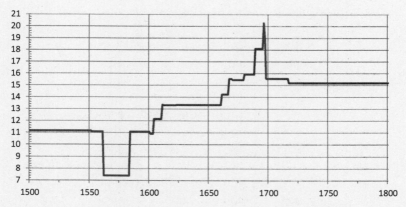

Obs: o "pico" na relação entre ouro e prata entre 1680 e 1696 é especificamente britânico e não reflete o mercado internacional.

1501-1550

ano	grama de prata ñ	peso (g) bruto	prata	penny (d) ñ
1501	56,1	0,78	0,72	40,4
1502	49,2	0,78	0,72	35,4
1503	52,7	0,78	0,72	37,9
1504	56,1	0,78	0,72	40,4
1505	58,3	0,78	0,72	41,9
1506	56,7	0,78	0,72	40,7
1507	61,3	0,78	0,72	44,1
1508	60,1	0,78	0,72	43,2
1509	65,3	0,78	0,72	46,9
1510	58,3	0,78	0,72	41,9
1511	61,9	0,78	0,72	44,5
1512	59,5	0,78	0,72	42,8
1513	50,0	0,78	0,72	36,0
1514	50,9	0,78	0,72	36,6
1515	56,1	0,78	0,72	40,4
1516	54,6	0,78	0,72	39,3
1517	54,1	0,78	0,72	38,9
1518	51,8	0,78	0,72	37,2
1519	46,6	0,78	0,72	33,5
1520	43,8	0,78	0,72	31,5
1521	36,0	0,78	0,72	25,9
1522	37,5	0,78	0,72	27,0
1523	44,2	0,78	0,72	31,8
1524	45,2	0,78	0,72	32,5
1525	46,6	0,78	0,72	33,5
1526	50,8	0,69	0,64	32,5
1527	46,0	0,69	0,64	29,4
1528	37,7	0,69	0,64	24,1
1529	42,5	0,69	0,64	27,2
1530	40,0	0,69	0,64	25,6
1531	43,9	0,69	0,64	28,0

1532	37,7	0,69	0,64	24,1
1533	40,0	0,69	0,64	25,6
1534	46,6	0,69	0,64	29,8
1535	51,6	0,69	0,64	33,0
1536	41,2	0,69	0,64	26,3
1537	43,6	0,69	0,64	27,9
1538	49,0	0,69	0,64	31,3
1539	46,0	0,69	0,64	29,4
1540	42,8	0,69	0,64	27,3
1541	40,9	0,69	0,64	26,2
1542	39,3	0,69	0,64	25,1
1543	39,5	0,69	0,64	25,3
1544	40,5	0,65	0,60	24,3
1545	37,7	0,65	0,60	22,6
1546	29,1	0,65	0,60	17,4
1547	31,2	0,65	0,60	18,7
1548	37,3	0,65	0,60	22,4
1549	33,7	0,65	0,60	20,2
1550	27,5	0,65	0,60	16,5

1551-1600

ano	grama de prata ñ	peso (g) bruto	prata	penny (d) ñ
1551	31,6	0,52	0,48	15,2
1552	32,6	0,52	0,48	15,6
1553	34,8	0,52	0,48	16,7
1554	32,6	0,52	0,48	15,6
1555	33,4	0,52	0,48	16,0
1556	24,3	0,52	0,48	11,7
1557	22,0	0,52	0,48	10,6
1558	39,2	0,52	0,48	18,8
1559	35,3	0,52	0,48	16,9
1560	34,0	0,52	0,48	16,3
1561	31,8	0,52	0,48	15,3
1562	33,9	0,52	0,48	16,2
1563	32,9	0,52	0,48	15,8
1564	32,0	0,52	0,48	15,3
1565	31,1	0,52	0,48	14,9
1566	31,4	0,52	0,48	15,1
1567	31,9	0,52	0,48	15,3
1568	32,1	0,52	0,48	15,4
1569	32,6	0,52	0,48	15,6
1570	30,0	0,52	0,48	14,4
1571	34,0	0,52	0,48	16,3
1572	33,4	0,52	0,48	16,0
1573	32,9	0,52	0,48	15,8
1574	24,1	0,52	0,48	11,5
1575	26,5	0,52	0,48	12,7
1576	29,2	0,52	0,48	14,0
1577	24,8	0,52	0,48	11,9
1578	25,7	0,52	0,48	12,3
1579	27,6	0,52	0,48	13,2
1580	26,3	0,52	0,48	12,6
1581	26,0	0,52	0,48	12,4
1582	26,3	0,52	0,48	12,6

ano	grama de prata	peso (g)		penny (d)
	ñ	bruto	prata	ñ
1583	27,8	0,52	0,48	13,3
1584	27,1	0,52	0,48	13,0
1585	26,6	0,52	0,48	12,8
1586	25,6	0,52	0,48	12,3
1587	18,3	0,52	0,48	8,8
1588	26,0	0,52	0,48	12,5
1589	25,4	0,52	0,48	12,2
1590	22,7	0,52	0,48	10,9
1591	19,6	0,52	0,48	9,4
1592	24,3	0,52	0,48	11,7
1593	25,3	0,52	0,48	12,1
1594	23,6	0,52	0,48	11,3
1595	17,5	0,52	0,48	8,4
1596	17,8	0,52	0,48	8,6
1597	13,1	0,52	0,48	6,3
1598	15,6	0,52	0,48	7,5
1599	19,0	0,52	0,48	9,1
1600	19,6	0,52	0,48	9,4

1601-1650

ano	grama de prata	peso (g)		penny (d)
	ñ	bruto	prata	ñ
1601	17,4	0,50	0,46	8,1
1602	19,8	0,50	0,46	9,2
1603	20,8	0,50	0,46	9,6
1604	23,0	0,50	0,46	10,7
1605	20,8	0,50	0,46	9,6
1606	19,9	0,50	0,46	9,2
1607	20,7	0,50	0,46	9,6
1608	18,4	0,50	0,46	8,5
1609	16,7	0,50	0,46	7,7
1610	18,5	0,50	0,46	8,6
1611	20,1	0,50	0,46	9,3
1612	17,8	0,50	0,46	8,2
1613	17,0	0,50	0,46	7,9
1614	16,4	0,50	0,46	7,6
1615	16,6	0,50	0,46	7,7
1616	16,6	0,50	0,46	7,7
1617	17,3	0,50	0,46	8,0
1618	17,8	0,50	0,46	8,2
1619	18,8	0,50	0,46	8,7
1620	19,2	0,50	0,46	8,9
1621	20,2	0,50	0,46	9,4
1622	17,8	0,50	0,46	8,3
1623	15,8	0,50	0,46	7,3
1624	17,1	0,50	0,46	8,0
1625	17,4	0,50	0,46	8,1
1626	16,9	0,50	0,46	7,8
1627	18,8	0,50	0,46	8,7
1628	20,0	0,50	0,46	9,3
1629	18,3	0,50	0,46	8,5
1630	15,6	0,50	0,46	7,3
1631	13,6	0,50	0,46	6,3
1632	16,0	0,50	0,46	7,4
1633	16,5	0,50	0,46	7,6

ano	grama de prata ñ	peso (g) bruto	prata	penny (d) ñ
1634	15,2	0,50	0,46	7,1
1635	15,6	0,50	0,46	7,2
1636	15,7	0,50	0,46	7,3
1637	15,0	0,50	0,46	7,0
1638	13,2	0,50	0,46	6,1
1639	15,3	0,50	0,46	7,1
1640	17,0	0,50	0,46	7,9
1641	15,9	0,50	0,46	7,4
1642	16,7	0,50	0,46	7,8
1643	16,8	0,50	0,46	7,8
1644	17,5	0,50	0,46	8,1
1645	16,2	0,50	0,46	7,5
1646	16,4	0,50	0,46	7,6
1647	14,0	0,50	0,46	6,5
1648	12,1	0,50	0,46	5,6
1649	11,3	0,50	0,46	5,3
1650	11,1	0,50	0,46	5,1

1651-1700

ano	grama de prata ñ	peso (g) bruto	prata	penny (d) ñ
1651	13,2	0,50	0,46	6,1
1652	14,4	0,50	0,46	6,7
1653	16,1	0,50	0,46	7,5
1654	17,1	0,50	0,46	8,0
1655	17,5	0,50	0,46	8,1
1656	16,7	0,50	0,46	7,7
1657	15,2	0,50	0,46	7,1
1658	14,4	0,50	0,46	6,7
1659	13,3	0,50	0,46	6,2
1660	13,6	0,50	0,46	6,3
1661	14,4	0,50	0,46	6,7
1662	12,1	0,50	0,46	5,6
1663	13,8	0,50	0,46	6,4
1664	14,2	0,50	0,46	6,6
1665	15,1	0,50	0,46	7,0
1666	14,0	0,50	0,46	6,5
1667	16,1	0,50	0,46	7,5
1668	15,5	0,50	0,46	7,2
1669	16,3	0,50	0,46	7,6
1670	16,1	0,50	0,46	7,5
1671	15,6	0,50	0,46	7,3
1672	16,7	0,50	0,46	7,8
1673	15,9	0,50	0,46	7,4
1674	14,3	0,50	0,46	6,6
1675	13,5	0,50	0,46	6,3
1676	14,3	0,50	0,46	6,6
1677	15,7	0,50	0,46	7,3
1678	14,7	0,50	0,46	6,8
1679	15,2	0,50	0,46	7,0
1680	16,4	0,50	0,46	7,6
1681	16,4	0,50	0,46	7,6
1682	15,5	0,50	0,46	7,2
1683	15,9	0,50	0,46	7,4
1684	16,3	0,50	0,46	7,6
1685	14,3	0,50	0,46	6,6

ano	grama de prata ñ	peso (g) bruto	prata	penny (d) ñ
1686	16,7	0,50	0,46	7,7
1687	16,0	0,50	0,46	7,4
1688	16,9	0,50	0,46	7,8
1689	17,4	0,50	0,46	8,1
1690	18,1	0,50	0,46	8,4
1691	18,9	0,50	0,46	8,8
1692	17,2	0,50	0,46	8,0
1693	14,3	0,50	0,46	6,6
1694	13,4	0,50	0,46	6,2
1695	14,4	0,50	0,46	6,7
1696	13,4	0,50	0,46	6,2
1697	13,4	0,50	0,46	6,2
1698	12,1	0,50	0,46	5,6
1699	12,0	0,50	0,46	5,6
1700	13,9	0,50	0,46	6,4

1701-1750

ano	grama de prata ñ	peso (g) bruto	prata	penny (d) ñ
1701	15,9	0,50	0,46	7,4
1702	16,0	0,50	0,46	7,4
1703	16,9	0,50	0,46	7,8
1704	15,9	0,50	0,46	7,4
1705	17,0	0,50	0,46	7,9
1706	16,0	0,50	0,46	7,4
1707	17,5	0,50	0,46	8,1
1708	16,3	0,50	0,46	7,6
1709	13,4	0,50	0,46	6,2
1710	11,7	0,50	0,46	5,4
1711	10,5	0,50	0,46	4,9
1712	14,6	0,50	0,46	6,8
1713	15,7	0,50	0,46	7,3
1714	14,7	0,50	0,46	6,8
1715	14,4	0,50	0,46	6,7
1716	14,4	0,50	0,46	6,7
1717	15,5	0,50	0,46	7,2
1718	16,2	0,50	0,46	7,5
1719	15,3	0,50	0,46	7,1
1720	14,7	0,50	0,46	6,8
1721	15,4	0,50	0,46	7,2
1722	16,8	0,50	0,46	7,8
1723	17,7	0,50	0,46	8,2
1724	15,8	0,50	0,46	7,3
1725	15,3	0,50	0,46	7,1
1726	14,6	0,50	0,46	6,8
1727	15,6	0,50	0,46	7,2
1728	14,3	0,50	0,46	6,7
1729	13,7	0,50	0,46	6,3
1730	15,5	0,50	0,46	7,2
1731	16,8	0,50	0,46	7,8
1732	16,7	0,50	0,46	7,8
1733	17,1	0,50	0,46	7,9
1734	18,0	0,50	0,46	8,3
1735	17,6	0,50	0,46	8,2
1736	17,3	0,50	0,46	8,0
1737	16,0	0,50	0,46	7,4

ano	grama de prata	peso (g) bruto	prata	penny (d)
1738	16,5	0,50	0,46	7,7
1739	17,0	0,50	0,46	7,9
1740	14,5	0,50	0,46	6,7
1741	13,1	0,50	0,46	6,1
1742	14,8	0,50	0,46	6,8
1743	16,1	0,50	0,46	7,5
1744	18,0	0,50	0,46	8,3
1745	17,6	0,50	0,46	8,2
1746	15,7	0,50	0,46	7,3
1747	16,2	0,50	0,46	7,5
1748	15,5	0,50	0,46	7,2
1749	15,3	0,50	0,46	7,1
1750	15,8	0,50	0,46	7,3

1751-1800

ano	grama de prata ñ	peso (g) bruto	prata	penny (d) ñ
1751	16,2	0,50	0,46	7,5
1752	15,5	0,50	0,46	7,2
1753	15,9	0,50	0,46	7,4
1754	15,1	0,50	0,46	7,0
1755	16,1	0,50	0,46	7,5
1756	15,5	0,50	0,46	7,2
1757	12,7	0,50	0,46	5,9
1758	12,7	0,50	0,46	5,9
1759	13,8	0,50	0,46	6,4
1760	14,5	0,50	0,46	6,7
1761	15,2	0,50	0,46	7,0
1762	14,6	0,50	0,46	6,8
1763	14,2	0,50	0,46	6,6
1764	13,1	0,50	0,46	6,1
1765	12,6	0,50	0,46	5,9
1766	12,5	0,50	0,46	5,8
1767	11,8	0,50	0,46	5,5
1768	11,9	0,50	0,46	5,5
1769	13,0	0,50	0,46	6,0
1770	13,0	0,50	0,46	6,0
1771	12,0	0,50	0,46	5,6
1772	10,8	0,50	0,46	5,0
1773	10,9	0,50	0,46	5,1
1774	10,8	0,50	0,46	5,0
1775	11,4	0,50	0,46	5,3
1776	11,7	0,50	0,46	5,4
1777	11,7	0,50	0,46	5,4
1778	11,3	0,50	0,46	5,2
1779	12,3	0,50	0,46	5,7
1780	12,8	0,50	0,46	5,9
1781	12,2	0,50	0,46	5,7
1782	12,0	0,50	0,46	5,6
1783	10,7	0,50	0,46	5,0
1784	10,6	0,50	0,46	4,9
1785	11,1	0,50	0,46	5,1
1786	11,1	0,50	0,46	5,1
1787	11,2	0,50	0,46	5,2
1788	10,7	0,50	0,46	5,0
1789	10,9	0,50	0,46	5,0

1790	10,7	0,50	0,46	5,0
1791	10,7	0,50	0,46	5,0
1792	10,5	0,50	0,46	4,9
1793	10,3	0,50	0,46	4,8
1794	9,5	0,50	0,46	4,4
1795	8,5	0,50	0,46	4,0
1796	8,0	0,50	0,46	3,7
1797	8,9	0,50	0,46	4,1
1798	9,1	0,50	0,46	4,2
1799	8,1	0,50	0,46	3,8
1800	5,9	0,50	0,46	2,8

Outros países europeus

Em um estudo sobre a divergência de preços e salários reais na Europa, Robert C. Allen, pesquisador de Oxford, calculou o custo de vida de várias cidades europeias ao longo da Idade Moderna, em termos de gramas de prata necessárias para comprar as necessidades básicas de consumo de uma família de quatro pessoas em tempos pré-modernos. O trabalho original toma os preços em Estrasburgo, na atual França, de 1745 a 1754 como 1,00:

Custo de vida em cidades europeias (Estrasburgo, 1745-1754 = 1,00)

Período	Antuérpia	Amsterdã	Londres	Florença/Milão	Nápoles	Valência	Madri	Paris	Estrasburgo	Augsburgo	Leipzig	Munique	Viena	Dantzig	Cracóvia	Varsóvia	Lvov
1500-1549	0,43	0,46	0,45	0,66	0,64	0,75		0,64	0,59	0,48		0,53	0,43	0,38	0,40		0,31
1550-1599	0,94	0,89	0,76	1,00	0,91	1,47	1,57	1,30	0,95	0,87	0,79	0,88	0,61	0,59	0,55	0,47	0,52
1600-1649	1,15	1,10	1,25	1,30	1,08	2,01	2,23	1,57	1,35	1,45	1,41	1,12	1,01	0,78	0,73	0,68	0,65
1650-1699	1,14	1,22	1,42	1,13		1,85	1,72	1,61	1,13	1,05	0,97	0,95	0,78	0,84	0,61	0,53	0,78
1700-1749	1,05	1,17	1,34	0,95	0,77	1,56	1,23	1,29	1,03	1,07	0,98	0,98	0,74	0,73	0,53	0,59	0,64
1750-1799	1,10	1,32	1,64	1,18	1,06	1,74	1,70	1,43	1,22	1,21	0,99	0,98	0,85	0,86	0,65	0,75	1,06
1800-1849	1,32	1,65	2,55	1,66	1,63		2,17	2,15	1,91	1,52	1,17		1,08	1,67	0,84	0,84	
1850-1899	1,77	2,46	2,81	2,74			2,08	3,10	2,39		2,37				1,59	1,33	
1900-1913	3,40	4,50	5,08	5,44			3,62	5,70			5,40				3,48	2,82	

A partir dessa tabela, calculamos o poder aquisitivo da prata em cada cidade, tomando como base o valor na Inglaterra (Londres), para a qual temos os dados mais completos. Note-se como é mais alto na Europa Central e Oriental a partir do século XVII (custo de vida mais baixo) e particularmente baixo na Espanha até meados do século XVII (custo de vida mais alto), devido à abundância de prata trazida das colônias nas Américas:

Poder aquisitivo da prata (Londres =1,00 em cada período)

Período	Antuérpia	Amsterdã	Londres	Florença/Milão	Nápoles	Valência	Madri	Paris	Estrasburgo	Augsburgo	Leipzig	Munique	Viena	Dantzig	Cracóvia	Varsóvia	Lvov
1500-1549	1,05	0,98	1,00	0,68	0,70	0,60		0,70	0,76	0,94			0,85	1,05	1,18	1,13	1,45
1550-1599	0,81	0,85	1,00	0,76	0,84	0,52	0,48	0,58	0,80	0,87	0,96	0,86	1,25	1,29	1,38	1,62	1,46
1600-1649	1,09	1,14	1,00	0,96	1,16	0,62	0,56	0,80	0,93	0,86	0,89	1,12	1,24	1,60	1,71	1,84	1,92
1650-1699	1,25	1,16	1,00	1,26		0,77	0,83	0,88	1,26	1,35	1,46	1,49	1,82	1,69	2,33	2,68	1,82
1700-1749	1,28	1,15	1,00	1,41	1,74	0,86	1,09	1,04	1,30	1,25	1,37	1,37	1,81	1,84	2,53	2,27	2,09
1750-1799	1,49	1,24	1,00	1,39	1,55	0,94	0,96	1,15	1,34	1,36	1,66	1,67	1,93	1,91	2,52	2,19	1,55
1800-1849	1,93	1,55	1,00	1,54	1,56		1,18	1,19	1,34	1,68	2,18		2,36	1,53	3,04	3,04	
1850-1899	1,59	1,14	1,00	1,03			1,35	0,91	1,18		1,19				1,77	2,11	
1900-1913	1,49	1,13	1,00	0,93			1,40	0,89			0,94				1,46	1,80	

Multiplicando esse fator pelo poder aquisitivo médio da prata em ñ estimado para Londres em cada um desses períodos (valor de mercado do metal, não o valor nominal implícito no peso das moedas), chegamos aos seguintes números:

Poder aquisitivo da prata em ñ por grama

Período	Antuérpia	Amsterdã	Londres	Florença/Milão	Nápoles	Valência	Madri	Paris	Estrasburgo	Augsburgo	Leipzig	Munique	Viena	Dantzig	Cracóvia	Varsóvia	Lvov
1500-1549	47,6	44,5	45,5	31,0	32,0	27,3		32,0	34,7	42,7			38,6	47,6	53,9	51,2	66,1
1550-1599	21,8	23,0	27,0	20,5	22,5	13,9	13,0	15,8	21,6	23,5	25,9	23,3	33,6	34,7	37,2	43,6	39,4
1600-1649	17,8	18,6	16,4	15,8	19,0	10,2	9,2	13,0	15,2	14,1	14,5	18,3	20,3	26,3	28,1	30,1	31,5
1650-1699	18,0	16,8	14,4	18,1		11,1	11,9	12,7	18,1	19,5	21,1	21,6	26,3	24,4	33,6	38,6	26,3
1700-1749	19,5	17,5	15,3	21,6	26,6	13,1	16,7	15,9	19,9	19,1	20,9	20,9	27,7	28,1	38,6	34,7	32,0

1750-1799	18,6	15,5	12,5	17,4	19,3	11,8	12,0	14,3	16,8	16,9	20,7	20,9	24,1	23,8	31,5	27,3	19,3
1800-1849	15,5	12,4	8,0	12,3	12,6		9,4	9,5	10,7	13,5	17,5		19,0	12,3	24,4	24,4	
1850-1899	11,6	8,3	7,3	7,5			9,8	6,6	8,6		8,6				12,9	15,4	
1900-1913	6,0	4,6	4,0	3,8			5,7	3,6			3,8				5,9	7,3	

A tabela abaixo indica os salários diários médios de artesãos (trabalhadores especializados) da construção em gramas de prata:

Período	Antuérpia	Amsterdã	Londres	Florença	Milão	Nápoles	Valência	Madri	Paris	Estrasburgo	Augsburgo	Leipzig	Munique	Viena	Dantzig	Cracóvia	Varsóvia	Lvov
1500-1549	5,2	4,5	5,0	5,3		6,8	6,5	6,2	4,4	5,1	3,5	2,9	4,4	4,0	2,8	3,8		3,0
1550-1599	10,3	7,0	6,9	7,5		5,5	8,5	12,5	9,0	5,5	4,2	3,3	5,0	3,9	4,7	5,2	3,6	4,8
1600-1649	12,6	10,4	11,3	10,6	10,5	7,8	10,5	20,1	10,6	6,1	5,4	6,8	5,2	5,5	6,4	4,2	5,6	5,2
1650-1699	11,8	11,9	14,5		8,0		10,3	15,1	11,0	8,3	6,5	7,0	4,7	5,2	7,7	4,1	4,3	3,9
1700-1749	11,5	11,7	14,7		6,1	5,9	8,6	11,6	8,2	4,4	6,0	6,2	3,8	4,8	6,7	3,3	5,3	3,0
1750-1799	11,5	11,9	17,8		5,4	5,7	7,6	10,7	9,3	5,5	5,4	5,0	3,2	4,8	5,2	3,8	7,4	4,3
1800-1849	12,8	12,1	28,9		6,2	6,6		16,5	16,4	10,6	5,8	6,7		3,2	8,0	5,2	10,9	5,8
1850-1899	20,5	21,4	48,3	15,9	13,2			19,2	34,4	11,7		22,5		6,6		15,9	20,1	
1900-1913	53,1	64,1	106,4	35,2	45,5			32,0	76,3			71,9	74,7	59,1		35,0	50,1	

Convertidos em ñ pela tabela anterior, nos dá o seguinte resultado:

Período	Antuérpia	Amsterdã	Londres	Florença	Milão	Nápoles	Valência	Madri	Paris	Estrasburgo	Augsburgo	Leipzig	Munique	Viena	Dantzig	Cracóvia	Varsóvia	Lvov
1500-1549	248	200	228	164		218	178		141	177	149		170	191	151	195		198
1550-1599	224	161	186	154		124	118	163	142	119	99	86	116	131	163	194	157	189
1600-1649	224	194	185	167	165	148	107	185	138	93	76	99	95	112	168	118	169	164
1650-1699	212	200	209		145		114	180	140	150	127	148	101	137	188	138	166	102
1700-1749	224	205	225		132	157	113	193	130	87	115	130	79	133	188	128	184	96
1750-1799	214	185	222		94	110	89	129	133	92	91	103	67	116	124	120	202	83
1800-1849	199	150	232		77	83		156	156	114	78	117		61	98	127	266	
1850-1899	237	178	352	119	99			189	227	100		194				205	310	
1900-1913	320	292	429	133	171			181	274			273				206	364	

Abaixo, os salários médios de operários (trabalhadores não especializados) da construção em gramas de prata:

Período	Antuérpia	Amsterdã	Londres	Florença	Milão	Nápoles	Valência	Madri	Paris	Estrasburgo	Augsburgo	Leipzig	Munique	Viena	Dantzig	Cracóvia	Varsóvia	Lvov
1500-1549	3,0	3,1	3,2	2,9		3,3	4,2		2,8	3,7	2,1			2,7	2,1	1,9		
1550-1599	5,9	4,7	4,6	3,8		3,5	6,6	6,3	5,5	3,4	3,1	1,9		2,6	2,1	2,9	2,5	
1600-1649	7,6	7,2	7,1	4,7	5,9	5,3	8,8	8,0	6,6	4,3	4,0	3,5		4,4	3,8	3,4	3,2	
1650-1699	7,1	8,5	9,7		4,1	4,8	6,9		6,9	3,1	4,7	3,9		3,5	4,3	2,9	2,7	
1700-1749	6,9	8,9	10,5		3,2	4,8	5,7	5,1	5,1	2,9	4,2	3,7		3,2	3,8	2,2	1,9	
1750-1799	6,9	9,2	11,5		2,9	3,8	5,1	5,3	5,2	3,3	4,3	3,1		3,0	3,7	2,9	3,4	
1800-1849	7,7	9,2	17,7		3,1	3,8		8,0	9,9	8,1		4,4		2,1	4,8	2,4	4,9	
1850-1899	12,7	16,3	31,2	10,8	7,3			9,7	21,4	9,3		14,8		4,2		7,1	9,1	
1900-1913	32,4	48,6	71,5	25,0	22,4			19,0	52,2			51,6		43,5		24,1	26,3	

Idem, em ñ:

Período	Antuérpia	Amsterdã	Londres	Florença	Milão	Nápoles	Valência	Madri	Paris	Estrasburgo	Augsburgo	Leipzig	Munique	Viena	Dantzig	Cracóvia	Varsóvia	Lvov
1500-1549	143	138	146	90		106	115		90	128	90			129	113	97		
1550-1599	129	108	124	78		79	92	82	87	73	73	49		87	73	108	109	
1600-1649	135	134	116	74	93	101	90	73	86	65	57	51		89	100	95	96	
1650-1699	128	143	140		74		76		88	56	92	82		92	105	97	104	
1700-1749	135	156	160		69	128	75	85	81	58	80	77		89	107	85	66	
1750-1799	128	143	144		50	73	60	64	74	55	73	64		72	88	91	93	
1800-1849	119	114	142		38	48		76	94	87		77		40	59	59	119	
1850-1899	147	136	227	81	55			96	141	80		128				91	140	
1900-1913	195	221	288	94	84			108	188			196				142	191	

IDADE MODERNA

Orçamentos dos reinos europeus

Rendas anuais em ducados dos principais Estados da Europa segundo o *Atlas da História Moderna* de Colin McEvedy. O poder aquisitivo foi estimado com base nos padrões da Europa Ocidental (Londres) nos mesmos períodos.

1483

Estado	Renda anual em ducados	Renda anual em ñ
Império Otomano	4.000.000	7.000.000.000
França	2.750.000	4.812.500.000
Castela	1.300.000	2.275.000.000
Veneza	900.000	1.575.000.000
Aragão	500.000	875.000.000
Borgonha	500.000	875.000.000
Milão	300.000	525.000.000
Nápoles	300.000	525.000.000
Estados papais	300.000	525.000.000
Inglaterra	300.000	525.000.000
Portugal	300.000	525.000.000

Obs.: Nenhum outro Estado europeu tinha renda superior a 200.000 ducados (350 milhões de ñ).

1600

Estado	Renda anual em ducados	Renda anual em ñ
Império Espanhol		
.Castela (*)	7.800.000	5.460.000.000
.Nápoles	3.000.000	2.100.000.000
.Portugal	2.000.000	1.400.000.000
.Milão	1.500.000	1.050.000.000
.Aragão	600.000	420.000.000
.Sicília	600.000	420.000.000
Subtotal, Império Espanhol	15.500.000	10.850.000.000
França	5.500.000	3.850.000.000
Império Otomano	4.000.000	2.800.000.000
Nápoles	3.000.000	2.100.000.000

Veneza	2.000.000	1.400.000.000
Países-Baixos	1.100.000	770.000.000
Inglaterra	900.000	630.000.000
Áustria	500.000	350.000.000
Sabóia	500.000	350.000.000
Polônia	500.000	350.000.000

(*) inclusive o equivalente a 2.000.000 de ducados em prata das Américas (1,4 bilhão de ñ)

1715

Estado	Renda anual em libras esterlinas	Renda anual em ñ
França	7.000.000	11.200.000.000
Grã-Bretanha	5.500.000	8.800.000.000
Casa da Áustria (*)	2.500.000	4.000.000.000
Países-Baixos	2.500.000	4.000.000.000
Rússia	1.600.000	2.560.000.000
Espanha	1.600.000	2.560.000.000
Portugal	1.300.000	2.080.000.000
Veneza	1.300.000	2.080.000.000
Império Otomano	1.300.000	2.080.000.000
Prússia	1.200.000	1.920.000.000

(*) devida, em proporções aproximadamente iguais, à Áustria-Hungria, Bélgica, Milão e Nápoles

ESPANHA

Em 1474, subiu ao trono a rainha Isabel de Castela, casada desde 1469 com Fernando II de Aragão. A partir de então, uniu-se a Coroa de Castela à Coroa de Aragão sob o governo conjunto dos dois monarcas. Em 1478, a Inquisição, até então operante apenas em Aragão, sul da França e norte da Itália, foi estendida a Castela, e em 1483 a todos os domínios espanhóis. Em 1494 Fernando e Isabel ganharam o título papal de "Reis Católicos". Castela e Aragão se mantiveram administrativamente separadas até 1707, mas a união sob um mesmo casal deu fim aos conflitos internos e mútuos e criou um Estado mais forte. O aumento da arrecadação e a redução das despesas militares diminuíram drasticamente a necessidade de degradações.

Em 1492, as coroas unidas anexaram o emirado de Granada, enquanto Cristóvão Colombo, a seu serviço, iniciava a conquista das Américas, que proporcionaria um enorme influxo de prata. Em 1497, pelo decreto conhecido como Pragmática Sanção de Medina del Campo, o **real** foi reajustado de 30 para 34 **maravedis**, relação que ficou estável até 1642. Foram cunhadas moedas de meio real, um quarto de real e um oitavo de real (esta última quadrada). Uma *blanca de vellón* ainda valia meio maravedi, mas pesava 1,14 grama de bolhão a 3,47%.

O antigo **castelhano**, baseado na dobra almóada, continuaria a ser usado como medida de peso de ouro, mas as novas moedas de ouro eram baseadas no ducado usado em Aragão e na maior parte da Europa e oficialmente chamadas "**excelentes da granada**" (por incluir a figura da fruta, símbolo do recém-anexado Emirado de Granada) com 3,52 gramas de ouro a 99% e valor de 375 maravedis. O "**excelente**" duplo foi chamado **dobrão** (*doblón*), pois era maior que a antiga dobra. Foi ordenada também a cunhagem de moedas de 5, 10, 20 e 50 excelentes como "moedas de prestígio". A relação de valor entre ouro e prata implícita era de 10,0.

A unificação das moedas de ouro de Castela e Aragão não se estendeu às de prata e bolhão. Nos reinos da Coroa de Aragão, ainda se usou por muito tempo o sistema carolíngio de **libra** (*lliura* em catalão), **soldo** (*sou*) e **dinheiro** (*diner*). Um **ducado** valia 24 soldos em moeda catalã, 22 soldos em moeda aragonesa ou jaquesa (porque as primeiras moedas desse reino haviam sido cunhadas na cidade de Jaca), 21 soldos em moeda valenciana e 33 soldos em moeda rossilhonesa (do Rossilhão, então pertencente à Espanha). Os diners tinham todos o mesmo peso e composição, embora seu valor de câmbio variasse de reino para reino. Vale também notar que enquanto em Castela a moeda era baseada em um marco de 230 gramas, em Barcelona se usava um marco de 234 gramas e em Aragão e Rossilhão, de 240 gramas.

Na Catalunha, um dos reinos da coroa de Aragão, continuou-se a cunhar o ***croat*** ("cruzado", por ser caracterizado por uma cruz) ou ***ral catalá*** ("real catalão"), na prática equivalente a 15/16 do real castelhano. Dividia-se em dois *sous* ou 24 *diners* e dez croats faziam uma *lliura*. Havia também o *dobler* ou *ardit* ("ardite", derivado do francês *hardi*, nome do *liard* de 3 deniers na Aquitânia) de 2 *diners* e a *malla* de ½ *diner*. Como moeda de conta, usou-se o "real de ardites", de 12 ardites ou 24 *diners*. Em Aragão, cunhava-se um real ou *ral* equivalente ao castelhano de 24 *diners menuts*; em Valência, usou-se uma moeda de 2,8 gramas de prata chamada *senar* ou *divuité* ou, em castelhano, *realete* ou *deciocheno*, dividida em 18 *diners menuts* (em castelhano, *dinerillos*).

Para estimar o poder aquisitivo das moedas, os quadros abaixo baseiam-se no custo de vida de Valência em 1500-1549.

Moedas de Castela

Denominação	Valor em maravedis	Peso em gramas	Valor em ñ 1497
Moedas de conta			
Maravedi	1	-	3,5
Moedas de ouro 98,95%			
50 excelentes	18.750	177	66.176
20 excelentes	7.500	70,8	26.471
10 excelentes	3.750	35,4	13.235

Denominação	Valor	Peso	Valor em ñ
5 excelentes	1.875	17,7	6.618
duplo excelente (dobrão)	750	7,08	2.647
castelhano (moeda antiga), dobra ou peso de ouro	485	4,66	1.712
excelente (ducado)	375	3,54	1.324
meio excelente	187½	1,77	662
Moedas de prata 93,055%			
real	34	3,43	120
½ real (=soldo ou *sou* aragonês)	17	1,72	60
¼ real (*cuartillo*)	8½	0,86	30
1/8 real (*ochavo*)	4¼	0,43	15
Moedas de bolhão 2,4%			
4 maravedis (*cuarto*)	4	9,12	14,1
2 maravedis (*medio cuarto*) (*)	2	4,56	7,1
blanca ou cornado (**)	½	1,14	1,8

Moedas da Catalunha

Denominação	Valor em dinheiros	Valor em maravedis	Peso em gramas	Valor em ñ 1497
Moedas de conta				
Libra (*lliura*)	240	312½		1.104
Moedas de ouro 98,95%				
dobló ou *doble de dues cares* (dobrão)	576	750	7,08	2.650
principat, *ducat* ou *ral d'or* (excelente)	288	375	3,54	1.325
mig principat (meio excelente)	144	187½	1,77	662
Moedas de ouro 83%				
pacífic (moeda antiga)	240	312½	3,53	1.104
Moedas de ouro 75%				
florim (*florí*, moeda antiga)	198	258	3,53	911
Moedas de prata 93,8%				
croat ou *ral català* (*ral d'ardits*)	24	31¼	3,12	110
mig croat ou *sou*	12	15,63	1,56	55
quart de croat	6	7,81	0,78	28

Moedas de bolhão 12%				
dobler ou ardit	2	2,6	1,30	16
dinheiro (diner ou menut)	1	1,3	0,67	4,6
mealha (malla)	½	0,65	0,33	2,3

(*) Na Catalunha, equivalente a 1½ diners ou um octau de sou (oitavo de soldo)
(*) Na Catalunha, equivalente a 3/8 de diner

Moedas de Valência

Denominação	Valor em dinheiros	Valor em maravedis	Peso em gramas	Valor em ñ 1497
Moedas de conta				
Libra (lliura)	240	360		1.320
Moedas de ouro 98,95%				
Ducat	252	375	3,54	1.386
Moedas de prata 93,8%				
divuité ou senar (realete ou deciocheno)	18	27	2,8	100
Novenet	9	13½	1,4	50
Moedas de bolhão 12%				
diner, menut ou ramellet (dinerillo)	1	1½	0,67	5,5

Moedas de Aragão

Denominação	Valor em dinheiros	Valor em maravedis	Peso em gramas	Valor em ñ 1497
Moedas de conta				
Libra	240	340		1.200
Moedas de ouro 98,95%				
Ducado	252	375	3,54	1.260
Moedas de prata 93,8%				
real	24	34	3,43	120
½ real (=soldo aragonês)	12	17	1,72	60
Moedas de bolhão 12%				
dinerillo ou diner menut	1	1,4	0,67	5
mealha (miaja ou malla)	½	0,7	0,33	2,5

Essa provavelmente teria sido apenas mais uma etapa na desvalorização da moeda de um reino atrasado se a descoberta das Américas e a conquista dos impérios Asteca e Inca não tivessem proporcionado uma enxurrada de ouro e prata, a qual fez da Espanha a maior potência da Europa do século XVI e de sua moeda a primeira de circulação efetivamente mundial.

A historiografia da cultura, arte e literatura espanholas costuma chamar de "Século de Ouro" o período que vai de 1492, ano da descoberta das Américas e da publicação da Gramática Castelhana de Antonio de Nebrija, a 1681, morte do último grande escritor do barroco espanhol, Pedro Calderón de la Barca. Do ponto de vista político e econômico, a sorte da Espanha começou a virar com a derrota da Invencível Armada em 1588, e sua decadência foi confirmada pela recuperação da independência de Portugal em 1640.

A viagem de Colombo

Após conseguir uma audiência com o rei português D. João II em 1486, Cristóvão Colombo pediu três navios e cinco mil cruzados (cerca de 6 milhões de ñ) para financiar seu projeto de chegar às Índias pelo Ocidente. Após consultar sua junta de cosmógrafos – formada pelos astrônomos judeus Abraão Zacuto (expulso da Espanha) e José Vizinho e pelo bispo D. Diogo Ortiz –, o rei dispensou os serviços de Colombo. Com razões perfeitamente racionais: os cosmógrafos portugueses sabiam que a Terra era bem maior do que Colombo imaginava. Pelo Ocidente, seriam mais de 25.000 km de Portugal às Índias – o que poderia significar navegar nove meses ou mais sem poder reabastecer, a menos que por acaso houvesse alguma terra no caminho. Naquela altura, nem Colombo nem os sábios portugueses imaginavam que pudesse haver todo um novo continente no caminho, a menos de três meses de viagem.

Talvez tenha sido apenas por falta de conhecimento geográfico que os reis da Espanha, Fernando e Isabel, tenham por fim aceitado financiar a aventura de Colombo. Embora os Reis Católicos dispusessem de uma arrecadação seis vezes maior que João II (Castela tinha uma renda anual de 1,3 milhão de ducados e Aragão de 500 mil, ante 300 mil de Portugal[3]), Colombo suou para conseguir os fundos de que precisava. Foi só a muito custo e graças a um empréstimo do secretário e tesoureiro do rei, Lluís de Santàngel, neto de um judeu convertido, que por fim a rainha Isabel dispôs de um milhão de maravedis (3,5 milhões de ñ), aos quais Santàngel acrescentou 140.000 maravedis (490 mil ñ) do seu próprio bolso.

Além disso, Colombo levantou outros 500 mil maravedis (1,75 milhão de ñ), dinheiro emprestado por Don Isaac ben Yudah Abravanel, um judeu que, embora tenha chegado a deter uma alta posição na corte, não pôde se despedir do navegador quando este partiu de Palos em 3 de agosto de 1492, nem, muito menos, receber seu dinheiro de volta, pois em 31 de março foi expulso da Espanha junto com todos os demais judeus que recusaram se converter. Com isso, tanto Colombo como a nobreza espanhola se livraram de boa parte de suas dívidas.

Sabe-se que 73 dos marinheiros da expedição de Colombo foram contratados por 1.000 maravedis por mês (3.500 ñ, 118 ñ/dia) e 17 outros, mais especializados, por 2.000 mensais (12 mil ñ, 236 ñ/dia), uma folha de pagamento de 107.000 maravedis mensais. Como a viagem durou nove meses (chegaram de volta em 15 de março de 1493), o pagamento total deveria ter sido de 936 mil maravedis (3,3 milhões de ñ). Mas 40 homens foram deixados por Colombo na ilha de Hispaniola (sob protesto de Pinzón) quando a Santa María ali encalhou. Talvez nunca tenham visto a cor do seu dinheiro. Colombo também prometeu uma recompensa de 10.000 maravedis (35 mil ñ) para o primeiro marinheiro que avistasse terra e acabou embolsando o prêmio, alegando que, quatro horas antes da ilha de Guanahani ter realmente sido avistada, ele mesmo havia observado uma pequena luz no horizonte. Mais tarde, concordou em ceder 5.000 a Martin Alonso Pinzón, o comandante da *Pinta*, que reportou a verdadeira descoberta.

Os salários pagos aos marinheiros eram razoáveis para a época, cerca do dobro daqueles pagos a um camponês sem terra europeu do século 19. Mas deve-se levar em conta que nessa época taxas de mortalidade da ordem de 50% eram comuns em longas expedições marítimas. A principal *causa mortis* era o escorbuto, causado pela

---

3 O valor do projeto de Colombo estava para a receita dos Estados espanhóis mais ou menos como o custo anual das missões tripuladas da NASA para o orçamento de Washington.

carência de vitamina C nas rações fornecidas aos marinheiros, seguida pelos piratas e pelos naufrágios. Mesmo assim, o custo total da expedição, 5,79 milhões de ñ, parece módico pelos padrões modernos: poderia ser o preço de um apartamento de luxo em São Paulo. Um navio moderno custa centenas de milhões de ñ, para não falar de uma nave espacial. Mas representou 0,24% da renda anual conjunta dos reinos de Aragão e Castela, pouco menos que sua renda diária.

Comparemos esse valor com o orçamento anual do governo federal dos EUA: as receitas estimadas para 2015 totalizaram US$ 3,34 trilhões (26 trilhões de ñ). É um valor cerca de 11 mil vezes superior ao orçamento de Fernando e Isabel. O custo do projeto de Colombo para o Estado espanhol seria comparável ao de um projeto de US$ 64 bilhões de dólares para os EUA de 2015, quase 16 vezes o custo das missões tripuladas da NASA (operação da Estação Espacial Internacional) desse ano: US$ 4,05 bilhões. Fica mais fácil compreender a atitude de D. João II: para Portugal, com uma renda seis vezes menor que a da Espanha, seria loucura arriscar quase uma semana de arrecadação com um projeto que teria dado com os burros n'água, não fosse a inesperada existência de um Novo Mundo no meio do caminho.

Carlos V (1516-1556), rei Carlos I da Espanha

Com a morte de Isabel de Castela em 1504, o trono foi herdado pela filha Joana, com seu pai Fernando II de Aragão como regente. Filipe de Borgonha, marido de Joana, apossou-se do trono de Castela em 1506 com apoio da nobreza castelhana, mas morreu pouco depois, talvez envenenado. Joana foi então declarada insana e confinada pelo próprio pai, que governou até a morte em 1516. Em seu testamento, deixou o trono a Joana, tendo como regente Carlos, de 16 anos, filho de Filipe e Joana. O jovem, porém, se proclamou rei e manteve Joana em cativeiro até a morte em 1555, salvo durante a Revolta dos Comuneiros de 1520-1522, quando a pequena burguesia do interior de Castela se rebelou contra Carlos I e a proclamou sua rainha.

Nascido e criado nos Países-Baixos borgonheses, que governava desde 1515, Carlos I não falava castelhano e permaneceu pouco tempo na Espanha. Em 1519, com a morte de seu avô Maximiliano, herdou também a Áustria e demais domínios dos Habsburgos e foi eleito imperador do Sacro Império Romano (também chamado "Romano-Germânico" a partir de 1512, devido à perda da maioria de seus territórios na Itália e Arles) como imperador Carlos V, apesar da oposição da França e do Papa e graças a subornos de 850 mil ducados (1,7 bilhão de ñ) aos príncipes da Alemanha. Tornou-se o soberano teórico de metade da Europa Ocidental e passou a maior parte do seu reinado, até 1556, combatendo as forças que se ergueram contra sua hegemonia primeiro a França, depois a Inglaterra e o Império Otomano e os príncipes alemães que aderiram à reforma protestante deflagrada pela rebelião de Martinho Lutero (declarada em 1521 na Dieta de Worms, na presença do imperador) e formaram a Liga de Esmalcalda (Schmalkalden) em 1531. Os protestantes foram, por sua vez, combatidos pelo recrudescimento da Inquisição e pela Contrarreforma.

A formação dos primeiros exércitos inteiramente modernos e as guerras desse longo e belicoso reinado puderam ser sustentadas graças ao enorme fluxo de ouro e prata que começava a chegar das colônias espanholas nas Américas, inicialmente produto do saque dos Impérios Asteca e Inca e depois da virtual escravização desses povos para a exploração das minas de metais preciosos dos atuais México, Peru e Bolívia. Não houve necessidade de reduzir o peso em prata das moedas espanholas para financiar a guerra, mas seu poder aquisitivo foi reduzido, pois o vasto crescimento da quantidade de prata em circulação fez subir os preços e inflacionou a economia de toda a Europa. Na primeira metade do século XVI os preços em prata dobraram, o que significa uma desvalorização de 50% do metal. Mesmo assim, o império espanhol endividou-se fortemente com os banqueiros genoveses.

Em 1535, as moedas de ouro castelhanas tiveram seu teor de metal precioso reduzido de 99% para 91,67% (22 quilates) para se adequar ao padrão do restante da Europa e dos domínios de Carlos V e evitar a fuga de metal precioso para a França, onde se usavam moedas chamadas escudos (*écus* ou, na grafia da época, *escus*) de 23 quilates e 3,44 gramas. Com conteúdo em ouro e peso ligeiramente inferior ao dos excelentes ou ducados dos reis católicos, essas novas moedas de ouro, chamadas **escudos** ou **coroas** (*coronas*) valeram inicialmente 350 maravedis, mantendo uma relação ouro/prata de

10 para 1. A reforma de 1535 também ordenou que o real circulasse nas Américas com o mesmo valor espanhol de 34 maravedis e não 44, como fora estabelecido por Fernando e Isabel.

Na Catalunha, o novo escudo foi chamado *escut de la creueta* ("escudo da cruzinha") ou *escut castellà* ("escudo castelhano"), avaliado em 21 sous em 1556. Continuaram a ser cunhadas moedas segundo o padrão antigo do ducado, *ducat* ou *principat* em catalão.

A moeda de dois escudos veio a ganhar dos franceses o apelido de "**pistola**", talvez por ser superior em valor, assim como as pistolas mostravam sua superioridade sobre os escudos medievais no campo de batalha. Dada a enorme quantidade de moeda espanhola em circulação, muitas nações aliadas ou rivais vieram a seguir o novo padrão espanhol em suas cunhagens, também popularmente chamadas escudos e pistolas (em francês *pistoles*) ou denominadas segundo o monarca retratado em seu anverso como *louis d'or* (França), *frederick d'or* (Prússia), *maximiliam d'or* (Baviera) e *christian d'or* (Dinamarca), pois nessa época e até o início do século XIX, as efígies dos soberanos apareciam apenas nas moedas de ouro.

Mais importante que o surgimento dessas novas moedas de ouro foi, porém, a cunhagem de grandes moedas de prata espanholas equivalentes ao *Joachimsthaler* cunhado no Sacro Império Romano-Germânico desde 1518. O **real de a ocho** (real de oito ou peça de oito reais) ou **peso** parece ter surgido em 1543. A prata vinda das Américas fez do peso a primeira moeda global e dele derivariam grande parte das moedas modernas, inclusive o dólar, o yuan, o yen e os pesos latino-americanos. Entre seus nomes populares mais antigos, contaram-se **piastra** ("emplastro") comum na Itália e em todo o Mediterrâneo e **pataca**, usado em Portugal e na Espanha. Dizem ser este último nome derivado do árabe egípcio *abu taqa*, "pai da janela", pelo desenho do escudo espanhol identificado popularmente como uma janela no Egito, mas o termo foi no mínimo influenciado pelo italiano *patacca* e pelo provençal *patac*, nomes dados a várias pequenas moedas, originalmente derivadas dos grossos italianos. Também surgem moedas de prata maiores em Aragão, de 2, 4, 8 e 10 reais, e em Valência o *dobló d'a 3 sous*, de 3 soldos ou 36 dinheiros (pouco menos de dois reais castelhanos) e *dobló d'a 6 sous*, de 6 soldos ou 72 dinheiros (pouco menos de quatro reais).

Para dar conta dos contratos ante as variações na relação ouro/prata e do surgimento de novas moedas e denominações, os nomes de algumas antigas moedas de ouro continuaram a ser usados como moedas de conta e foram também aplicados à pesagem e quantificação do ouro extraído das Américas: **ducado de prata** (375 maravedis) e **peso de ouro de minas** ou de "bom ouro" (inicialmente 450 maravedis) equivalente a 1/50 de marco de ouro de 22½ quilates (93,75%), dividido em 8 tomines e 96 grãos.

Também se falou de "**peso ensaiado**" para 450 maravedis em prata (1/5 de marco), de "p**eso de tepuzque**", geralmente de 8 reais em ouro ligado com cobre (*tepúztli* em náuatl) no México. Regulamentado em 1536 pelo vice-rei Antonio de Mendoza, pode ter originado o nome de "peso" da moeda de prata do mesmo valor cunhada na metrópole a partir de 1543. Também foi chamado "peso comum" ou "peso corrente", mas a mesma expressão se referia a 9 reais no Peru. Também se falava de "peso melhor que comum" de 360 maravedis e, em Nova Granada, em peso de ouro fino ou em pó (praticamente puro) de 490 maravedis, o que parece ser um arredondamento do valor de 485 maravedis da moeda antiga do mesmo peso. Em 1552 houve também uma reforma da *blanca* de bolhão, cujo teor de prata foi reduzido de 7 grãos em meia onça (2,43%) para 5½ (1,9%) no mesmo peso de 288 grãos. No México, a moeda de cobre ou bolhão de 4 maravedis foi chamada *tlaco* ("meio" em náhuatl, relativamente ao *cuartillo*) e a de 2 maravedis, *pilón*. Os indígenas preferiam usar como moeda o cacau, cujo valor variava de 100 a 200 amêndoas por real ou *tomín*. Em 1557, se pagava a um índio mexicano 25 cacaus por dia de trabalho agrícola, mais alimentação.

Denominação	Valor em maravedis	Peso em gramas	Valor em ñ 1552
Moedas de conta			
Peso de ouro fino (em pó)	490	4,6	721
castelhano ou peso de ouro de minas (93,75%)	450	4,6	662
Peso melhor que o comum (ouro 75%)	360	4,6	529
Peso comum de 9 reais (ouro 64%, usado no Peru)	306	4,6	450
Peso de tepuzque (ouro 57%, usado no México)	272	4,6	400
peso ensaiado (prata)	450	46	662

ducado de prata	375	38,3	551
tomín de peso de minas (1/8 peso)	56,25	0,575	83
tomín de peso de tepuzque	34	0,575	50
Maravedi	1	-	1,5
Moedas de ouro 91,67%			
quádruplo escudo (doblón de a cuatro)	1.400	13,52	2.059
duplo escudo (dobrão ou pistola)	700	6,76	1.029
escudo (ou real de ouro)	350	3,38	515
meio escudo	175	1,69	257
Moedas de prata 93,055%			
8 reais ou peso	272	27,44	400
4 reais, meio peso ou tostão (tostón)	136	13,72	200
2 reais ou peseta	68	6,86	100
real	34	3,43	50
½ real	17	1,72	25
¼ real (cuartillo)	8½	0,86	12,5
Moedas de bolhão 1,9%			
4 maravedis (cuarto, no México tlaco)	4	9,12	6
2 maravedis (medio cuarto, no México pilón)	2	4,56	3
blanca ou cornado	½	1,14	0,7

A conquista das Américas

Colombo conquistou a ilha do Haiti, rebatizada La Española, e a governou tiranicamente, desde a fundação da primeira colônia espanhola (Villa Isabela, em 1494, seguida por Santo Domingo em 1496) até 1500, quando foi derrubado por uma rebelião de colonos iludidos pela promessa de riquezas inexistentes e indignados com suas crueldades e arbitrariedades para com os próprios espanhóis. Preso por ordem do novo governador nomeado pela Espanha, Colombo foi libertado e autorizado a mais uma viagem em 1503, que se mostrou desastrosa. Odiado por nativos e colonos, sobreviveu como náufrago por um ano na Jamaica até ser resgatado. Morreu em 1506, quase na pobreza, reivindicando na justiça o oitavo das riquezas provenientes das conquistas conforme o acordo de 1492, cancelado pela coroa em 1500 ao lhe cassar o título de vice-rei e governador pelo péssimo desempenho no governo[4].

Ainda assim, Colombo teve sorte muito melhor que os indígenas que contatou e chamou equivocadamente de "índios" por julgar ter chegado ao Extremo Oriente. Estes o ajudaram, mas logo em seguida foram massacrados e escravizados. Na ilha do Haiti, rebatizada La Española, descobriram-se jazidas de ouro, e a população indígena, forçada a trabalhar nas minas, caiu de 400 mil em 1492 para 60 mil em 1508, 6 mil em 1535 e 500 em 1548, extinguindo-se como etnia pouco depois. Os indígenas começaram a ser capturados também nas ilhas vizinhas de Cuba, Borinquén (Porto Rico) e Jamaica para serem vendidos por preços de 40 a 600 reais (2 mil a 30 mil ñ) e logo também se extinguiriam nessas ilhas. Em 1501 o rei autorizou a importação de escravos africanos (iniciada em 1503), considerados mais capazes de trabalho, para complementá-los. Alguns desses africanos promoveram em 1522 a primeira revolta de escravos das Américas e refugiaram-se no interior, onde se misturaram aos últimos indígenas.

Até 1503, a coroa espanhola aparentemente não teve lucro com as novas conquistas, mas, de 1504 a 1514, a Espanha recebeu 523 mil pesos de ouro (cerca de 2,4 toneladas) de La Española. Contando com o contrabando, estima-se que foram extraídas 30 toneladas de ouro da ilha de 1493 a 1520. Alguns *cuartos* de cobre (moedas de 4 maravedis) foram cunhados em La Española ainda na época dos Reis Católicos, e a partir de 1505 foram recebidas de Sevilha partidas de moedas de prata de 1 e ½ real e de bolhão de 1, 2 e 4 maravedis. Cada real valia então nas "Índias" 44 maravedis, 10 mais que na metrópole, supostamente pelos custos de transporte.

A organização da expedição de Hernán Cortés que conquistou o Império Asteca em 1519-1521 custou 2 mil ducados, e o saque do

---

[4] Em 1536, os descendentes de Colombo aceitaram abrir mão do suposto direito em troca de uma renda de 10 mil ducados anuais (9,8 milhões de ñ nesse ano) para o neto Luís e 500 mil maravedis anuais (1,3 milhão de ñ) para cada uma de suas três irmãs, além de feudos na Jamaica e Verágua (Panamá). Como a família foi incapaz de colonizar este último, devolveu-o à Coroa em 1556 em troca de mais 7 mil ducados anuais. Os 17 mil ducados (9,1 milhões de ñ em 1556) foram pagos aos herdeiros até 1898.

tesouro do palácio de Moctezuma II em 1519 foi avaliado em 162 mil pesos de ouro (190 milhões de ñ), 500 mil ducados em joias e objetos de valor (490 milhões de ñ) e 500 marcos de prata (3 milhões de ñ), um total de 683 milhões de ñ em poder aquisitivo na Espanha da época. Noventa por cento do valor saqueado, porém, foi perdido na chamada *Noche Triste* de 30 de junho de 1520, quando os espanhóis tiveram de fugir dos astecas rebelados.

Na conquista definitiva foram pilhados outros 130 mil pesos de ouro (153 milhões de ñ), um quinto ou 26 mil dos quais devidos ao imperador Carlos V. Este valor foi embarcado em três caravelas, alvo de um dos primeiros ataques de corsários do Caribe (franceses a serviço de Francisco I), que se apossaram de duas delas, de modo que a Espanha recebeu apenas 16.260 pesos de ouro, mais 239 de ouro baixo. Quando aos soldados de Cortés, receberam 50 a 80 pesos (59 mil a 94 mil ñ) cada um, a maior parte deles retomados por seus comandantes, na qualidade de credores, pelas armas e cuidados médicos dispensados durante a campanha.

Ainda mais proveitoso foi o saque do Império Inca. Em 1532-1533, ao ser capturado em Cajamarca por Francisco Pizarro, o imperador Atahualpa ofereceu como resgate encher uma vez de ouro e outra de prata uma sala de 11,8 x 7,3 metros até metade de sua altura de 3,1 metros. O valor total arrecadado foi de 1.326.539 pesos de ouro (1,22 bilhão de ñ) e 51.010 marcos de prata (237 milhões de ñ). Foi um total de 1,45 bilhão de ñ em poder aquisitivo espanhol do período, talvez o maior resgate da história da humanidade. Mesmo assim, o imperador foi executado. Tanto Cortés quanto Pizarro fundiram sua parte dos tesouros asteca e inca em discos de ouro, liga de ouro e cobre ("tepuzque") ou prata chamadas ***tejuelos*** ("pedaços") de tamanho variável. As de ouro valiam tipicamente 4 a 25 pesos de oro (3.600 a 23.000 ñ) e as de prata, em torno de um "peso ensaiado" ou 450 maravedis.

A pilhagem dos tesouros asteca e inca foi um mero aperitivo. O grosso do saque espanhol das Américas foi obtido por meio da escravização de indígenas para trabalhar nas minas de ouro e prata por meio do sistema de *encomiendas*. Só de Potosí, no Alto Peru (atual Bolívia), foram extraídas 60 mil toneladas de prata de 1570 a 1660, um valor de 1,1 trilhão de ñ a preços ingleses de 1600. Nesse período, Potosí respondia por dois terços da produção de prata das Américas. A extração do Baixo Peru e México somadas deviam corresponder à metade desse valor, dividida em partes aproximadamente iguais. De 1503 a 1600, 153,6 toneladas de ouro e 7.439 de prata entraram legalmente pelo porto de Sevilha; de 1601 a 1660, foram 27,8 toneladas de ouro e 9.448 toneladas de prata. A preços ingleses de 1600, 348,5 bilhões de ñ, dos quais 308,4 bilhões correspondem à prata e 40,1 bilhões ao ouro.

Filipe II (1556-1598)

Doente e exausto, o imperador Carlos V (rei Carlos I da Espanha) abdicou em 1556, deixando a Espanha e suas dependências e a Borgonha para seu filho Filipe II e o Sacro Império e as possessões austríacas para o irmão Fernando I. No reinado de Filipe II, as províncias protestantes do norte dos Países-Baixos se rebelaram, lideradas pela Holanda em 1579, e proclamaram sua independência em 1581. Em compensação, o rei herdou em 1580 o trono de Portugal, esmagou a revolta do Prior do Crato e incorporou a seus Estados o reino vizinho, com suas colônias no Brasil, África e Ásia. O Império Espanhol passou a se estender por toda a volta ao mundo, tornando-se o primeiro em que "o sol nunca se põe". Entretanto, as demais potências europeias se uniram contra a progressiva concentração de poder nas mãos dos Habsburgos, uma vez que Espanha e Áustria se mantiveram aliadas.

A revolta dos holandeses foi apoiada pela protestante Elizabeth I, e a tentativa da Espanha de sufocar a revolta e impor a rainha católica escocesa Maria Stuart à Inglaterra fracassou com a derrota da Invencível Armada em 1588. Começou a ascensão do poderio naval inglês e holandês, e a Espanha, sem recursos para acompanhá-la, concentrou-se em defender os carregamentos anuais de ouro e prata das Américas e suas colônias dos ataques das marinhas e dos corsários dos inimigos. Apesar das vastas riquezas das Américas, as despesas de guerra continuaram a endividar o reino além de sua capacidade de pagamento, o que o obrigou a declarar moratórias da dívida em 1557, 1560, 1576 e 1596.

Devido à valorização do ouro em relação à prata, o escudo de ouro passou de 350 para 400 maravedis (relação 11,4) em 1567, e foram reformadas as moedas de bolhão. Além disso, o "peso de ouro" passou de 450 para 556 maravedis a partir de 1578. No final de 1596, devido à má situação do tesouro, Filipe II ordenou que as moedas de bolhão fossem cunhadas em puro cobre, mas a população reagiu mal. Um mês depois, o rei retificou ligeiramente a medida, ordenando que as novas moedas tivessem 1/288 de prata (0,35%). Foram de 4 maravedis (6,58 gramas), 2 maravedis (3,28 gramas) e 1 maravedi (1,64 grama).

Denominação	Valor em maravedis	Peso em gramas	Valor em ñ 1580
Moedas de conta			
castelhano ou peso de ouro de minas (93,75%)	556	4,6	654
ducado de prata	375	38,3	441
tomín de peso de minas (1/8 peso)	69,5	0,575	82
Maravedi	1	-	1,2
Moedas de ouro 91,67%			
quádruplo escudo (*doblón de a cuatro*)	1.600	13,52	1.882
duplo escudo (dobrão)	800	6,76	941
Escudo	400	3,38	471
meio escudo	200	1,69	235
Moedas de prata 93,055%			
8 reais ou peso	272	27,44	320
4 reais, meio peso ou tostão (*tostón*)	136	13,72	160
2 reais ou peseta	68	6,86	80
real	34	3,43	40
½ real	17	1,72	20
Moedas de bolhão rico (21,5%)			
¼ real (*cuartillo*)	8½	2,87	10
4 maravedis (*cuarto* ou *tlaco*)	4	1,35	4,7
2 maravedis (*medio cuarto* ou *pilón*)	2	0,67	2,4
Moedas de bolhão (1,4%)			
blanca ou *cornado*	½	1,04	0,6

Alguns preços em 1571-1572 (El Escorial)

Item	Unidade original	preço	Unidade atual	ñ
boi	unidade	15 ducados	unidade	8.041
vitela	unidade	5 ducados	unidade	2.680
porco	unidade	4 ducados	unidade	2.144
azeite	arroba (12,563 l)	12 reais	litro	46
vinho	arroba (16,133 l)	5 reais	litro	15
galinha	unidade	2 reais	unidade	97
colchão de lã	unidade	28 reais	unidade	1.361
ovo	unidade	3 maravedis	unidade	4
carne de carneiro	libra (460 g)	20 maravedis	kg	62
sal	celemin (4,625 l)	48 maravedis	kg	23

Alguns salários no final do século XVI

Item	período	valor	ano	ñ	ñ/dia
médico	ano	300 ducados	1580	132.353	368
cirurgião (Rodrigo de Cervantes, pai de Miguel)	ano	100 ducados	1580	44.118	123
barbeiro	ano	20.000 maravedis	1580	23.529	65
coletor de impostos (Miguel de Cervantes)	dia	12 reais	1588	434	434
pedreiro	dia	5 reais	1600	148	148
peão da agricultura	dia	2 reais	1600	62	62

Miguel de Cervantes foi capturado em 1575 por corsários berberes, que exigiram 500 escudos por seu resgate. Casou-se em 1584 e recebeu um dote de 596 ducados, mas, quando a sogra faleceu, dois anos depois, herdou a dívida de 541 ducados. Separou-se da mulher e em 1594 ganhava a vida como coletor de impostos, mas foi preso em 1597, quando quebrou o banco no qual depositava a arrecadação. Foi então que começou a conceber o *Dom Quixote*.

Século XVII

Filipe III (r. 1598-1621) herdou o reino do pai e confiou a administração ao corrupto duque de Lerma até 1618. No início do século XVII, a Espanha ainda era a maior potência militar da Europa, e a cultura espanhola estava no auge do "Século de Ouro". Miguel de Cervantes escreveu as duas partes do *Dom Quixote* e suas *Novelas Exemplares* entre 1605 e 1615.

A decadência econômica já era percebida pelos chamados "arbitristas", assim chamados por escreverem memoriais ao rei para lhe propor que tomasse determinados arbítrios, geralmente medidas em favor do comércio, da indústria e da agricultura espanholas. Apesar de ridicularizados pela nobreza e por autores como Cervantes e Francisco de Quevedo, pensadores como Luis Ortiz, Sancho Moncada, Tomás de Mercado e Pedro Fernández de Navarrete foram os primeiros verdadeiros economistas políticos. Percebiam desde o século XVI como o fluxo de ouro e prata das Américas criava uma atitude de desprezo pelo trabalho produtivo, enquanto estrangeiros – genoveses, alemães, ingleses e holandeses –, lucravam ao dirigir o comércio e as finanças da Espanha e lhe fornecer manufaturados.

Era precária, porém, a situação financeira do império. Em novembro de 1607, o duque de Lerma foi obrigado a declarar uma moratória justamente quando o general genovês Ambrósio Spínola, a serviço da Espanha, estava prestes a conquistar a vitória definitiva sobre os rebeldes holandeses e reconquistar os Países-Baixos. Em vez disso, fez-se a trégua em 1609, enquanto a Espanha tentava repor suas finanças em ordem. O duque de Lerma expulsou os mouros (muçulmanos) remanescentes e confiscou seus bens, mas não foi suficiente. Aproveitando-se das dificuldades espanholas, os inimigos começavam a tomar-lhe as colônias. Os holandeses expulsaram os portugueses das Ilhas Molucas em 1600, tomaram o Ceilão em 1609 e tomaram o comércio japonês aos portugueses em 1617. Os franceses fundam suas primeiras colônias no Canadá em 1605, além de tentar instalar-se no Maranhão de 1612 a 1615.

Com a deterioração das contas públicas, as moedas menores, castelhanas ou aragonesas, passaram a ser cunhadas em puro cobre a partir de 1602, embora continuassem a ser oficialmente chamadas "moedas de bolhão" (*vellón*). As castelhanas, além disso, tiveram o peso reduzido pela metade. No ano seguinte, as moedas de bolhão antigas foram recolhidas e trocadas por moedas novas, ficando a diferença em prata para lucro do Estado. Em 1609, uma nova reforma monetária elevou o valor nominal do escudo para 440 maravedis, correspondente a uma relação de 13,33 entre os preços do ouro e da prata.

Foram cunhados a partir deste reinado as grandes peças de ouro de oito escudos, conhecidas na Espanha como **doblón de a ocho** ou **onza de oro**, que em inglês e outras línguas foram chamadas simplesmente "dobrões". Assim, a palavra que em castelhano se referia propriamente à peça de dois escudos ficou associada às maiores moedas de ouro em circulação. Foram também cunhadas moedas de ouro de 100 escudos (**centén**), com diâmetro de 71,5 mm e de prata de 50 reais (**cinquentín**), de 76 mm, presentes para os favoritos do rei.

Na Catalunha, a moeda de dois ducados ou **dobló** ficou também conhecida como **trentí** por ser avaliada em 30 *croats* ou reais catalães (33 em 1618) e a moeda de um ducado como *mig trentí* (meio trentí). Foi também cunhada uma moeda de 1/3 de ducado, conhecida como **onzé** (onze *croats* ou reais catalães) de 1618 a 1640 e depois como **tretzén** (13 reais). Os dinheiros de bolhão também passaram a ser puro cobre, como em Aragão e Valência.

O romance de Cervantes, vendido "em papel" (sem encadernar, como era costume), custava 3½ maravedis (3 ñ) por fascículo, 290½ (256 ñ) pelo volume de 83 cadernos. Ao aceitar servir Dom Quixote como escudeiro, Sancho Pança menciona que ganhava dois ducados por mês (662 ñ), mais comida, quando trabalhava para um pequeno fazendeiro. O cavaleiro quer resgatar um criado açoitado por seu amo fazendeiro, do qual ganhava sete reais por mês (210 ñ). Com pena de um homem condenado às galés como feiticeiro e alcoviteiro, Sancho lhe dá como esmola uma moeda de quatro reais (120 ñ). Quando seu amo retorna à aldeia, o escudeiro lhe compra uma gaiola de grilos por 4 *cuartos* (16 maravedis) ou 14 ñ. A moeda *blanca* ou *cornado* já havia desaparecido da circulação, mas ainda surge no romance em expressões populares como "não ter *blanca*" (equivalente a "não ter um tostão") e "não pagaria um só *cornado*".

Denominação	Valor em maravedis	Peso em gramas	Valor em ñ 1615
Moedas de conta			
ducado de prata	375	38,3	331
Moedas de ouro 91,67%			
centén (doblón de a cento)	44.000	338	38.824
óctuplo escudo (doblón de a ocho ou onza de oro)	3.520	27,04	3.106
quádruplo escudo (doblón de a cuatro)	1.760	13,52	1.553
duplo escudo (dobrão)	880	6,76	776
Escudo	440	3,38	388
meio escudo	220	1,69	194
Moedas de prata 93,055%			
50 reais ou cinquentín	1.700	172	1.500
8 reais ou peso	272	27,44	240
4 reais, meio peso ou tostão (tostón)	136	13,72	120
2 reais ou peseta	68	6,86	60
real	34	3,43	30
½ real	17	1,72	15
Moedas de cobre			
8 maravedis	8	6,57	7,1
4 maravedis (cuarto ou tlaco)	4	3,28	3,5
2 maravedis (medio cuarto ou pilón)	2	1,64	1,8
maravedi	1	0,82	0,9

O rei Filipe IV (r.1621-1665) herdou um império ainda imenso, mas quase falido. Até 1643, confiou o governo a Gaspar de Gusmão, o conde-duque de Olivares, que tentou aplicar algumas das ideias dos arbitristas, mas esgotou ainda mais os recursos do reino ao se envolver na Guerra dos Trinta Anos para, inutilmente, tentar recuperar os Países-Baixos protestantes (Holanda). Em 1625, a luta parecia ir bem: a Espanha tomou Breda nos Países-Baixos, expulsou os holandeses da Bahia e de Porto Rico e derrotou uma invasão inglesa. Entusiasmado, Olivares proclamou que "Deus é espanhol e luta por nossa nação".

Em 1627, Olivares declarou nova moratória para livrar-se da

dívida com os banqueiros genoveses, com a expectativa de substituí-los por banqueiros espanhóis. No entanto, em 1628, a captura da frota do tesouro pelo almirante holandês Piet Hein na Baía de Matanzas (ao largo de Cuba) abalou a capacidade da Espanha de movimentar dinheiro e a desmoralizou como poder naval, além de lhe custar 6 milhões de pesos ou 11,5 milhões de florins (1,44 bilhão de ñ a preços espanhóis, o dobro a preços holandeses). A era de ouro dos banqueiros genoveses acabou sem proveito para Madri.

Além disso, a emissão excessiva de moedas de cobre desde o reinado anterior começava a desvalorizá-las, criando prêmios na sua conversão a prata. Começou-se a distinguir entre o "real de bolhão", moeda de conta de peças de cobre de 34 maravedis, e o real de prata, cotado a valores maiores. O ducado como moeda de conta passou a ser conhecido como "ducado de bolhão", com valor de 11 reais de bolhão ou 374 maravedis.

Em 1625, Filipe IV havia imposto um limite de 10% ao prêmio, mas este subiu incontrolavelmente para 60% (54 maravedis por real) em 1628. Para tentar estabilizar a moeda, o rei ordenou que as moedas de 8, 4, 2 e 1 maravedi tivessem seu valor reduzido pela metade, retornando ao valor por peso anterior a 1602.

Nos anos 1630, a tentativa de continuar a financiar a Guerra dos Trinta Anos, à qual se somou a Guerra Franco-Espanhola a partir de 1635, levou a novas suspensões de pagamento da dívida pública, centralização absolutista do governo, aumento de impostos, fim das tentativas de reforma econômica e crescente insatisfação da aristocracia, burguesia e clero. Ao mesmo tempo, neerlandeses, ingleses e franceses se apoderavam de ilhas do Caribe e da América do Norte, e os neerlandeses invadiam o nordeste do Brasil. Na Ásia e África, ingleses e neerlandeses tomaram possessões portuguesas.

Em 1636, para cobrir gastos com a guerra à França, as moedas de cobre tiveram seu valor nominal triplicado: a moeda de 2 maravedis passou a valer 6 e a de 4 maravedis, 12. O prêmio máximo foi aumentado para 25% em 1636 e 50% em 1640.

Em 1640, as tentativas de Olivares de passar por cima das Cortes para forçar todos os reinos a recrutar soldados e financiar a guerra (antes totalmente assumida pela coroa de Castela) levou à sublevação da Catalunha (Guerra dos Segadores), apoiada pela França, à de Portugal, apoiada pela Inglaterra, e à da Andaluzia, liderada pelo duque de Medina-Sidônia. A rebelião da Andaluzia foi rapidamente derrotada, a Catalunha foi parcialmente recuperada com o Tratado dos Pirineus de 1652 (a França anexou o Rossilhão), mas Portugal resistiu e o conflito continuou. Além disso, o rei demitiu Olivares em 1643 e em 1648 aceitou a Paz de Westfália, que encerrou a Guerra dos Trinta Anos e reconheceu a independência dos Países-Baixos. Quando as guerras por fim acabavam, a produção de prata das Américas começou a despencar, selando a decadência. Novas moratórias foram declaradas em 1642, 1652 e 1662.

Frente à inflação das moedas de cobre, o encolhimento do fluxo de prata americana e os gastos em guerras no exterior, a escassez de metal precioso na Espanha ficou tão aguda que foi proibido seu uso em artesanato, prataria e brocados ou qualquer finalidade que não fosse a cunhagem de moedas. Quem trouxesse ouro ou prata para a Casa da Moeda levaria, além das moedas cunhadas, um prêmio de 5% em moedas de cobre. Mesmo assim, as poucas moedas de prata e ouro se tornaram, na prática, mercadorias: estima-se que, em meados do século XVII, as moedas de cobre representavam 92% do meio circulante.

Houve várias manipulações confusas da moeda de cobre pelo governo, em tentativas contraditórias de fazer caixa para o tesouro falido e controlar a inflação. Em fevereiro de 1641, as moedas de 4 maravedis foram compulsoriamente recolhidas e compensadas aos portadores pelo valor nominal para serem reestampadas como 8 maravedis.

Em agosto de 1642, um decreto real foi enviado selado às autoridades locais para ser aberto em 15 de setembro: nesse dia, elas deveriam sair pela cidade e confiscar todas as moedas de cobre, registrando-as e guardando-as. Feito isso, proclamou-se que as moedas de 12 e 6 maravedis cunhadas em Segóvia tiveram seu valor reduzido para 2 e 1 maravedi; as moedas de 8, 4 e 2 maravedis cunhadas em outras casas foram reduzidas para 2, 1 e ½ maravedi, e o prêmio estava proibido. A vaga promessa de compensação aos donos das moedas rebaixadas jamais foi cumprida. Além disso, em 23 de dezembro de 1642, o real de prata teve seu peso reduzido de 3,43 para 2,76 gramas, cerca de 20%, enquanto se reajustava o valor do peso de 8 para 10 reais. O do escudo subiu de 440 para 550 maravedis e, em 13 de janeiro de 1643, para 612 maravedis ou 18 reais reduzidos.

Essa tentativa de estabilização fracassou. Em março de 1643, as moedas de cobre tiveram seu valor nominal multiplicado por quatro (salvo as cunhadas mais recentemente em Segóvia), a redução de peso do real foi cancelada, de modo que o peso voltou a ser de 8 reais e o escudo teve seu valor reduzido para 510 maravedis ou 15 reais tradicionais. Em 1647, as moedas de cobre estavam novamente sendo negociadas com um prêmio, que a coroa tentou limitar a 25%, mas chegava na prática a 50% (51 maravedis por real).

Em 11 de novembro de 1651, em nova manobra para fazer caixa para o tesouro, ordenou-se recolher todas as moedas de cobre para serem reestampadas com o valor anterior a 1642. O dono receberia o valor anterior e o lucro da revalorização ficaria para os cofres públicos. Seis meses depois, em junho de 1652 as maiores moedas de cobre voltaram a ter seu valor dividido por quatro, para serem desmonetizadas e retiradas de circulação em janeiro de 1653, podendo apenas ser usadas, por dois meses, para pagar taxas e impostos ou serem trocadas na Casa da Moeda. Em novembro, porém, essa medida foi invertida: as moedas maiores seriam mantidas em circulação e as menores retiradas. Um tribunal foi criado para punir as violações e reduzir os preços, dívidas e contratos em um terço do valor nominal, como exigia o governo. As disposições não foram inteiramente acatadas e, por decreto de 1654, o governo voltou a receber essas moedas para serem reestampadas. Também a moeda catalã foi reformada, com o *sisén* reduzido a 1½ *diner* em 1652 e o *ardite* a um *diner* em 1654. Em 1659, outra tentativa de retirar de circulação as moedas maiores falhou e o governo se satisfez em reduzir seu valor pela metade.

Em outubro de 1660, para financiar a guerra com Portugal, começaram-se a cunhar novas moedas de bolhão de 2, 4, 8 e 16 maravedis, com 6,95% de prata, com peso de 4,51 gramas para a moeda de 16 e as demais proporcionais. Como o valor do conteúdo metálico era apenas 40% do valor nominal, essas chamadas "moedas de moinho" (por serem cunhadas a máquina, o que era novidade) foram falsificadas em massa. Em 1664, nova medida fez essas moedas circularem pela metade do valor facial.

Em 1665, com a morte de Filipe IV, sucedeu-lhe o único filho, Carlos II, uma criança com graves deficiências mentais e físicas (começou a falar aos quatro anos e a andar aos oito), resultado provável de gerações de casamentos consanguíneos na casa dos Habsburgos. Ficou sob a regência da mãe, Mariana (e do amante desta, Fernando de Valenzuela), até 1678, quando a rainha-mãe foi deposta e expulsa por Juan José da Áustria, meio-irmão de Carlos II. Juan José morreu no ano seguinte, por um possível envenenamento, e a rainha-mãe retornou, embora tivesse de dividir o poder com as duas sucessivas esposas do rei deficiente. Em 1667, a Espanha envolveu-se em nova guerra com a França. Para se concentrar na luta com a França, que a levaria a perder o Franco-Condado e parte dos Países-Baixos que lhe restavam, a Espanha reconheceu em 1668 a independência de Portugal.

Em 1680, as "moedas de moinho" tiveram seu valor de troca reduzido a um oitavo do valor de face, antes de serem retiradas totalmente de circulação, juntamente com nova tentativa de tabelar preços por decreto. Em 1683, até o cobre começou a escassear na Casa da Moeda, e seu uso por artesãos foi proibido. Até objetos de cobre levados a eles para conserto teriam de ser recolhidos ao valor de 3½ "reais de bolhão" a libra. Em 1684, as "moedas de moinho" foram remonetizadas com o dobro do valor anterior à desmonetização.

Em outubro de 1686, voltou-se a reduzir o peso do real de prata para 2,74 gramas, e os antigos pesos de oito reais, oficialmente rebatizados "coroas", foram revalorizados para dez reais de prata. Novas moedas de oito reais no novo padrão reduzido começaram a ser cunhadas para circulação na Espanha, enquanto as modas de prata de padrão antigo continuavam a ser usadas no comércio exterior e nas colônias. Na linguagem popular, os pesos de padrão antigo passaram a ser chamados "pesos fortes", "pesos duros" ou simplesmente "duros", enquanto os novos ficaram conhecidos como "pesos marias" ou "pesos simples".

Além disso, um prêmio de 50% foi oficializado, de modo que um duro valia quinze reais de bolhão (510 maravedis). O escudo de ouro foi revalorizado de 15 para 19 reais e um mês depois para 20 reais de prata reduzidos, equivalentes a dois pesos antigos ou 16 reais antigos.

Denominação	Valor em maravedis (*)	Peso em gramas	Valor em ñ 1686
Moedas de conta			
ducado de bolhão	374		249
real de bolhão	34		23
maravedi	1		0,67
Moedas de ouro 91,67%			
centén (doblón de a cento)	102.000	338	68.000
óctuplo escudo (doblón de a ocho ou onza de oro)	8.160	27,04	5.440
quádruplo escudo (doblón de a cuatro)	4.080	13,52	2.720
duplo escudo (dobrão)	2.040	6,76	1.360
escudo	1.020	3,38	680
meio escudo	510	1,69	340
Moedas de prata 93,055% (prata antiga, nas colônias e exterior)			
50 reais ou cinquentín	3.187,5	172	2.125
8 reais, peso forte ou peso duro	510	27,44	340
4 reais, meio peso ou tostão (tostón)	255	13,72	170
2 reais ou peseta	127,5	6,86	85
real	63,75	3,43	43
croat (Catalunha)	55	3,12	37
deciocheno ou realete (Valência)	39	2,80	26
½ real	31,9	1,72	21
Moedas de prata 93,055% (prata nova, nas províncias espanholas)			
8 reais, peso simples ou peso maria	408	21,92	272
4 reais, meio peso ou tostão (tostón)	204	10,96	136
2 reais ou peseta	102	5,48	68
real	51	2,74	34
½ real	25,5	1,37	17
Moedas de cobre			
8 maravedis	8	24,84	5,3
4 maravedis	4	12,42	2,7
2 maravedis	2	6,21	1,3
1 ardite (Catalunha)	2,3	1,6	1,5
1 dinheiro (Valência)	2,2	0,8	1,5

(*) incluído prêmio de 50% para as moedas de ouro e prata

Século XVIII

Nos últimos anos do século XVII, França, Áustria e Baviera negociaram a sucessão de Carlos II, doente e sem filhos, mas não tiveram resultados. Em 1700, quando Carlos morreu e legou seus domínios ao duque Filipe de Anjou, segundo neto de Luís XIV da França, várias potências europeias, incluindo Áustria, Inglaterra, Prússia, Holanda, Savoia e Portugal, se juntaram contra a união do Império Espanhol – decadente, porém vasto – aos domínios de um reino tão poderoso quanto a França. Apoiaram a reivindicação do arquiduque Carlos, herdeiro da Áustria e do Sacro Império Romano-Germânico (depois imperador Carlos VI), e a eles se aliou a elite dos reinos da Coroa de Aragão (Aragão, Barcelona, Valência e Maiorca), motivada pela rivalidade comercial com a França e pela expectativa de que os austríacos respeitassem suas liberdades tradicionais.

A Guerra da Sucessão Espanhola durou de 1701 a 1714. Os "carlistas", partidários de Carlos, chegaram a tomar Madri e proclamá-lo rei Carlos III, mas acabaram derrotados. O tratado de Utrecht reconheceu o duque de Anjou como rei Filipe V da Espanha, e este abriu mão dos domínios europeus da coroa espanhola fora da Península Ibérica e do direito a herdar o trono francês e uni-lo ao espanhol. A Áustria ficou com os Países-Baixos espanhóis (atual Bélgica), Nápoles, Milão e Sardenha. Savoia recebeu a Sicília e em 1720 a permutou pela Sardenha com a Áustria. A Grã-Bretanha (Inglaterra e Escócia se uniram durante a guerra) anexou Gibraltar e a ilha de Minorca e a França perdeu alguns territórios coloniais para britânicos e portugueses.

Em 1724, quando da morte do duque de Orléans, regente de Luís XV da França, Filipe V abdicou em favor de seu filho Luís I para tentar disputar a sucessão francesa, mas teve de reassumir a coroa espanhola meses depois, porque Luís morreu de varíola e seu segundo filho não tinha idade para governar. Este subiu ao trono em 1746 como Fernando VI e reinou até 1759. Ao morrer sem filhos, foi sucedido pelo irmão Carlos III (r. 1759-1788) e este pelo filho Carlos IV (r. 1788-1808). A Espanha tornou-se, na prática, um satélite da França, assim como Portugal era satélite da Inglaterra desde 1640. A administração foi modernizada e centralizada segundo o modelo francês. Foram abolidas a autonomia e os privilégios dos reinos e vice-reinos que constituíam as tradicionais Coroas de Castela e Aragão, reunidos em um Reino da Espanha único e absolutista. Isso criou ressentimentos na burguesia catalã e na aristocracia *criolla* da América Espanhola, onde essas reformas levariam aos primeiros grandes levantes contra o domínio colonial espanhol: a revolta de Túpac Amaru II no Peru, em 1780, e a dos comuneiros de Nova Granada no ano seguinte. Por outro lado, os Bourbon tiveram sucesso em reprimir o contrabando e incentivar o comércio. A partir de 1759, a redução e depois abolição do monopólio de Cádiz no comércio com as colônias americanas também estimulou o desenvolvimento da indústria têxtil na Espanha.

Durante a guerra, Filipe V cunhou em Madri, Segóvia e Sevilha moedas de cobre de 1, 2 e 4 maravedis e reais de prata, inicialmente segundo o modelo castelhano anterior a 1686, mas a partir de 1709 com teor de 91,67% e 3,38 gramas por real, para se equipararem ao padrão francês. Carlos III cunhou principalmente moedas dos sistemas regionais de Barcelona, Valência, Palma de Maiorca e Saragoça (ardites, dinheiros, croats, deciochenos etc.), mas também pesetas castelhanas. Com a vitória de Filipe, as moedas de Carlos III foram retiradas de circulação e as moedas regionais da antiga Coroa de Aragão deixaram de ser cunhadas para serem substituídas por moedas castelhanas.

Em 1716, as moedas destinadas às colônias e comércio exterior tiveram o teor reduzido de 93,055% para 92,36% e o peso mantido em 3,43 gramas por real. Essas moedas vieram a ser conhecidas como "prata grossa" ou "nacional", para se distinguir tanto das moedas de "prata antiga" do século anterior quanto daquelas de "prata provincial" com teor de 83,33% e 3,06 gramas por real. O escudo passou a valer 1.152 maravedis, o peso de "prata grossa" 608 maravedis e o de "prata provincial" 512 maravedis, de modo que um escudo valia 18 reais provinciais e um peso nacional 9½ reais provinciais. Com exceção de uma cunhagem de peças de 4 e 8 reais em 1718, as moedas provinciais foram cunhadas no valor de 2, 1 e ½ real. Desapareceram as grandes moedas de 50 e 100 reais. Reais de bolhão e ducados de bolhão continuaram a ser usados como moedas de conta.

Em 1728, Filipe V reformou novamente as moedas nacionais, que passaram a ter teor de 91,67% e peso de 3,38 gramas por real, e as provinciais, cujo teor passou a 83,33% e o peso a 2,98 gramas, retornando à relação de 5 reais provinciais para 4 coloniais do século anterior. O escudo de ouro valia agora 1.280 maravedis, o peso de prata grossa 640 maravedis e o de prata provincial, 512 maravedis.

Para distinguir com mais clareza as séries de "prata nova" e "prata grossa", as moedas provinciais continuaram a ser cunhadas com as armas de Leão e Castela no anverso, enquanto as coloniais adotaram a partir da primeira cunhagem no México, em 1732, um novo desenho "colunário": duas colunas envolvidas por faixas sinuosas com os lemas PLUS ULTRA ("além") e UTRAQUE UNUM ("ambos são um") que representavam as Colunas de Hércules e ladeavam os dois hemisférios do mundo. É possível que o desenho da coluna envolvida pela faixa tenha influenciado o desenho do "signo peso" espanhol, inicialmente um monograma formado pelas letras P e S, e o transformado em $, depois usado também como signo do dólar estadunidense. Este desenho teria, por sua vez, influenciado o cifrão português, antes um U estilizado.

Em 1737, os pesos nacionais foram revalorizados para 680 maravedis ou 20 reais de bolhão e os provinciais para 544 ou 16 reais de bolhão. O escudo de ouro continuou a valer 1.280 maravedis. Em 1771, o teor de metal precioso foi reduzido para 90,1% nas moedas de ouro, 90,27% nas moedas de prata nacional e 81,25% nas de prata provincial. Oito anos depois, o escudo foi revalorizado para 1.360 maravedis ou dois pesos de prata grossa, enquanto o valor nominal das moedas de prata ficou inalterado. Em 1786, houve nova redução no teor metálico: moedas de ouro para 87,5%, de prata nacional para 89,58% e de prata provincial, para 80,63%. O quadro abaixo resume as mudanças:

Moeda	indicador	unidade	1615	1686	1716	1726	1728	1737	1771	1779	1786
escudo	peso	g	3,38	3,38	3,38	3,38	3,38	3,38	3,38	3,38	3,38
	teor	% Au	91,67%	91,67%	91,67%	91,67%	91,67%	91,67%	90,10%	90,10%	87,50%
	v. nominal	Ms.	440	1.020	1.152	1.152	1.280	1.280	1.280	1.360	1.360
	p. aquisitivo	ñ	388	680	945	758	800	861	526	564	508
peso duro	peso	g	27,44	27,44	27,44	27,44	27,04	27,04	27,04	27,04	27,04
ou nacional ($)	teor	% Au	93,06%	93,06%	93,06%	92,36%	91,67%	91,67%	90,27%	90,27%	89,58%
	v. nominal	Ms.	272	510	512	608	640	680	680	680	680
	p. aquisitivo	ñ	240	340	420	400	400	458	280	282	254
peso provincial	peso	g	27,44	21,92	24,52	24,52	23,88	23,88	23,88	23,88	23,88
	teor	% Au	93,06%	93,06%	83,33%	83,33%	83,33%	83,33%	81,25%	81,25%	80,63%
	v. nominal	Ms.	272	408	408	512	512	544	544	544	544
	p. aquisitivo	ñ	240	272	335	337	320	366	224	226	203
real de prata	peso	g	3,43	3,43	3,43	3,43	3,38	3,38	3,38	3,38	3,38
colonial	teor	% Au	93,06%	93,06%	93,06%	92,36%	91,67%	91,67%	90,27%	90,27%	89,58%
	v. nominal	Ms.	34	64	64	76	80	85	85	85	85
	p. aquisitivo	ñ	30	43	52	50	50	57	35	35	32
real de prata	peso	g	3,43	2,74	3,07	3,07	2,99	2,99	2,99	2,99	2,99
provincial	teor	% Au	93,06%	93,06%	83,33%	83,33%	83,33%	83,33%	81,25%	81,25%	80,63%
	v. nominal	Ms.	34	51	51	64	64	68	68	68	68
	p. aquisitivo	ñ	30	34	42	42	40	46	28	28	25
moedas de conta											
ducado de bolhão	p. aquisitivo	ñ	330	249	307	246	234	252	154	155	140
real de bolhão (rs.)	p. aquisitivo	ñ	30	23	28	22	21	23	14	14	13
maravedi (Ms.)	p. aquisitivo	ñ	0,88	0,67	0,82	0,66	0,62	0,67	0,41	0,41	0,37

Denominação	Valor em maravedis	Valor em reais de bolhão	Peso em gramas	Valor em ñ 1750
Moedas de conta				
ducado de bolhão	374	11		205
real de bolhão	34	1		19
Maravedi	1	1/34		0,5
Moedas de ouro 91,67%				
óctuplo escudo (*doblón de a ocho* ou *onza de oro*)	10.240	301,18	27,04	6.144
quádruplo escudo (*doblón de a cuatro*)	5.120	150,59	13,52	3.072
duplo escudo (dobrão)	2.560	75,29	6,76	1.536
Escudo	1.280	37,65	3,38	768
meio escudo (*escudito* ou *durillo*)	640	18,82	1,69	408
Moedas de prata 91,67% (prata grossa ou nacional)				
8 reais ou duro	680	20	27,04	373
4 reais, meio duro ou tostão (*tostón*)	340	10	13,52	186
2 reais ou peseta	170	5	6,86	93
real (meia peseta)	85	2½	3,38	47
½ real (*realillo*)	42,5	1¼	1,69	23
Moedas de prata 83,33% (prata provincial)				
2 reais ou peseta	136	4	5,96	75
real de prata	68	2	2,98	37
½ real	34	1	1,49	19
Moedas de cobre				
4 maravedis (*cuarto*)	4	~¼	9	2,2
2 maravedis (*ochavo*)	2	~1/8	4,5	1,1
1 maravedi	1	~1/16	2,3	0,5

A longa aliança com a França levou a Espanha a descuidar do seu exército terrestre e concentrar-se na marinha para defender suas colônias, ameaçadas principalmente pela Grã-Bretanha. Além disso, a irrupção da Revolução Francesa em 1789 apanhou o país de surpresa. O rei Carlos IV tentou salvar o primo Luís XVI e ofereceu suborno à Convenção; quando Luís foi executado, aderiu à coligação das monarquias europeias contra os revolucionários. No entanto, seus exércitos foram derrotados pelos franceses, que ocuparam o País Basco e a Catalunha e forçaram a Espanha a retirar-se da guerra e depois aliar-se à França contra os britânicos.

Após a derrota naval franco-espanhola de 1805 em Trafalgar, a guerra com os britânicos interrompeu o comércio da Espanha com as Américas e abriu caminho à independência das colônias. A aliança continuou, porém, de pé, e os espanhóis se uniram às tropas francesas para invadir Portugal em 1807, levando D. João VI e sua corte a se refugiarem no Brasil.

Em 1808, o príncipe Fernando VII desferiu um golpe de Estado contra o pai Carlos IV, mas Napoleão não reconheceu o novo rei e forçou Carlos IV a ceder o trono a seu irmão José Bonaparte. As elites espanholas não aceitaram a situação e se rebelaram, iniciando a resistência que durou até a derrota de Napoleão em 1814.

Portugal

A idade de ouro dos Descobrimentos (1481-1580)

No reinado de D. João II (r. 1481-1495), os portugueses exploraram o Atlântico Sul, dobraram o Cabo das Tormentas (rebatizado Cabo da Boa Esperança) e exploraram o interior da África, chegando à Etiópia e a Timbuctu. Enquanto isso, a Espanha recém-unificada patrocinava a expedição de Colombo e descobria a América. Seguiu-se uma disputa pela partilha dos novos descobrimentos, que foi resolvida pelo Tratado de Tordesilhas, em 1494.

Em 1485, o rei português determinou que os grossos medievais fossem recolhidos pelo valor de 33 reais e os chinfrões por 14 reais, o que implicava um marco português de 2.240 reais. Em 1489, o rei reajustou o cruzado para 380 reais e o marco de prata para 2.280 reais ou seis cruzados e criou uma nova moeda de 20 reais e 2,0 gramas, chamada inicialmente **real de prata**, mas depois conhecida como **vintém** (21 mm), acompanhado por um meio real e um quarto de real ou **cinquinho**. Foi criada uma nova moeda de ouro de 22 quilates chamada **justo** (pela figura do rei segurando a espada da justiça), de 6 gramas, e um meio justo também chamado **espadim**. Foram abandonadas as moedas de bolhão características da Idade Média e não foram cunhados reais de cobre nesse reinado.

Denominação	Valor em reais	Peso em gramas	Valor em ñ c. 1490
Moedas de conta			
marco de prata	2.280	229,5	6.840
real	1	–	3
Moedas de ouro 99%			
cruzado	380	3,55	1.140
Moedas de ouro 91,7%			
justo	600	6,0	1.800
meio justo ou espadim	300	3,0	900
Moedas de prata 91,7%			
real de prata ou vintém	20	2,0	60
meio real de prata ou meio vintém	10	1,0	30
cinquinho	5	0,5	15
Moedas de cobre			
ceitil	1/6	1,9	0,5

Vasco da Gama e o Venturoso

D. Manuel (r. 1495-1521) foi chamado "O Venturoso" pelo sucesso das explorações portuguesas durante seu reinado. Os exploradores portugueses chegaram à Índia, Brasil, Ceilão, Sudeste Asiático, Indonésia, China e Etiópia.

O Reino de Portugal tinha no século XV uma renda anual de 300 mil cruzados. Do ponto de vista do interesse racional, teve toda razão em negar os 5 mil cruzados (5,7 milhões de ñ) pedidos por Colombo, mandar o genovês passear, concentrar seus esforços na busca de um caminho pelo Oriente e investir 20 mil cruzados (23 milhões de ñ) na primeira expedição de Vasco da Gama. Guardadas as proporções, o custo da viagem de Vasco da Gama equivaleu a um investimento dos Estados Unidos da ordem de US$ 222 bilhões, em 2015, numa viagem a Marte, que teria, aliás, uma duração comparável. Mas, ao contrário da NASA, os portugueses tinham razões para esperar lucro, e realmente o tiveram. A expedição, que partiu em 8 de julho de 1497 e retornou em 10 de junho de 1499 (23 meses), trouxe uma carga de especiarias que pagou 60 vezes o seu custo, apesar de terem voltado apenas 55 dos 170 homens que partiram e dois dos quatro navios.

Já a descoberta das Américas só começaria a realmente valer a pena para a Coroa de Castela várias décadas depois, quando os Impérios Asteca e Inca foram conquistados e suas fabulosas minas de prata exploradas. Por isso, Colombo morreu em 1506 quase na pobreza e teimando que não havia topado com uma nova terra desconhecida, mas realmente chegado às Índias, enquanto Vasco da Gama foi premiado com uma renda perpétua de 400$000 anuais (1,2 milhões de ñ, 3,3 mil ñ por dia). Foi a maior pensão paga até então a um navegante português. Seu capitão Nicolau Coelho ganhou 50$000 por ano (150 mil ñ, 417 ñ por dia) e os pilotos Pero Escobar e Pero de Alenquer 4$000 (12 mil ñ, 33 ñ por dia).

Na viagem seguinte, o reino de Portugal se dispôs a levantar grandes empréstimos junto ao setor privado para investir quantias muito maiores, agora com a certeza de um retorno muito lucrativo. O banqueiro florentino Girolamo Sernige, que financiara boa parte da viagem de Vasco da Gama, foi mais uma vez convidado a participar do empreendimento, e a ele se juntou seu conterrâneo Bartolomeu Marchione, tido como o homem mais rico de Lisboa, dono de uma fortuna pessoal avaliada em um milhão de ducados.

A 22 de abril de 1500, Pedro Álvares Cabral aportou em Porto Seguro, no Brasil, antes de partir para consolidar a dominação portuguesa na Índia (13 navios com 1.500 homens). O capitão-mor comandava toda a esquadra, inclusive tomando decisões militares, recebendo para tanto 10.000 cruzados (11 milhões de ñ); cada um dos outros capitães cuidava de seu navio, recebendo 1.000 cruzados para cada 100 tonéis de carga transportada em seus porões. Nicolau Coelho, por exemplo, comandava uma nau de 180 tonéis; Gaspar de Lemos, uma naveta de mantimentos de 70 tonéis. Seus comandantes receberam no total cerca de 30.000 cruzados pelos seus serviços, lucrando o dobro do que haviam investido. Considerando a duração (16 meses e 20 dias) e o tamanho da expedição, seu custo total deve ter sido de mais ou menos 135.000 cruzados (154 milhões de ñ). Cabral ganhou uma pensão perpétua de 30$000 (90 mil ñ, 250 ñ por dia), mais modesta que a de Vasco da Gama, pois já não se tratava de uma aventura no desconhecido, mas do início de um lucrativo comércio regular.

A terceira expedição, de João da Nova, partiu antes mesmo do retorno de Cabral em julho de 1501. A quarta expedição portuguesa à Índia e segunda de Vasco da Gama mobilizou vinte navios de 10 de fevereiro de 1502 a 1 de setembro de 1503 (18 meses e 20 dias). A despesa foi ainda maior, 200 mil cruzados, mas a receita da coroa portuguesa crescera consideravelmente. O comércio com as Índias a elevara a cerca de um milhão de ducados por ano, inferior apenas à das duas maiores potências da Europa Ocidental, França e Espanha.

Na viagem de ida, a frota de Vasco da Gama capturou e saqueou o navio muçulmano Mery, que voltava da peregrinação a Meca, saqueou seus passageiros e tripulantes (conseguindo 10 mil cruzados em mercadoria e 12 mil em dinheiro, um total de 25 milhões de ñ), e, depois de ordenar a seus soldados tomarem todos os bens pessoais dos peregrinos – as joias das mulheres e as vestes de seda dos passageiros mais ricos –, incendiou o barco, matando 380 homens, mulheres e crianças. Na volta, quinze navios trouxeram 35 mil quintais de especiarias (2.056 kg) no valor de um milhão de cruzados (1,1 bilhão de ñ). O quintal de pimenta, até então vendido pelos venezianos por 60 a 80 ducados (2.000 a 2.700 ñ/kg), foi comercializado pelos lusos por 30 a 40 ducados (1.000 a 1.350 ñ/kg), o que tirou Veneza desse negócio.

A título de curiosidade, anote-se que, mais tarde, os portugueses compraram de Castela as ilhas Molucas – origem das mais valiosas especiarias – por 350.000 ducados (400 milhões de ñ), menos que o valor de um único carregamento do produto.

A prosperidade trazida pelo comércio com as Índias tornou menos necessária a quebra da moeda como fonte de receita para o reino. Houve mais alguns pequenos reajustes, mas, se os preços subiram nos reinados seguintes, foi principalmente em função da queda do valor real da prata devido à pilhagem espanhola das riquezas das Américas.

Vintém	Características			valor nominal em reais brancos		poder aquisitivo em ñ	
	Peso (g)	% de Prata	g prata	moeda	marco	moeda	real
1489-1498 (D. João II)	2,01	91,67%	1,85	20	2.280	66	3,3
1499-1508 (D. Manuel)	1,99	91,67%	1,82	20	2.310	63	3,1
1509-1521 (D. Manuel)	1,96	91,67%	1,80	20	2.340	57	2,8
1522-1538 (D. João III)	1,84	91,67%	1,68	20	2.500	44	2,2
1539-1554 (D. João III)	1,91	91,67%	1,75	20	2.400	34	1,7
1555-1557 (D. João III)	1,77	91,67%	1,62	20	2.600	24	1,2
1558-1569 (D. Sebastião)	1,70	91,67%	1,56	20	2.700	25	1,3
1570-1572 (D. Sebastião)	1,91	91,67%	1,75	20	2.400	28	1,4
1573 (D. Sebastião)	1,73	91,67%	1,59	20	2.650	24	1,2
1573-1576 (D. Sebastião)	1,79	91,67%	1,64	20	2.570	23	1,2
1577-1581 (D. Sebastião)	1,70	91,67%	1,56	20	2.700	21	1,0

A nova abundância de metais preciosos levou à cunhagem de moedas bem maiores que as tradicionais. Com o ouro da Guiné, D. Manuel fez cunhar a partir de 1499 uma moeda de ouro chamada **português de ouro**, no valor de dez cruzados, com 35 mm de diâmetro, tanto meio de pagamento quanto de ostentação, propaganda e diplomacia, manifestação de um projeto de império universal, cruzada e de messianismo que mais tarde tomaria a forma do mito do "Quinto Império". Até o século XVII, foi maior moeda de ouro europeia cunhada para circulação e não para prestígio, mas há notícia de moedas de 500 cruzados "que pareciam grandes maças", enviadas com outros presentes suntuosos ao papa Leão X, provavelmente feitas para superar as "moedas de prestígio" castelhanas e demonstrar a supremacia de Portugal. O cruzado (22 mm) foi reajustado para 390 reais em 1496 e 400 em 1517. Neste ano, foram cunhados quartos de cruzado para esmolas aos pobres.

Em prata, D. Manuel fez cunhar em 1504 um **português de prata** de 400 reais e 38 mm que era também a maior moeda desse metal já cunhada na Europa, maior que os enormes *Guldengroschen* cunhados no Tirol em 1486, mas que, assim como o **meio português**, não voltou a ser emitido. Mais futuro teve o **quarto de português**, sucedido pelo **tostão** (28 mm), assim chamado por ser de peso semelhante ao *testone* de Milão, que, cunhado a partir de 1474 com 9,7 gramas de prata, era até então a maior moeda de prata europeia. Cunhou-se também, em 1499, uma moeda chamada índio, de 33 reais.

Denominação	Valor em reais	Peso em gramas	Valor em ñ c. 1520
Moedas de conta			
marco de prata	2.340	229,5	7.020
real	1	–	3
Moedas de ouro 99%			
500 cruzados	200.000	1.775	600.000
português de ouro	4.000	35,5	12.000
meio português de ouro	2.000	17,8	6.000
cruzado	400	3,55	1.200
quarto de cruzado	100	0,89	300
Moedas de prata 91,7%			
português de prata	400	39,2	1.200
meio português de prata	200	19,6	600
quarto de português de prata ou tostão	100	9,8	300
meio tostão	50	4,9	150
índio	33	3,28	100
real de prata ou vintém	20	1,96	60
meio real de prata ou meio vintém	10	0,98	30
cinquinho	5	0,5	15
Moedas de cobre			
real	1	11,5	3
meio real	½	5,7	1,5
ceitil	1/6	1,9	0,5

D. João III (r. 1521-1557) continuou a cunhar portugueses e cruzados sem modificações até 1538, quando a fuga de ouro do reino, devido à qualidade superior dessas moedas em relação às demais usadas então na Europa (inclusive os ducados venezianos de 22 quilates), o levou a suspender a cunhagem dos portugueses e reduzir a liga do cruzado de 23¾ quilates (99%) para 22 5/8 (94,3%) e mais tarde para 22 1/8 (92,2%), mantido o valor nominal de 400 reais.

Em 1555 começou-se a cunhar uma nova moeda de ouro chamada **São Vicente** (com a imagem desse santo, padroeiro de Lisboa), de 7,65 gramas de ouro 92,2% e valor de 1.000 reais, acompanhada por um meio São Vicente de 3,83 gramas. O cruzado de 400 reais deixou de ser cunhado como moeda de ouro, mas continuou a existir como moeda de conta.

Em prata, continuaram a ser cunhadas as moedas de 5 a 100 reais sem modificações até 1538, quando as moedas de 50 e 100 reais foram suspensas e substituídas por um **real português** de 40 reais e 3,67 gramas e um **real português dobrado** de 80 reais e 7,34 gramas. Em 1555 estes foram suspensos, e voltaram a ser cunhados os tostões e meios tostões.

Em cobre, foram cunhados de início apenas os ceitis. A partir de 1555 o peso destes foi reduzido para 0,9 grama e foram cunhadas moedas de 1 real (1,8 grama), 3 reais (5,4 gramas) e 10 reais (17,9 gramas), em substituição aos cinquinhos e meios vinténs. Com a queda generalizada do valor da prata, que se deveu à chegada do metal saqueado das Américas pela Espanha, o poder aquisitivo do real era então de aproximadamente 2,5 ñ.

As moedas de ouro de 1.000 reais deixam de ser cunhadas a partir de 1560, no reinado de D. Sebastião (r. 1557-1578, sob regência até 1568). A partir de 1562, novas moedas de 500 reais, que voltaram a trocar a imagem do santo pela cruz dos antigos cruzados, se tornaram as primeiras moedas portuguesas com data. Há referências a moedas de ouro de 30.000 e 40.000 reais chamadas **ducatões**, mas é provável que fossem meras medalhas. Moedas de 100, 50 e 20 reais continuaram a ser emitidas.

As moedas de cobre seguiram o padrão de D. João III até 1560, quando foram modificadas em peso e valor para um ceitil (1,27 grama), 3 reais (4,33 gramas) e 5 reais (7,16 gramas). Em 1566, passou-se a cunhar apenas o ceitil (1,2 grama) e o real (3,6 gramas). Por ser lucrativa a falsificação dessas moedas e impraticável distinguir as verdadeiras das falsas, o mercado foi inundado por moedas falsas. Em 1568, reduziu-se o valor de todas (exceto o ceitil) à metade.

Em 1559, nos estatutos da Universidade de Évora, pela primeira vez se usou por escrito o plural **réis** em vez de reais, embora a forma provavelmente fosse usada na linguagem popular desde o início dos anos 1500. Em documentos do Estado, o primeiro uso é de 1575.

União Ibérica (1580-1640)

Com a morte de D. Sebastião na batalha de Alcácer-Quibir em 1578, o trono foi herdado pelo tio-avô D. Henrique, arcebispo e cardeal. O papa Gregório XIII, em apoio aos espanhóis, recusou-se a dispensá-lo do voto de castidade. D. Henrique morreu em janeiro de 1580 sem filhos, e o trono foi reivindicado por três netos de D. Manuel: a duquesa Catarina de Bragança, filha de D. Duarte; o Prior do Crato, D. António, filho bastardo de D. Luís; e o rei Filipe II de Castela, filho de Isabel de Portugal. D. António foi aclamado rei com apoio popular em julho de 1580, mas no mês seguinte foi derrotado pelas forças de Filipe II e fugiu no ano seguinte para a Inglaterra e depois a França, que apoiou sua resistência nos Açores até 1583, quando as ilhas foram tomadas pelos castelhanos. D. António cogitou estabelecer-se no Brasil, mas não recebeu apoio do governador no Rio de Janeiro.

Durante a resistência no continente, D. António chegou a cunhar moedas de ouro de 500 réis; moedas de prata de tostão, meio tostão e vintém; e moedas de cobre de 4 réis, 2 réis e um real. Nos Açores, cunhou moedas de ouro de teor reduzido de 92,2% para 79,2% e cruzados, tostões e meios tostões de prata. Para fazer frente à falta de moeda e ao pagamento de tropas, dobrou o valor nominal das moedas com a aplicação de um "carimbo" ou contramarca com a figura de um açor e obrigou os portadores de moedas a trocar duas por uma. Assim, as moedas de 500 réis passaram a valer 1.000 e assim por diante, até serem destruídas pelos espanhóis em 1583.

Sob o domínio da Espanha, Portugal, assim como a Coroa de Aragão, alinhou-se a Castela nas guerras e na diplomacia, mas continuou a cunhar sua própria moeda e governar suas próprias colônias. Várias delas foram, porém, perdidas para os inimigos da Espanha. As ilhas Molucas foram tomadas pelos holandeses a partir de 1605, Barém e Ormuz pelos persas aliados dos ingleses em 1602 e 1622; parte do Nordeste do Brasil em 1630, São Jorge da Mina (na atual Gana, fonte do "ouro da Guiné" português) em 1637 e São Tomé e Príncipe, Luanda e parte do Ceilão em 1640 pelos holandeses. Por outro lado, a dinastia filipina não se opôs a que os bandeirantes de São Paulo e os jesuítas do Maranhão cruzassem a linha de Tordesilhas e começassem a anexar as atuais regiões Norte, Centro-Oeste e Sul ao Brasil português. Daqui eram mais facilmente exploradas do que a partir do Peru castelhano, cujo vice-reinado desistira de incursões nessas regiões para concentrar-se na gestão das minas ricas e já conhecidas da região andina.

Filipe II da Espanha, oficialmente Filipe I em Portugal, reinou de 1580 a 1598 (desde 1556 em Castela e Aragão) e foi sucedido por Filipe III (r. 1598-1621) e Filipe IV (r. 1621-1640 em Portugal e até 1665 na Espanha), respectivamente Filipe II e Filipe III de Portugal.

O padrão monetário português foi desvalorizado de 2.650 para 2.680 réis por marco de prata em 1582 e para 2.800 em 1588 (100 dos quais para as despesas de fabricação), com o ouro mantido em 30.000 por marco. Aos. Aos tostões e vinténs de D. Sebastião e D. Henrique acrescentaram-se **cruzados** de ouro e moedas de prata de 40 réis consideradas equivalentes ao real castelhano, apesar de seu conteúdo em prata ser 5,8% inferior, e 80 réis (equivalentes à peseta ou peça de dois *reales* castelhanos). Desse modo, o real português equivalia a 0,85 maravedi castelhano, e o peso castelhano, mais conhecido como **pataca** em Portugal, a 320 réis portugueses. Em 1611, foi proibida a circulação em Portugal dos *reales* castelhanos, devido à frequência das fraudes e falsificações. Aparentemente não foram cunhadas novas moedas de cobre.

Denominação	Valor em réis	Peso em gramas	Valor em ñ c. 1615
Moedas de conta			
marco de prata	2.800	229,5	2.800
real	1	–	1
Moedas de ouro 92,2%			
quatro cruzados	1.600	12,24	1.600
dois cruzados	800	6,12	800
500 reais (até 1598)	500	3,83	500
cruzado	400	3,06	400
Moedas de prata 91,7%			
tostão	100	8,20	100
80 réis (equivalente a dois *reales* castelhanos)	80	6,56	80
meio tostão	50	4,10	50
40 réis (equivalente ao real castelhano)	40	3,28	40
Vintém (equivalente a meio real castelhano)	20	1,64	20
Moedas de cobre (*)			
10 réis	10	17,0	10
5 réis	5	8,5	5
3 réis	3	3,1	3
real	1	1,7	1

(*) do reinado de D. Sebastião. As moedas de 4 réis e 2 réis de D. António haviam sido tiradas de circulação e parece não ter havido cunhagem em cobre durante a dinastia filipina.

Restauração (1640-1706)

Em 1640, a elite portuguesa conspirava pela independência, pois estava insatisfeita com a ocupação de altos cargos da administração e do exército por nobres castelhanos, pelos impostos cobrados para cobrir os gastos militares espanhóis e pelas perdas coloniais resultantes do atrelamento a um Império Espanhol decadente. Em 1 de dezembro, quando grande parte das tropas castelhanas havia sido retirada de Portugal para reprimir revoltas na Catalunha e Andaluzia, os nobres rebelados capturaram a vice-rainha de Portugal, duquesa Margarida de Mântua, executaram seu secretário de Estado e aclamaram o duque de Bragança, neto da duquesa Catarina, como rei D. João IV.

A intermitente guerra com a Espanha durou 28 anos e terminou em 1668 com o reconhecimento da independência portuguesa, embora Ceuta e Olivença fossem perdidas para os castelhanos. Paralelamente, continuou a guerra com a Holanda, e os portugueses perderam Axim (na atual Gana) e Malaca em 1641. Angola e São Tomé e Príncipe foram recuperados em 1648 e o Nordeste do Brasil em 1654, mas o Ceilão foi totalmente perdido em 1658. A guerra terminou em 1661, quando Portugal concordou em pagar aos holandeses quatro milhões de cruzados ou oito milhões de florins (63 toneladas de ouro, 2,2 bilhões de ñ) ao longo de 40 anos. No ano seguinte, Portugal ainda perdeu Tânger e Bombaim, como dote do casamento entre a princesa Catarina de Bragança e Carlos II de Inglaterra –, preço da restauração da aliança entre os dois países –, e depois Cochim e Cananor, tomadas pelos holandeses.

Por esses conflitos, Portugal perdeu a preponderância no Oriente, da qual ficaram meros resquícios: Goa e dependências, Macau e Timor. Seus esforços passaram a se concentrar na exploração, defesa e ampliação do território do Brasil e na consolidação de colônias e feitorias na África que exportavam escravos para as fazendas, minas e comércio brasileiros. No final do século XVII, o Brasil proporcionava 60% da receita tributária de Portugal, as demais colônias 20% e o próprio reino, outros 20%. Entretanto, 75% das despesas eram realizadas na metrópole e apenas 25% nas colônias

Em 1641, os tostões, meios tostões, quatro vinténs e dois vinténs das emissões anteriores foram contramarcados com um acréscimo de valor de 20% ou 25%, ficando o lucro para as despesas da guerra. Assim, as moedas filipinas de 100, 50, 80 e 40 réis passaram a valer respectivamente 6 e 3 vinténs e 1 e 1/2 tostão. Novas moedas de prata foram cunhadas com valores de 100 réis (6,75 gramas), 50, 40, 20, 10 (meio vintém) e 5 réis (cinquinho de 0,32 grama). O valor do marco de prata aumentou de 2$800 para 3$400.

O financiamento das guerras também resultou em quebras do padrão monetário, refletidasrefletido no aumento do valor nominal das moedas de ouro e prata. A moeda de ouro de quatro cruzados, de 1.600 réis durante o domínio espanhol, passou a 3$000 réis em 1642, e o teor de ouro foi reduzido de 92,2% para 91,67%. Para evitar a confusão com o cruzado como moeda de conta, que continuava a ser de 400 réis, essa moeda passou a ser simplesmente "moeda d'ouro", a de dois cruzados virou "meia moeda" e a de um cruzado "um quarto de moeda".

Em 1643, o marco de prata foi novamente elevado de 3$400 para 4$000 e passaram a ser cunhados novos tipos de moeda de prata, inclusive um cruzado de 400 réis. Em 1646, a moeda de ouro passou a valer 3$500 e as moedas de prata anteriores foram contramarcadas com um aumento de 25% no valor nominal.

Em 1646, D. João IV fez cunhar medalhas de ouro e prata comemorativas da escolha de Nossa Senhora da Conceição como padroeira do reino, e em 1651 ordenou que corressem como moedas, as de ouro com o valor de 12.000 réis e as de prata como 600 réis. Por deferência à Virgem, prometeu-se que os reis portugueses não mais colocariam na cabeça a coroa real.

Denominação	Valor em réis	Peso em gramas	Valor em ñ c. 1651
Moedas de conta			
cruzado	400		280
tostão	100		70
real	1	–	0,7
Moedas de ouro 91,7%			
moeda de ouro da Conceição	12.000	42,98	8.400
quatro cruzados (moeda d'ouro)	3.500	12,24	2.450
dois cruzados (meia moeda)	1.750	6,12	1.225
cruzado (quarto de moeda)	875	3,06	613
Moedas de prata 93,055% (espanholas)			
pataca	480	27,44	336
meia pataca	240	13,72	168
peseta (2 *reales*)	120	6,86	84
real espanhol	60	3,43	42

Moedas de prata 91,7%			
moeda de prata da Conceição	600	28,65	420
cruzado	400	22,94	280
meio cruzado	200	11,48	140
oito vinténs	160	9,18	112
tostão	100	5,74	70
quatro vinténs	80	4,59	56
meio tostão	50	2,87	35
dois vinténs	40	2,30	28
vintém	20	1,15	14
Moedas de cobre			
5 réis	5	13,1-15,7	3,5
3 réis	3	7,4-11,9	2,1
real e meio	1½	4,4-6,2	1,05

Em 1656, D. João IV foi sucedido por um filho menor e adoentado, Afonso VI, que permaneceu sob a competente regência da mãe, Luísa de Gusmão, até 1662. Após o afastamento desta, a situação política e militar se deteriorou,- e, em 1667, Afonso VI foi deposto e confinado por um golpe palaciano. O irmão Pedro assumiu o governo como príncipe regente. O casamento de Afonso VI, celebrado em 1666, foi anulado pelo papa Clemente IX sob a alegação de não ter sido consumado (o rei deposto era impotente), e a ex-esposa, Maria Francisca Isabel de Saboia, casou-se com o regente, que já era seu amante. Em 1683, com a morte de Afonso VI, o príncipe tornou-se rei Pedro II, primeiro monarca absolutista de Portugal.

No período de D. Afonso VI um aumento de 14% nas moedas de ouro foi levado a efeito pela lei de 20 de novembro de 1662. A moeda de ouro que valia 3$500 passou a 4$000.

Em 1663, em consequência das despesas da guerra com a Espanha, as moedas de prata tiveram um aumento de 25% no valor nominal. Assim as patacas (pesos espanhóis), que corriam por 480 réis, passaram a 600; os cruzados de 400 réis a 500, os 200 a 250; os quatro vinténs a 100 réis e os dois vinténs a 50 réis. As moedas de 120, 100, 60, 50, 20 e 10 réis foram desmonetizadas em Portugal, embora continuassem a circular no Brasil. Os novos cruzados de 400 réis passaram a pesar 18,33 gramas com Afonso VI e 17,28 gramas com Pedro.

Na regência de Pedro, a moeda d'ouro antiga foi revalorizada e contramarcada para 4$400 em 1668. Novas moedas d'ouro, de menor peso, foram cunhadas com o valor de 4$000.

Ao se tirar da circulação a moeda cerceada, para cunhá-la de novo com o peso legal, criaram-se os *padrões* de juros, que podiam ser negociados convencionalmente; e ordenou-se em 22 de março de 1687 que os vales ou recibos passados pelo tesoureiro da casa da moeda aos particulares que ali levassem o dinheiro velho corressem no mercado como moeda efetiva. Foi, assim, a primeira forma de papel-moeda a circular em Portugal.

Em 1688, já no seu reinado como Pedro II, a moeda d'ouro nova passou a valer 4$800. As moedas de ouro antigas, que corriam a peso, passaram a valer 1$500 a oitava de 3,586g ou 96$000 o marco, enquanto as moedas novas valiam 1$600 a oitava ou 102$400 o marco. A lei também determinou que o ouro lavrado por ourives tivesse 20½ quilates (85,4%) com o valor de 89$600 o marco e a prata ("prata de lei") 10¼ dinheiros (também 85,4%) com valor de 5$600 o marco. Nessa ocasião, foi introduzida nas moedas de ouro e prata portuguesas a serrilha (também chamada "sarrilha" ou "cordão") como forma de inibir o cerceio, ou seja, o corte ou raspagem de metal precioso das bordas.

As moedas de prata antigas foram novamente contramarcadas: as de 500 a 600 réis, as de 250 a 300 réis; as de 400 réis a 480, as de 200 réis a 240, as de 100 réis (tostões) a 120 réis, as de 80 a 100 réis, as de 50 (meios tostões) a 60 réis, as de 40 a 50 réis. Os vinténs conservaram o preço anterior. As patacas espanholas, que até então circulavam por 600 réis, passaram a valer oficialmente 750 réis em bom estado (na prática, passaram a circular a 800 réis no mercado), mas apenas 100 réis a oitava (6$400 o marco) quando estivessem desgastadas e pesassem menos que 7 oitavas (25,1 gramas).

Dessa vez, o aumento não foi registrado por contramarcas, como era de praxe desde 1642. As novas moedas de ouro e prata conservaram o mesmo peso, toque, cunho, e seus algarismos indicavam um valor de 20 por cento a menos do que aquele pelo qual circulavam. O cruzado de 480 réis chamou-se daí em diante cruzado novo; os dois tostões denominaram-se doze vinténs; os tostões, seis vinténs; os meios tostões, três vinténs; os quatro vinténs e dois vinténs foram chamados tostões e meios tostões. Esta anomalia duraria até 1835.

Período	marco de ouro	4 cruzados, depois "moeda d'ouro"	peso	marco de prata	pataca	relação ouro/prata
	réis	réis	g	réis	réis	
1588-1642	30.000	1.600	12,24	2.800	320	10,71
29/03/1642	56.250	3.000	12,24	2.800	320	20,09
01/07/1642	56.250	3.000	12,24	3.400	400	16,54
08/06/1643	56.250	3.000	12,24	4.000	480	14,06
19/05/1646	65.625	3.500	12,24	4.000	480	16,41
20/11/1662	75.000	4.000	12,24	4.000	480	18,75
22/03/1663	75.000	4.000	12,24	5.000	600	15,00
12/04/1668	82.500	4.400	12,24	5.000	600	16,50
14/06/1688	82.500	4.400	12,24	6.000	800	13,75
04/08/1688	102.400	4.800	10,76	6.000	800	17,07

Denominação	Valor em réis	Valor estampado	Peso em gramas	Valor em ñ c. 1690
Moedas de conta				
real	1	–	–	0,7
Moedas de ouro 91,7%				
moeda d'ouro	4.800	4.000	10,76	3.360
meia moeda	2.400	2.000	5,38	1.680
quarto de moeda	1.200	1.000	2,69	840
Moedas de prata 91,7%				
cruzado antigo	600	500/400	22,94	420
cruzado novo	480	400	17,28 ou 18,33	336
meio cruzado antigo	300	250/200	11,48	210
doze vinténs	240	200	8,64	168
seis vinténs	120	100	4,32	84
tostão	100	80	3,46	70
três vinténs	60	50	2,16	42
meio tostão	50	40	1,73	35
vintém	20	20	0,87	14
Moedas de cobre				
5 réis	5	5	13,1-15,7	3,5
3 réis	3	3	7,4-11,9	2,1
real e meio	1½	1½	4,4-6,2	1,05

A idade do ouro das Minas Gerais e a decadência (1707-1808)

O reinado de D. João V (r. 1707-1750) foi o mais rico de Portugal desde a época dos Descobrimentos, graças à grande quantidade de ouro produzida nas jazidas de Minas Gerais, descobertas nos anos 1690 por bandeirantes paulistas. Dois terços a três quartos de toda a receita fiscal do Império Português passaram a vir do Brasil, ante apenas um quinto da própria metrópole.

Essa riqueza permitiu aos reis de Portugal aumentar o pagamento de pensões à nobreza de 4,5 toneladas de ouro anuais em 1681 para 8,5 em 1716 e 27,4 em 1748, mas trouxe poucos proveitos duráveis ao país, salvo pelo Convento de Mafra (que mobilizou 40 mil homens e 140 toneladas de ouro, o equivalente a 20 anos de arrecadação do Brasil) e algumas outras construções faustosas, em boa parte perdidas no Terremoto de Lisboa de 1755. Foi, porém, fundamental para a Revolução Industrial da Grã-Bretanha. Sem as grandes quantidades de ouro postas em circulação pelo comércio entre Lisboa e Londres, faltariam meio circulante e recursos financeiros para a explosão das indústrias de tecidos na Inglaterra e Escócia. Conhecidas em inglês como *moidors*, no século XVIII as "moedas d'ouro" de 4$800 (mas ainda estampadas como se valessem 4$000) viriam a se tornar o principal meio de pagamento do Império Britânico e de grande parte do Ocidente.

A disponibilidade de ouro na Grã-Bretanha foi reforçada pelo Tratado de Methuen de 1703, pelo qual os portugueses se comprometeram a consumir os têxteis britânicos e os britânicos, os vinhos de Portugal, o que permitiu aos britânicos praticamente abandonar a prata e adotar um padrão-ouro, ao passo que a industrialização de Portugal foi inibida pela concorrência inglesa.

Houve conflitos coloniais menores, que na Índia levaram à perda de algumas possessões do norte (Baçaim, Salsete, Chaul), compensada pela ampliação de Goa. Na América do Sul, Portugal e Espanha entraram novamente em guerra pela disputa do atual Uruguai e sul do Brasil. Com a ocupação portuguesa do Rio Grande do Sul, os espanhóis cercaram em 1734 a Colônia do Sacramento, que os portugueses detinham desde 1680. O conflito foi encerrado com o apoio britânico a Portugal em 1736 e o Tratado de Madri de 1750, pelo qual Portugal cedeu a Colônia do Sacramento, mas assegurou a posse dodo atual sul do Brasil, Mato Grosso e Amazônia, para além da antiga linha de Tordesilhas e em prejuízo dos indígenas guaranis dos Sete Povos das Missões, até então relativamente protegidos pelos jesuítas espanhóis.

A disponibilidade de ouro e o fim da Guerra da Sucessão Espanhola e das grandes guerras dispendiosas proporcionaram equilíbrio às contas públicas, e não foram necessárias novas quebras da moeda durante esse período. O sistema monetário foi mantido no essencial e ampliado pela cunhagem de novas moedas de ouro, pequenas e grandes, na maioria produzidas no Brasil.

Em 1718, foram cunhadas moedinhas de ouro de cruzados novos, conhecidas como **pintos**, e, em 1720, **dobrões** de cinco moedas, com inscrição de 20$000 e valor de 24$000, que foram as moedas de maior valor intrínseco cunhadas para circulação normal em toda a história, em contraste com medalhas e moedas para presentear ou premiar favoritos do Estado ou para colecionadores, destinadas a serem ostentadas ou entesouradas. Também houve meios dobrões.

Em 1722 surgiram **escudos** de ouro de 1$600 segundo o modelo espanhol, acompanhados de moedas de meio escudo, dois escudos, quatro escudos e oito escudos. Em 1732, foram suspensas as moedas de oito escudos e as de 4$800. O marco de prata foi revalorizado em 1734 para 7$000, levando à cunhagem de novas moedas de prata de menor peso até 1750.

As moedas portuguesas de ouro e prata continuaram a circular por um valor 20% a 25% maior que o nelas estampado, exceto os escudos, vinténs, três vinténs e seis vinténs, nos quais não vinha estampado valor algum.

Denominação	Valor em réis	Valor estampado	Peso em gramas	Valor em ñ c. 1750
Moedas de conta				
real	1	–	–	0,44
Moedas de ouro 91,7%				
dobrão de cinco moedas	24.000	20.000	53,80	10.560
oito escudos = dobra	12.800	–	28,68	5.632
meio dobrão	12.000	10.000	26,90	5.280
quatro escudos = peça	6.400	–	14,34	2.816
moeda d'ouro	4.800	4.000	10,76	2.112
dois escudos = meia peça	3.200	–	7,17	1.408
meia moeda	2.400	2.000	5,38	1.056

escudo	1.600	–	3,59	704
quarto de moeda (quartinho)	1.200	1.000	2,69	528
meio escudo	800	–	1,79	352
cruzado novo (pinto ou cruzadinho)	480	400	1,07	211
Moedas de prata 91,7%				
cruzado novo	480	400	14,69	211
doze vinténs	240	200	7,34	106
seis vinténs	120	–	3,67	53
tostão	100	80	3,06	44
três vinténs	60	–	1,84	26
meio tostão (pataco)	50	40	1,53	22
vintém	20	–	0,61	9
Moedas de cobre				
10 réis	10	10	13,5	4,4
5 réis	5	5	6,7	2,2
3 réis	3	3	4,1	1,32

O reinado de D. José I (r. 1750-1777) presenciou o terremoto de Lisboa (1755) e a queda gradual da produção de ouro das Minas Gerais, acompanhada de crise econômica e das reformas do Marquês de Pombal, que incluíram a expulsão dos jesuítas. Foram retomadas as disputas pelo sul do Brasil e Uruguai com a Espanha. O Tratado de Madri de 1750 foi cancelado pelo Tratado de El Pardo de 1761, e os espanhóis retomaram os Sete Povos e ocuparam Rio Grande de 1763 a 1776. No Tratado de Santo Ildefonso de 1777 foi feita a paz, e Portugal recebeu de volta a ilha de Santa Catarina, temporariamente ocupada pela Espanha. No ano seguinte, com um novo Tratado de El Pardo, Portugal cedeu à Espanha a atual Guiné Equatorial para consolidar a nova fronteira. Os Sete Povos continuaram a pertencer à Espanha até serem ocupados pelos colonos portugueses em 1801. no quadro das guerras napoleônicas, e cedidos em 1804 a Portugal pelo vice-rei do Rio da Prata.

Com a morte de D. José I, o trono foi herdado por sua filha D. Maria I (r. 1777-1816), casada com o rei consorte (sem poder legal) Pedro III, morto em 1786. Seu reinado foi marcado pela proibição de atividades industriais no Brasil em 1785 e por rebeliões anticoloniais, como a Inconfidência Mineira e a Conjuração Baiana. Em

1792, D. Maria foi declarada mentalmente incapaz e o governo foi assumido por seu filho, príncipe D. João, como regente.

Em 1795, foi ordenado o recolhimento das moedas de prata cerceadas que circulavam nos Açores. Aos possuidores do dinheiro foram dados, como garantia, bilhetes com valores de 24$000, 12$000, 9$600 e 4$800, para facilitar o comércio, que circularam nas ilhas como dinheiro.

Em outubro de 1796, o governo real emitiu dez milhões de cruzados em apólices (títulos de dívida) de 100$000 para cima, rendendo juro de 5%. Em março do ano seguinte, o total subiu a doze milhões e o valor mínimo passou a 50$000 e o juro a 6%. Em julho ordenou-se que até três milhões dos doze milhões fossem emitidos em apólices inferiores a 50$000, para terem curso forçado, sendo aceitas pelo valor nominal em metade dos pagamentos. A emissão começou em agosto de 1797 pelos bilhetes de 10$000, seguindo-se os de 5$000, 20$000 e 2$400, e, em 1798, os de 1$200, 12$800 e 6$400. Esse papel-moeda constituiu dois terços do pagamento dos funcionários públicos e era aceito pelo governo no pagamento de taxas com desconto de 6%. A partir de 1805, as apólices de 1$200 e 2$400 deixaram de render juro, e o das demais apólices menores foi reduzido a 5%. Apesar de a emissão legalmente autorizada ter sido de 1.200 contos, os bilhetes em circulação em 1805 somavam 11.193:471$400.

Em 1807, com a invasão de Portugal pelas forças de Napoleão, a rainha Maria e o filho João fugiram para o Brasil, estabelecendo-se no Rio de Janeiro.

A origem do cifrão

A contabilidade por partidas dobradas, inventada em Veneza ou Gênova na Baixa Idade Média, era usada pelos banqueiros das cidades mercantis mais avançadas do século XV, mas só se generalizou na Idade Moderna. Da mesma forma, os algarismos arábicos, embora fossem conhecidos de eruditos europeus desde o século X, só se tornaram de uso comum no século XVI, ao serem popularizados com a ajuda da imprensa e de manuais em vernáculo.

Durante a transição, viu-se muitas vezes o uso combinado de numerais romanos e arábicos. Assim, na contabilidade e nos contratos e escrituras de Portugal e Espanha do século XVI, era comum o uso de um símbolo semelhante a um **O** ou **U**, chamado cifrão em Portugal e *calderón* na Espanha, para representar "mil", que era uma simplificação do *apostrophus* **C|Ɔ** originalmente usado pelos romanos, que em outros países e contextos se tornou um **M**. O valor "três mil e sete", digamos, que seria representado em numerais romanos como MMMVII ou UUUVII e em algarismos arábicos puros como 3007, era registrado como 3U007. Mais tarde, também se fixou o uso de dois pontos (:) para representar "um milhão" (ou "um conto", na linguagem da época) e uma vírgula ou ponto simples para "um bilhão" ("mil contos").

Devido ao baixo valor unitário do real português, o uso do cifrão para representar milhares tornou-se particularmente comum em Portugal e suas colônias. Ao longo do século XVIII escrivães e contadores criativos lhe deram formas floreadas, influenciadas pelo símbolo inglês da libra (£), comum na contabilidade portuguesa devido à aliança e intenso comércio entre os dois países a partir do tratado de Methuen de 1703. A partir de 1710, geralmente se parecia com um **U** girado 45° a 135° para a esquerda e cortado por dois traços verticais ou oblíquos, frequentemente estilizado de forma a se tornar mais ou menos espiralado e às vezes (a partir de 1747) sinuoso a ponto de se parecer com um **ʆ**, um **5** ou um **S**.

Enquanto isso, nos anos 1770, um S cortado por **um só traço** (**$**) surgia na América Espanhola para designar o peso antes de ser adotado pelos EUA para o dólar em 1785. Há três hipóteses plausíveis para sua origem: 1) a evolução da abreviação PS usada pelos escrivães para "peso", com letras sobrepostas; 2) as colunas envolvidas por faixas sinuosas com os lemas PLUS ULTRA ("além") e UTRAQUE UNUM ("ambos são um") que nos pesos cunhados a máquina (desde 1732) representavam as Colunas de Hércules e ladeavam os dois hemisférios do mundo; 3) a marca da casa da moeda de Potosí, que incluía as letras S e I entrelaçadas[5].

A influência do símbolo do peso e do dólar parece ter levado à

---

5   Na versão mais fantasiosa, *"o general muçulmano Táriq teria mandado gravar, em moedas comemorativas de sua conquista da Península Ibérica, uma linha sinuosa, em forma de S, representando o longo e tortuoso caminho percorrido para alcançar o continente europeu. Cortando essa linha sinuosa mandou colocar, no sentido vertical, duas colunas paralelas, representando as Colunas de Hércules, significando a força, poder e a perseverança da empreitada"*. Embora conste da Wikipédia em português e do site da Casa da Moeda do Brasil, é um absurdo. O desenho das colunas e faixas sinuosas não existiu nem poderia existir nas moedas muçulmanas medievais, que não continham imagens, mas apenas legendas em árabe. Foi adotado em 1732, e o símbolo tomou a forma $ décadas mais tarde. Também não procede a ideia, comum nos EUA, de que o cifrão surgiu da união das letras U e S de *United States*, pois seu uso nos domínios espanhol e português é anterior à independência e ao nome dos EUA.

gradual padronização do cifrão português e brasileiro como um S cortado por **dois traços** oblíquos ou verticais ($) durante o século XIX. Entretanto, as variantes continuaram em uso, e o U simples era empregado por tipógrafos que não dispunham de caracteres especiais. Independentemente do formato, era chamado de cifrão e usado à maneira tradicional. Enquanto o mil réis foi usado em Portugal (até 1911) e no Brasil (até 1942), dois mil e quinhentos réis se escreveram 2$500 ou 2U500 e uma quantia de um bilhão, cem milhões, duzentos mil e quinhentos réis se escrevia 1,100:200$500 e se lia "mil e cem contos e duzentos mil e quinhentos réis".

O cifrão de dois traços continuou a ser usado para representar as moedas de ambos os países e das ex-colônias portuguesas[6] até a padronização dos tipos de letras para computador eliminar a distinção entre o sinal de origem espanhola e o português. O cifrão passou a ter um ou dois traços conforme as características estilísticas de cada fonte. Seguem exemplos do uso tipográfico do cifrão em português nos séculos XVIII e XIX:

> O Alvará de 26 de Setembro de 1770 he huma ampliação do § 3 do Alvará de 16 de Dezembro de 1760, para que a Companhia possa vender cada pipa de agua-ardente, em que naõ podia exceder o preço de 87⌽000 réis, até ao preço de 110⌽000 réis; a em que naõ podia exceder o preço de 65⌽000 réis, até ao de 72⌽000 réis; a em que naõ podia exceder o preço de 47⌽000 réis, até ao de 50⌽000 réis, com o fundamento de terem crescido os valores dos vinhos: se este accrescimo tem sido verdadeiro, naõ foi para os lavradores.

Memórias economicas da Academia Real das Sciencias de Lisboa para o adiantamento da agricultura, das artes, e da industria em Portugal, e suas conquistas, Volume 3. Lisboa: Academia das Ciências (Lisboa), 1791.

> E como este trabalho naõ impossibilita a qualquer dos empregados outro qualquer exercicio no espaço do dia: parece-me sufficiente arbitrar-se para o director pela responsabilidade do armazem e illuminação 480⌽000 reis, por anno, com a condição de ser obrigado a aprompar o armazem: e cada um dos trabalhadores tambem por anno 57⌽600 reis: cuja quantia tomada 67 vezes emporta em 3,859⌽200 reis, que juntos ao ordenado do director soma 4,359⌽200 reis.

O Investigador portuguez em Inglaterra: ou, Jornal literário, político &c. Volume 20. Londres: T.C. Hansard, 1817.

---

6   O cifrão de dois traços também chegou a ser adotado no México, Colômbia e Chile para distinguir o dólar dos EUA dos pesos locais, estes representados pelo S de traço simples.

(5) Entre as differentes invectivas feitas contra o Banco, a mais escandulosa, e que mais tem revoltado o Publico he a nota posta no fim do Orçamento da despeza a cargo do Thesouro Publico do Rio de Janeiro para o 2.° semestre de 1821, assignada pelo Thesoureiro Mór, e pelo Escrivaõ do mesmo Thesouro, concebida nos seguintes termos. Réis 2,185:430U508 Podendo orçar-se a renda do semestre em 1,300:000U000 réis com facilidade se descobre, que esta quantia apenas chega para a despeza da Caza Real, Exercito, e Marinha, apparecendo na totalidade acima enunciada hum *deficit* de réis 885:430U000 que ainda mais cresceria, se tivesse comprehendido o pagamento de letras, que voltaraõ protestadas do Maranhaõ, e cujo principal talvez ande por 255:000U000 réis.

José Antonio Lisboa. *Reflexões sobre o Banco do Brasil.* Rio de Janeiro: Typografia Nacional, 1821

ADVERTENCIA.

As pessoas que pretenderem subscrever para a Gazeta de Lisboa, *para o seguinte anno, podem dirigir-se á Loja da Administração*, rua Aurea, 4.° *quarteirão*, N.° 235; *as Cartas das Provincias serão remettidos ao Administrador da Loja da Gazeta*, José Joaquim Nepomuceno Arsejas; *na intelligencia de que sómente se recebem as que vierem francas de porte: preço da assignatura, por anno 12$000 réis, por semestre 6$400 réis, e por trimestre 3$600 réis.*

Gazeta de Lisboa, 12 de dezembro de 1832.

negociantes. A taxa de 25$600 Rs., que em geral pagam os negociantes pelas chamadas *patentes,* deve necessariamente ser augmentada por classes, as quaes podem ser divididas em seis, e por ellas augmentado o imposto, da maneira seguinte:—pela 1.ª 25$600 Rs.; 2.ª 50$000 Rs.; 3.ª 100$000 Rs.; 4.ª 200$000 Rs.; 5.ª 300$000 Rs.; 6.ª 400$000 Rs.; não

José Dias da Cruz Lima. *Reflexões sobre o estado actual das finanças do Brasil.* Rio de Janeiro: Typ. Americana de I.P.da Costa, 1843

Outros símbolos utilizados para representar ou abreviar moedas portuguesas no século XVIII:

Das Moedas.

Sinaes, e Nomes.

✠	significa - - -	Moeda de Ouro.
※	- - - - - -	Cruzado.
╪	- - - - - -	Toſtão.
V	- - - - - -	Vintem.
R	- - - - - -	Real.

Fonte: José Maria Dantas Pereira. *Curso de estudos para uso do commercio e da fazenda: primeiro compendio que trata da arithmetica universal. Parte I, ou, Theorica da mesma arithmetica.* Regia officina typografica, 1798.

Brasil Colônia

A primeira atividade econômica dos portugueses nas terras descobertas pela expedição de Cabral em 1500 foi, como se sabe, a extração do pau-brasil, o que fez a oficialmente chamada "Terra de Vera Cruz" ser oficialmente chamada "Terra do Brasil" já em 1507. Um carregamento de 1.500 quintais para Portugal em 1555 alcançou o preço de 80 mil réis, isto é, um quintal (58,75 kg) a 53 réis (65 ñ) ou 1,1 ñ por quilo. Fernão de Noronha exportou anualmente 80 mil arrobas ou 1.175 toneladas. O nome de "brasileiros" originalmente se referia aos portugueses engajados no comércio com a Terra do Brasil (assim como os espanhóis que faziam o comércio com o Peru eram "peruleiros") e só mais tarde foi estendido a colonos e nativos.

A segunda atividade econômica foi o açúcar. O cronista espanhol Antonio de Herrera citou um engenho funcionando no Brasil (provavelmente em Itamaracá) já em 1518, e há registro de açúcar brasileiro em Antuérpia em 1519 e em Lisboa em 1526. Foi a partir da fundação da vila de São Vicente, em 1532 e, mais ainda, dos povoados de Igarassu e Olinda em 1535 que a produção de açúcar começou a ganhar maiores proporções e se tornar a principal indústria da colônia. Inventários dos anos 1572-74 indicam preços de 400 a 470 réis por arroba (14,68 kg), provavelmente para açúcar mascavo (33 a 38 ñ por quilo a preços portugueses, 110 ñ a 130 ñ por quilo a preços locais). Para o mesmo período, registra-se o preço de vários escravos:

Escravo	Preço nominal (réis)	preço (ñ), poder aquisitivo português	preço (ñ), poder aquisitivo local
Africano (máximo)	40$000	48.000	160.000
Africano (média)	20$000	24.000	80.000
Africano (mínimo)	13$000	15.600	52.000
Indígena (mulher)	5$500	6.600	22.000
Indígena (homem jovem)	3$200	3.840	12.800
Indígena (homem qualificado)	8$000	9.600	32.000
Indígena (caixeiro)	30$000	36.000	120.000
Indígena (descumeiro ou taxeiro)	18$000	21.600	72.000
Indígena (carapina, ou seja, carpinteiro)	20$000	24.000	80.000
Indígena (caldeireiro, moedor ou serrador)	10$000	12.000	40.000

E de um punhado de mercadorias (espólio de Mem de Sá, Salvador):

Mercadoria	unidade	preço nominal	unidade moderna	ñ por unidade moderna (preços portugueses)	ñ por unidade moderna (preços brasileiros)
boi de carro	unidade	6$500	unidade	7.800	26.000
vaca parideira	unidade	4$000	unidade	4.800	16.000
aço	arroba	2$560	kg	209	698
azeite doce	canada (7,09 l)	400	l	68	226
breu	quintal	1$070	kg	22	73
enxada	unidade	120	unidade	144	480
foice	unidade	130	unidade	156	520
forma	unidade	13	unidade	16	52
ferro	quintal	900	kg	18	61
machado	unidade	148	unidade	178	592
marmelada	caixeta	180	caixeta	216	720
pastas de cobre	libra	91	kg	238	793
pano	vara	140	m	153	509
pano grosso	vara	55	m	60	200
pregos	milheiro	500	milheiro	600	2.000
sebo	arroba	1$000	kg	82	272
sal	alqueire (36,3 l)	80	kg	4	14
treu (lona de velas)	vara	21	m	23	76

Obs.: unidades de medidas baianas, não lisboetas

Salários (engenho de Sergipe do Conde, Bahia)

Emprego	unidade	valor	salário anual (ñ)	por dia (ñ)
mestre e purgador	ano	36$000	144.000	400
purgador	ano	26$000	104.000	289
feitor do campo	ano	20$000	80.000	222
lavadeiro	ano	13$500	54.000	150
barqueiro	ano	16$500	66.000	183

Em 1576-78, indica-se 600 a 650 réis por arroba de açúcar mascavo (160 a 170 ñ por quilo a preços locais) e 860 a 900 réis (230 a 240 ñ por quilo) para o branco.

O uso de moeda metálica era reduzido: em 1546, uma carta de Duarte Coelho, donatário de Pernambuco, conta que negociava mantimentos e serviços dos indígenas por ferramentas. Tomé de Souza, primeiro governador-geral (de 1549 a 1553) pagava os subordinados com escravos, éguas e vacas enviadas pelo rei. Mercadorias e rendas eram avaliadas em moeda portuguesa: segundo o cronista Gabriel Soares, Jorge de Albuquerque Coelho, filho de Duarte Coelho, tinha uma renda de 10 mil cruzados (cerca de 10 milhões de ñ, a preços portugueses, 15 milhões a preços locais) e havia em Pernambuco "mais de cem homens que têm mil até cinco mil cruzados de renda, e alguns de oito, dez mil cruzados". A partir de 1572, há registros explícitos de moedas na colônia, mas seu uso continuou a ser excepcional.

União Ibérica (1580-1640)

A partir de 1580, com a União Ibérica, passaram a circular no Brasil principalmente moedas espanholas, na maioria cunhadas em Potosí, na atual Bolívia. Um real espanhol ou hispano-americano valia 40 réis portugueses. O peso espanhol de oito *reales* valia 320 réis nos domínios portugueses e era conhecido como pataca.

Denominação	Valor em réis	Peso em gramas	Valor em ñ c. 1615
Moedas de conta			
real	1	–	2,5
Moedas de ouro 92,2%			
quatro cruzados	1$600	12,24	4.000
dois cruzados	800	6,12	2.000
cruzado	400	3,06	1.000
Moedas de prata 91,7%			
pataca (peso castelhano)	320	27,44	800
meia pataca (meio peso castelhano)	160	13,72	400
tostão	100	8,20	250
peseta (dois *reales* castelhanos)	80	6,86	200
80 réis portugueses	80	6,56	100
meio tostão	50	4,10	125
real castelhano	40	3,43	100
40 réis	40	3,28	50
vintém (equivalente a meio real castelhano)	20	1,64	25
Açúcar			
branco	1$000	14.860	2.500
mascavo	640	14.860	1.600
outro (rapadura?)	320	14.860	800

O principal meio de troca veio a ser, porém, o açúcar, não por um desenvolvimento espontâneo do mercado e do escambo frente à escassez de moeda metálica, mas por imposição do governo colonial, visando regulamentar as relações entre os fazendeiros coloniais e os mercadores portugueses de modo a incentivar o cultivo pela garantia da colocação de seu produto no mercado.

Por exemplo, em 1614, quatro anos antes de o governador da Virgínia tomar medida análoga em relação ao tabaco, Constantino de Menelau, governador do Rio de Janeiro, decretou a obrigatoriedade de aceitar açúcar em pagamentos ao preço de 1$000 por arroba o açúcar branco, 640 réis (duas patacas ou pesos espanhóis) o mascavo e 320 réis as outras espécies. Isto equivalia a aproximadamente 1.250 ñ, 800 ñ e 400 ñ em Portugal (85 ñ, 54 ñ e 27 ñ por quilo, respectivamente) e aproximadamente o dobro no Brasil (170 ñ, 108 ñ e 54 ñ por quilo).

Preços no Brasil colonial (1622-1624, engenho de Sergipe do Conde, Bahia)

Mercadoria	unidade	preço nominal	unidade moderna	ñ por unidade moderna (preços brasileiros)
escravo africano (preço médio)	unidade	32$000	unidade	80.000
boi feito	unidade	12$500	unidade	31.250
boi de carro	unidade	6$500	unidade	16.250
vaca	unidade	4$500	unidade	11.250
boi capado (S. Vicente)	unidade	2$000	unidade	5.000
vaca (S. Vicente)	unidade	1$000	unidade	2.500
açúcar branco	arroba	542	kg	92
açúcar mascavo	arroba	330	kg	56
aço	arroba	4$000	kg	681
azeite doce	canada (7,09 l)	415	l	146
azeite de peixe	canada (7,09 l)	321	l	113
breu	quintal	1$345	kg	57
caixão	unidade	314	unidade	785
coadouro	vara	118	m	268
enxada	unidade	260	unidade	650
foice	unidade	209	unidade	523
forma	unidade	27	unidade	68
ferro	quintal	1$736	kg	74
farinha de mandioca	alqueire (36,3 l)	195	kg	19
fundo (melado?)	libra	200	kg	1.089
lenha	tarefa (33 st)	1$969	tonelada	434
lona	vara	155	m	352
machado	unidade	160	unidade	400
marmelada	caixeta	210	caixeta	525
pastas de cobre	libra	150	kg	817
pano grosso	vara	129	m	293
pregos	milheiro	960	milheiro	2.400
queijo	unidade	480	unidade	1.200
sebo	arroba	1$200	kg	204
sal	alqueire (36,3 l)	207	kg	22
tabuado (tábuas para construção)	dúzia	7$000	unidade	1.458

Obs.: unidades de medidas baianas, não lisboetas

Salários (engenho de Sergipe do Conde, Bahia)

Emprego	unidade	valor	salário anual (ñ)	por dia (ñ)
mestre de açúcar	ano	170$000	425.000	1.181
feitor mor	ano	110$000	275.000	764
purgador	ano	70$000	175.000	486
feitor pequeno	ano	60$000	150.000	417
caldeireiro	ano	52$500	131.250	365
escumeiro	ano	55$000	137.500	382
caixeiro	ano	42$500	106.250	295
lavadeiro	ano	37$000	92.500	257
barqueiro	ano	45$500	113.750	316
caixeiro da cidade	ano	60$000	150.000	417

Brasil holandês ou Nova Holanda (1630-1654)

Depois de uma tentativa fracassada de conquistar a Bahia em 1624-25, a Companhia Holandesa das Índias Ocidentais conseguiu tomar Pernambuco em 1630 e estabelecer seu domínio sobre grande parte do atual Nordeste brasileiro. No auge, durante o governo de Maurício de Nassau (de 1637 a 1643), a colônia estendeu-se de Sergipe ao Maranhão, com o nome oficial de Nova Holanda e capital em Mauritsstad (atual Recife). A partir de 1644, os holandeses enfrentaram resistência crescente, e em 1654 os portugueses reconquistaram as capitanias perdidas. A paz foi assinada em 1661, com o pagamento pelos portugueses de uma indenização de 4 milhões de cruzados ou 8 milhões de florins (63 toneladas de ouro, cerca de 2,2 bilhões de ñ a preços europeus) em 40 anos.

Durante a ocupação holandesa, vigorou o sistema monetário dos Países-Baixos. O *gulden*, conhecido no Brasil como **florim** (embora em holandês *florijn* fosse a moeda de 28 stuivers), era dividido em 20 *stuivers*, chamados em português **soldos**. Seis soldos faziam um *schelling* ou **xelim**, moeda de 4,95 gramas de prata. Dois soldos eram um *dubbeltje*, chamado no Brasil "dobrão de soldo".

Em 1640, a presença da frota espanhola nas costas amedrontou os colonos, que retiraram seu dinheiro de circulação e o enterraram em local seguro para protegê-lo de incursões. O governo colonial emitiu ordenanças (ordens de pagamento sobre remessas de dinheiro que eventualmente chegariam da Holanda) e vales e tornou sua aceitação obrigatória, criando as primeiras formas de papel-moeda que circularam no Brasil. Além disso, Nassau e seus conselheiros propuseram aos diretores da Companhia que fossem aceitas as moedas de ouro, prata e cobre circulando no Brasil com um valor cambial mais alto do que os dos tempos normais, a saber:

dobrão ou pistola de ouro	120 soldos
pataca espanhola ou *stuk van achten*	50 soldos
rixdáler	50 soldos
táler de 30 soldos	35 soldos
peça de 28 soldos	33 soldos
xelim	7 soldos
dobrão de soldo	2½ soldos.

Os diretores não aceitaram essa proposta e providenciaram remessas de numerário para Recife. E assim, durante algum tempo, cessaram as queixas sobre a falta de moeda, sendo resgatados as ordenanças e vales.

Em princípios de 1642, navios chegados de Amsterdã descarregaram caixas repletas de moedas de ouro conhecidas por *portuguesas*, ou seja, portugueses de D. Manuel I e D. João III, pretendendo pô-las em circulação por 75 florins, mas não foram aceitas por esse valor. Foram reajustadas para 60 florins e as pistolas, ou dobrões, para 9 florins e 10 soldos. Para evitar o êxodo da moeda foi criado um imposto de 10% sobre as moedas de ouro e prata que saíssem do Brasil. Esse imposto se elevava a 15% para os xelins e peças de menor valor.

Após a partida de Nassau, voltou a se agravar a crise monetária pelo conflito com os portugueses, o que levou à cunhagem (em 1645 e 1646) das primeiras moedas metálicas brasileiras. Foram batidas em pequenas placas quadrangulares de ouro, nos valores de 3, 6 e 12 florins, para pagar tropas e contratadores de serviços. Pelo caráter emergencial da emissão, são conhecidas pelos numismatas como "moedas obsidionais", o que a rigor significa moedas cunhadas sob assédio, embora esse não fosse exatamente o caso. A falta de troco obrigava ao pagamento de quatro a cinco soldados com uma só moeda de grande valor, e a administração deixava que os militares resolvessem o problema de reparti-la.

Denominação	Valor em soldos	Peso em gramas	Valor em ñ c. 1654
Moedas obsidionais de ouro 91,7%			
12 florins	240	7,72	2.880
6 florins	120	3,86	1.440
3 florins	60	1,93	720
Moedas tradicionais de ouro			
portuguesa (99%)	1.200	35,5	14.400
pistola ou dobrão espanhol (91,7%)	190	6,76	2.280
ducado holandês (98,3%)	100	3,49	1.200
Moedas obsidionais de prata 91,7% (*)			
40 soldos	40	12,35	480
20 soldos	20	6,17	240
10 soldos	10	3,08	120
Moedas tradicionais de prata			
dukaton (92%)	60	31,82	720
rixdáler ou *rijksdaalder* (88,5%)	50	29,03	600
pataca espanhola ou *stuk van achten* (93%)	48	27,44	576
táler ou *leeuwendaalder* (75%)	30	27,68	360
peça ou *zilveren florijn* (67,3%)	28	20,51	336
xelim ou *schelling* (58,3%)	6	4,95	72
real espanhol (93%)	6	3,43	72
dobrão de soldo ou *dubbeltje* (58,3%)	2	1,65	24
soldo ou *stuiver* (58,3%)	1	0,83	12

(*) provavelmente não chegaram a circular

Um florim equivalia aproximadamente a 120 réis durante o período da União Ibérica, mas cerca de 200 réis por volta de 1650. Legalmente, um marco batavo de ouro (247,047 g), de título 91,67%, deveria fornecer na cunhagem 32 moedas de 12 florins (com peso de 7,72 g. ou 5 *engels*), ou 384 florins. Como era frequente em situações coloniais desse período, isso representava um aumento de 20% no valor do ouro em relação ao que teria na metrópole, para que as moedas não saíssem do país e pudessem ser recolhidas no futuro. Na realidade, os holandeses comercializavam o ouro da Guiné a 296 florins por marco.

Em 26 de janeiro de 1654, no mesmo dia da capitulação holandesa no Brasil, decidiu-se cunhar moedas de prata de 10, 20 e 40 stuivers (½, 1 e 2 florins), com pesos de 3,08, 6,17 e 12,35 gramas a partir das baixelas de prata de um general e um dos conselheiros, mas a cunhagem foi suspensa dias depois pelas autoridades portuguesas. Conhecem-se ainda moedas de prata quadradas com a inscrição XII e peso de cerca de 5 gramas. São às vezes interpretadas como moedas de 12 stuivers (ou soldos), mas também podem ter sido moedas emergenciais de curso forçado de 12 florins, cunhadas para pagar tropas em uma situação de cerco e escassez.

Restauração (1640-1706)

Devido ao crescimento da população e da economia do Brasil e à perda da maioria das colônias portuguesas da Ásia e algumas da África para os neerlandeses e outros rivais durante a União Ibérica, a importância do Brasil para Portugal aumentou enormemente. Em 1607, o Brasil representava 5% da receita fiscal do império português, em 1681, 50% e no final do século XVII, 60% (20% vinha do reino e 20% das outras colônias). Também no final do século XVII, 75% da arrecadação era gasta na metrópole (40% com nobres e funcionários, 25% com juros) e apenas 25% nas colônias, incluídas o Brasil.

Com a restauração da independência portuguesa em 1640, seguiu-se um período de guerras contínuas com a Espanha, financiadas em grande parte pela quebra da moeda portuguesa, por meio do aumento do valor nominal das moedas antigas ou pela emissão de moedas novas com a mesma denominação e peso reduzido. No Brasil, essas desvalorizações tomaram a forma de aumento do valor em réis das moedas espanholas e portuguesas, expresso por carimbos ou contramarcas, nem sempre na mesma proporção adotada na metrópole.

Em Portugal, em 1642, as moedas antigas de 100, 50, 80 e 40 réis foram obrigatoriamente recolhidas para serem contramarcadas, respectivamente, com os valores de 120, 60, 100 e 50 réis valores, sendo a diferença embolsada pelo Estado. Em 1643 e 1646, houve novas remarcações. No Brasil, a remarcação foi feita de uma só vez; os antigos tostões de 100 réis passaram a 160 réis, em vez de 120, e os meios tostões a 80 réis, como se verifica de um acórdão do Senado da Câmara do Rio de Janeiro, de 11 de julho de 1644.

Mandou-se também, pelo alvará de 26 de fevereiro de 1643, contramarcar as **patacas** (8 reales), que até então valiam 320 réis, com o carimbo 480, e as meias patacas (4 reales) com 240, devendo ser pagas nas casas da moeda para se lhes pôr a contramarca, as primeiras a 400 réis e as segundas por metade, ficando os vinte e cinco por cento a favor da Fazenda. Foram também contramarcados os 2 reales com 120, embora o alvará não os mencione. Essas contramarcas foram aplicadas em Salvador, no Rio de Janeiro e em São Paulo (neste último caso por iniciativa local, pelo receio de se perderem moedas na remessa por mar para o Rio).

Denominação	Valor em réis	Peso em gramas	Valor em ñ c. 1651
Moedas de conta			
real	1	–	1,37
Moedas de ouro 92,2%			
moeda d'ouro (antiga moeda de 4 cruzados)	3$500	12,24	4.795
meia moeda	1$750	6,12	2.398
quarto de moeda	875	3,06	1.199
Moedas de prata 91,7%			
pataca ou selo (peso castelhano)	480	27,44	658
meia pataca ou meio selo (meio peso castelhano)	240	13,72	329
tostão antigo	160	8,20	219
peseta (dois *reales* castelhanos)	120	6,86	164
meio tostão antigo	80	4,10	110

Preços no Brasil colonial (1650-1652, engenho de Sergipe do Conde, Bahia)

Mercadoria	unidade	preço nominal	unidade moderna	ñ por unidade moderna (preços brasileiros)
escravo africano (média)	unidade	52$000	unidade	71.242
açúcar branco	arroba	1$238	kg	114
açúcar mascavo	arroba	552	kg	51
azeite doce	botija (10,6 l)	1$250	l	161
azeite doce	barril (255 l?)	16$000	l	86
azeite de peixe	canada (7,09 l)	522	l	101
azeite de peixe	pipa (510,59 l)	18$000	l	48
bacalhau	arroba	1$649	kg	154
breu	quintal	3$500	kg	82
caixão	unidade	823	unidade	1.128
forma	unidade	40	unidade	55
farinha de mandioca	alqueire (36,3 l)	394	kg	21
fundo (melado?)	libra	266	kg	794
lenha	tarefa (33 st)	2$754	tonelada	332
lona	vara	260	m	324
pastas de cobre	libra	192	kg	573
pano grosso	vara	205	m	255
pregos	milheiro	1$223	milheiro	1.676
queijo	unidade	800	unidade	1.096
sardinhas	milheiro	2$198	unidade	3
sal	alqueire (36,3 l)	346	kg	20
tabuado	dúzia	8$155	unidade	931
treu (lona de velas)	vara	54	m	67

Obs.: unidades de medidas baianas, não lisboetas

Salários no Brasil colonial (1650-1652, engenho de Sergipe do Conde, Bahia)

Emprego	unidade	valor	salário anual (ñ)	por dia (ñ)
mestre de açúcar	ano	120$000	164.405	457
purgador	ano	51$000	69.872	194
feitor pequeno	ano	60$000	82.203	228
caldeireiro	ano	40$000	54.802	152
escumeiro	ano	37$000	50.692	141
caixeiro	ano	40$000	54.802	152
lavadeiro	ano	45$000	61.652	171
barqueiro	ano	40$000	54.802	152
caixeiro da cidade	ano	90$000	123.304	343
banqueiro	ano	48$000	65.762	183
Indígena (*)	mês	200	3.288	9

(*) segundo sermão do Padre António Vieira de 1653, índios "meio cativos ou meio livres" eram remunerados por mês (se o fossem) com uma peça de algodão de duas varas, no valor de 200 réis.

Em 1662, as moedas de ouro tiveram seu valor novamente aumentado, de 3$500 para 4$000 no caso da peça maior. Em 1663, as moedas de prata foram contramarcadas com novos valores. O peso espanhol passou de 480 para 600 réis, e suas frações em proporção, a 75 réis por real espanhol. O cruzado de prata de 400 réis passou para 500, o tostão de 100 réis para 120, a moeda de 80 réis para 100 e a moeda de 50 réis para 60. No Brasil, moedas de 120 réis foram remarcadas tanto para 200 quanto para 150 réis e as de 60 para 100 ou 75 réis, aparentemente por engano.

Em agosto de 1668, as moedas de ouro de 4$000 foram de novo "levantadas" para 4$400 e cunharam-se moedas menores de 4$000. Em 1676, os moradores da Colônia pediram que as patacas e meias patacas (também chamadas "**selos**" e "meios selos") passassem de 600 e 300 réis para 640 e 320 réis, respectivamente, para desincentivar a saída da moeda do país, medida aplicada no Brasil, mas não em Portugal.

Em 1688, mais uma reforma monetária fez subir as novas moedas de ouro de 4$000 para 4$800 e remarcou as moedas de prata de 40 réis ou mais em mais 20% a 25%. Os vinténs conservaram os preços que tinham, e as patacas espanholas de peso inferior a 7 oitavas ou 25,1 gramas (a pataca inteira pesava 7,65 oitavas ou 27,44 gramas) correriam à razão de 100 réis a oitava (3,5856g). Desta vez não foram aplicadas contramarcas, e as novas moedas de ouro e prata continuaram a indicar um valor de 20% inferior àquele pelo qual circulavam. O cruzado passou a 480 réis e chamou-se daí em diante cruzado novo; os dois tostões denominaram-se doze vinténs; os tostões, seis vinténs; os meios tostões, três vinténs; os quatro e dois vinténs foram chamados tostões e meios tostões. Essa anomalia durou até 1835.

Essa lei chegou ao Brasil em meados do ano seguinte, quando falecera o governador-geral Matias da Cunha e governava interinamente o arcebispo D. Manuel da Ressurreição, que a transmitiu ao desembargador Manuel Carneiro de Sá, chanceler da Relação, com o qual não tinha um bom relacionamento. O chanceler tinha dúvidas sobre a aplicação às patacas castelhanas e oficiou à corte participando os inconvenientes apontados. Valiam então 640 réis, mas teriam de correr a peso, ao preço de 100 réis a oitava, e não passavam, na maioria, de quatro oitavas e meia (16,1 gramas), tal o seu estado de cerceamento. Haveria em cada pataca uma perda de 190 réis, e calculava-se o prejuízo total em cerca de trezentos mil cruzados. O indeciso arcebispo, ao saber de protestos em Pernambuco, convocou uma junta geral a que compareceram pessoas de todas as categorias, mas não o chanceler da Relação. A junta decidiu não acatar a letra da lei e fixar o valor das patacas do seguinte modo:

Peso (oitavas)	Peso (gramas)	valor (réis)
6½ ou mais	23,31 ou mais	800
6 a 6½	21,52 a 23,31	700
4½ a 6	16,14 a 21,52	640

A decisão foi bem recebida na colônia, pois evitaria a exportação das patacas de maior peso, que iam sendo perdidas. Entretanto, o Conselho Ultramarino em Lisboa rejeitou a medida e determinou que os protestos do povo fossem ignorados e a lei da metrópole integralmente aplicada. Recém-nomeado governador-geral, Câmara Coutinho recebeu a carta régia em Pernambuco, que ainda governava, esperou a frota zarpar para evitar a fuga da moeda e, por edital de 3 de julho de 1691, mandou publicar a ordem real em todas as Capitanias. As consequências foram desastrosas. O êxodo do numerário cresceu ainda mais. Colonos amotinaram-se em várias cidades e vilas, principalmente em São Paulo, ou se mudaram para o interior, fugindo de impostos e dívidas para os quais faltava dinheiro e crédito.

Apesar das quebras da moeda de 1662 a 1688, não há evidência de alta generalizada dos preços no Brasil de 1652 até o início dos anos 1690. O preço internacional do açúcar caiu devido à concorrência das novas colônias inglesas e francesas no Caribe; isso deve ter tido um efeito deflacionário na economia brasileira, então dependente desse produto.

Período	Preço do açúcar refinado em Londres					Preço do açúcar refinado em Salvador	
	g de ouro por arroba	equivalência em réis	ñ/kg (Londres)	ñ/kg (Brasil)	réis por arroba	ñ/kg (Brasil)
1633-1642	19,72	4$695	256	570	1$112	135
1643-1652	17,69	4$914	208	487	1$156	114
1653-1662	11,43	3$687	144	349	1$200	114
1663-1672	10,98	4$067	157	395	1$200	116
1673-1682	9,15	3$978	135	395	1$400	139
1683-1692	8,69	3$778	152	382	1$400	142
1693-1703	11,70	5$087	174	393	1$600	124

Denominação	Valor em réis	Valor estampado	Peso em gramas	Valor em ñ c. 1690
Moedas de conta				
real	1	–	–	1,37
Moedas de ouro 91,7%				
moeda d'ouro	4$800	4$000	10,76	6.576
meia moeda	2$400	2$000	5,38	3.288
quarto de moeda	1$200	1$000	2,69	1.644
Patacas espanholas				
pataca	800	–	23,31 a 27,44	1.096
pataca	700	–	21,52 a 23,31	959
pataca	640	–	16,14 a 21,52	877
Moedas de prata 91,7%				
cruzado antigo	600	500/400	22,94	822
cruzado novo	480	400	17,28 ou 18,33	658

meio cruzado antigo	300	250/200	11,48	411
doze vinténs	240	200	8,64	329
seis vinténs	120	100	4,32	164
tostão	100	80	3,46	137
três vinténs	60	50	2,16	82
meio tostão	50	40	1,73	69
vintém	20	20	0,87	27

A descoberta do ouro e o início da cunhagem no Brasil

A chamada descoberta do ouro nas Minas Gerais consistiu, mais plausivelmente, na decisão dos bandeirantes de revelar jazidas localizadas algum tempo antes, em razão de a Coroa ter resolvido, em 1694, modificar a legislação que até então a tornava dona de todos os minérios encontrados no Brasil. Pela nova lei, o direito de posse das minas passou a ser concedido ao descobridor, cabendo ao rei apenas um quinto dos achados.

Em fins de 1693, o paulista Antônio Ruiz de Arzão, atacado por indígenas cataguases ao caçar escravos, chegara ao Espírito Santo mais morto que vivo, "com 50 e tantas pessoas, entre brancos e indígenas, todos nus e esfarrapados, sem pólvora ou chumbo", mas com 10 gramas de ouro puro. Debilitado demais para retornar, o explorador deu o mapa da mina ao cunhado Bartolomeu Bueno de Siqueira, que, pouco antes, perdera a herança num jogo de cartas. Bartolomeu Bueno partiu no rumo indicado e, em janeiro de 1695, informou ao governador do Rio, Castro e Caldas, que a "grandeza das lavras" e a "fertilidade das minas" eram inegáveis.

Ao mesmo tempo, Salvador Fernandes Furtado descobriu as lavras do Ribeirão do Carmo, Antônio Dias Cardoso revelou a existência do metal precioso no vale do Tripuí, o padre João Faria descobriu o famoso ouro preto no lugar onde surgiu Vila Rica, que depois viria a ser chamada Ouro Preto. João Lopes de Lima apontou outras jazidas no Ribeirão do Carmo. Borba Gato, ao receber indulto régio, revelou as minas de Sabará. Domingos Fonseca Leme descobriu ouro em um afluente do rio das Velhas. Domingos do Prado, no rio Pitangui. Bartolomeu Bueno, no rio Pará. Antônio Garcia Cunha, nas margens do rio das Mortes. Tantas descobertas simultâneas e em áreas relativamente distantes entre si não foram meras coincidências. Provavelmente eram conhecidas há anos ou décadas, mas os bandeirantes não tinham interesse em revelá-las enquanto não tivessem assegurados seus direitos sobre as minas.

As lavras encontradas nas Gerais configuraram a maior descoberta de ouro registrada no planeta até então. Em breve, as mais de mil toneladas arrancadas das entranhas da terra fariam o fausto e a fartura das cortes europeias e especialmente da Grã-Bretanha.

Enquanto isso, a cunhagem regular de moedas no Brasil, tornada indispensável pela escassez de meio circulante, iniciava-se pela Casa da Moeda instalada em Salvador por decreto de 8 de março de 1694, e desde o início em 1695 funcionou por cunhagem mecânica com balancim. Em 19 de dezembro de 1695, proibiu-se que as moedas de ouro da metrópole circulassem no Brasil. Para atender à necessidade de renovar o meio circulante em outras regiões (e pela resistência dos possuidores de moedas antigas a enviá-las por mar), a cunhagem foi transferida para o Rio de Janeiro em 1698 por carta régia; esta também estabeleceu que as patacas espanholas, mesmo íntegras, não poderiam circular por mais de 750 réis (embora na metrópole atingissem até 800 réis), de modo a estimular seu derretimento e conversão em novas moedas coloniais ou sua exportação para Portugal. Em 1700, a Casa da Moeda foi novamente transferida para Recife, para atender à escassez local de moeda, e ali permaneceu até 1702, quando retornou ao Rio de Janeiro. Nesse período, foram cunhados 2.225 contos de réis, 67,5% em prata e 32,5% em ouro; um valor considerável, levando em conta que a moeda em circulação em Portugal no mesmo período somava 2.500 contos. Descontando-se o ouro cunhado no Rio, proveniente de Minas Gerais, 93,2% do valor foi cunhado em prata, o que reflete a oferta anterior à descoberta das novas jazidas.

Para evitar a saída de moedas da colônia, o decreto de 1694 do rei D. Pedro II determinou que ouro e prata tivessem no Brasil um valor nominal 10% superior ao que tinham então em Portugal. Isso, entretanto, foi incoerente, pois especificou que o marco de prata de 11 dinheiros (91,7%) valeria no Brasil 7$040 (110 réis a oitava), 10% mais que o valor da prata amoedada na metrópole (6$400, ante 6$000 para a prata em barra) e o marco de ouro de 22 quilates (91,7%), 105$600 (1$650 a oitava), 10% mais que o ouro em barra (96$000, ante 102$400 para o ouro amoedado). Considerando que o decreto real não fora "bem pensado", a comissão encarregada de executá-la alterou esses valores para 112$640 pelo marco de ouro amoedado (10% mais que em Portugal) e 7$600 pelo da prata (18,75% mais que em Portugal), saindo respectivamente as oitavas a 1$760 e $118¾. Do marco de ouro que valesse 112$640, os interessados recebiam 105$600 em moeda desse metal, ficando na repartição 7$040 (senhoriagem de 6,25%); dos 7$600 resultantes na cunhagem do marco de prata, as partes recebiam 7$040 réis, ficando na casa 560 réis (senhoriagem de 7,6%).

Talvez porque a pataca espanhola tivesse o valor nominal de 320 réis durante a União Ibérica, a nova moeda brasileira de 320 réis foi denominada "**pataca**", embora as verdadeiras patacas espanholas tivessem então um valor muito maior. Note-se ainda que estas moedas tinham valor nominal igual ao gravado, ao contrário do que se dava em Portugal, onde as moedas de ouro e prata circulavam por um valor 20% a 25% superior ao estampado.

Além de reduzir a escassez de meio circulante, a possibilidade de trocar as velhas patacas por 110 réis a oitava ajudou a amenizar o mal-estar entre os colonos. Os motins contra a baixa do valor das patacas cessaram em 1698.

Denominação	Valor em réis	Peso em gramas	Valor em ñ c. 1705
Moedas de conta			
real	–	–	0,9
Moedas de ouro 91,7%			
moeda d'ouro	4$000	8,16	3.600
meia moeda	2$000	4,08	1.800
quarto de moeda	1$000	2,04	900
Moedas de prata 91,7%			
duas patacas	640	19,32	576
pataca	320	9,66	288
meia pataca	160	4,83	144
quatro vinténs	80	2,41	72
dois vinténs	40	1,20	36
vintém	20	0,60	18
Moedas de cobre			
20 réis	20	14,34	18
10 réis	10	7,17	9
5 réis	5	3,59	4,5

Por Carta Régia de 31 de janeiro de 1702, o rei D.Pedro II ordenou que a Casa da Moeda retornasse de Pernambuco para o Rio de Janeiro, com a declaração que nela só se cunharia moeda de ouro do Reino e com o quilate da Lei. Assim, o Brasil passaria a produzir moeda corrente idêntica à da metrópole; anulou-se a medida de 1695 que proibia a circulação de moeda não colonial no Brasil. Além disso, por carta régia de 1704, Portugal enviou ao Brasil moedas de cobre originalmente cunhadas para Angola entre 1693 e 1699.

O Ciclo do Ouro (1706-1799)

Como se discute com mais detalhes nas seções sobre Portugal e a Grã-Bretanha, a produção das Minas Gerais trouxe uma prosperidade temporária a Portugal – no século XVIII, o Brasil representou entre dois terços e três quartos de toda a arrecadação fiscal do império, ante apenas um quinto da metrópole – mas o ouro foi logo drenado para a Inglaterra pelo tratado de Methuen, pelo qual Portugal compraria tecidos e outros produtos industriais britânicos em troca de seus vinhos. Assim, a consequência mais importante da descoberta dos bandeirantes foi viabilizar o padrão ouro na Grã-Bretanha e o financiamento da Revolução Industrial.

Apesar de submetido à exploração direta da metrópole portuguesa e indireta dos britânicos, o ciclo do ouro não deixou de transformar a economia brasileira e criar certa prosperidade local, que a cunhagem de moeda no Rio de Janeiro ajudou a movimentar. Até então, a economia era centrada no açúcar e sua exportação direta para Portugal, com pouco comércio entre as capitanias. Com as minas, o interior tornou-se economicamente importante e demandou produtos e mão de obra de outras regiões, criando um início de integração econômica, o crescimento do mercado interno e a diversificação da economia, impulso que não se perdeu com o esgotamento das minas.

Embora o conteúdo em metal precioso da moeda não caísse – pelo contrário, aumentou 10% com o abandono da moeda colonial de 1694 e a adoção do padrão metropolitano em 1702 –, o aumento da quantidade de dinheiro disponível, o aumento da demanda de todo tipo de produtos e a intensificação do comércio inflacionaram os preços, que haviam se mantido relativamente estáveis nas cinco décadas anteriores, apesar das quebras da moeda. A partir de 1714, uma segunda casa da moeda foi instituída na Bahia, que funcionou até 1834, e, em 1725, uma terceira em Vila Rica, fechada em 1734. Um efeito colateral do aumento de moeda em circulação foi a maior autonomia dos mineiros e fazendeiros coloniais em relação à metrópole. Em 1716, um parecer encomendado pelo Marquês da Fronteira aos irmãos João e Paulo Martins Catalaenses recomendou que as casas da moeda do Brasil fossem fechadas, pois a disponibilidade de dinheiro permitia aos negociantes locais "guardar e entesourar, ficar os homens do Brasil senhores de si e os comerciantes do Reino à mercê deles", de modo a elevar seus preços e forçar para baixo os de produtos europeus. A "sujeição" do comércio da metrópole à colônia ameaçaria o domínio português, pois a riqueza dos homens da colônia comprometeria sua fidelidade "natural":

> *"Prevenir estes casos com política própria para o remédio será prudência e seguridade da monarquia. E como o Brasil dá continua riqueza a forma deve ser um contínuo uso de recolher a substância das forças para o centro, que a respeito da monarquia é o reino, e a respeito do reino é a corte, o modo, sem violência, há de ser pelo comércio: bastando ele para equilibrar a substância do Brasil, com a vontade Del rei, nutrindo-se a um tempo o reino da mesma substância".*

Entretanto, tal política de saque da colônia, recomendada por aristocratas da corte ignorantes das condições coloniais, não funcionaria. Não há como criar uma galinha poedeira sem lhe dar de comer, mesmo se isso a fizer mais capaz de bicar o dono. A oferta de moeda na colônia e um mínimo de desenvolvimento local eram indispensáveis para movimentar os mecanismos da exploração mineral e trazer prosperidade para Lisboa e Londres, mesmo se aumentasse os riscos de movimentos independentistas no futuro, como de fato aconteceu.

Assim, as casas da moeda continuaram a operar. A partir de 1702 casas da moeda no Brasil cunharam moedas de ouro para a metrópole, enquanto a casa da moeda de Lisboa cunhava moedas de ouro para o Brasil, de padrão reduzido. A partir de 1715, foram também cunhadas moedas de cobre especiais para o Brasil, que a partir de 1750 incluíram moedas de 40 réis, pela escassez de prata na colônia.

Denominação	Valor em réis	Peso em gramas	Valor em ñ c. 1760
Moedas de conta			
real	1	–	0,9
Moedas de ouro 91,7% (*)			
moeda d'ouro	4$000	8,16	3.600
meia moeda	2$000	4,08	1.800
quarto de moeda	1$000	2,04	900
Moedas de prata 91,7%			
duas patacas ou selo	640	19,07	576
pataca ou meio selo	320	9,54	288
meia pataca	160	4,77	144
quatro vinténs ou quarto de pataca	80	2,38	72
Moedas de cobre			
40 réis (a partir de 1750)	40	28,68	36
20 réis	20	14,34	18
10 réis	10	7,17	9
5 réis	5	3,59	4,5

(*) Estas foram as moedas cunhadas para circulação no Brasil, mas as casas da moeda do Brasil cunharam moedas de 480 a 24 mil réis para Portugal.

Maranhão

No Maranhão, que tinha menos contato com o restante do Brasil do que com Lisboa e onde faltava moeda, a Carta Régia de 15 de novembro de 1712 declarou que "o açúcar, cacau, cravo, tabaco e pano de algodão deviam correr como moeda e com eles se pagariam os soldos". Essa disposição levou a se falsificar novelos de algodão, introduzindo trapos e paus e fazendo-se tecidos cada vez mais ralos, usando-se dezoito a vinte cabrestilhos ao invés de vinte e seis, a ponto de o pano ralo que, no Maranhão, era cotado a vinte mil réis o **rolo** alcançar em Lisboa somente o preço de cinco ou seis mil réis. A adulteração do pano veio a ser equiparada à falsificação de moeda, e, a partir de 1724, exigiu-se que viesse com o nome do tecelão. A situação durou até 1749, quando um carregamento de moedas foi cunhado em Lisboa para essa capitania.

Minas Gerais

A descoberta de ouro atraiu cerca de 400 mil portugueses para explorar as minas, para as quais um milhão de escravos foram trazidos da África. A maior de todas as corridas do ouro da história provocou, como em casos semelhantes, uma forte alta de preços na região mineira, que chegaram a ser vinte vezes superiores aos do restante da colônia. Uma galinha pôde custar 10,8 a 21,6 gramas de ouro entre 1703 e 1736.

item	unidade original	preço 1690 réis	preço 1703 oitavas	preço 1703 réis	unidade moderna	ñ/unidade moderna 1690	ñ/unidade moderna 1703 preços brasileiros	ñ/unidade moderna 1703 preços mineiros
escravo	unidade	50$000	300	300$000	Unidade	68.500	270.000	13.500
boi	unidade	4$000	100	100$000	Unidade	5.480	90.000	4.500
cavalo	unidade	10$000	176	176$000	Unidade	13.700	158.400	7.920
farinha de mandioca	alqueire	400	40	40$000	kg	22	1.417	71
galinha	unidade		3,5	3$500	Unidade		3.150	158
fumo	vara		3	3$000	m		2.455	123
carne fresca	arroba	160	32	32$000	kg	15	1.962	98
queijo	unidade	80	3,5	3$500	Unidade	110	3.150	158
marmelada	caixeta	160	3	3$000	Caixeta	219	2.700	135
camisa de linho	unidade		4	4$000	Unidade		3.600	180
chapéu grosso	unidade		6	6$000	Unidade		5.400	270
ceroulas	par		3	3$000	Par		2.700	135
açúcar	arroba	1$280	32	32$000	kg	119	1.962	98

O comércio do ouro em pó, comum desde a descoberta das jazidas, foi legalizado no valor de 1.000 réis a oitava por ordens e Cartas Régias de 1719, mas proibido no ano seguinte pela dificuldade de se evitar o desvio e perda de peso no giro, passando a ser permitida apenas a circulação de ouro em barra.

O ouro em pó seria levado às Casas de Fundição e restituído ao portador deduzido do imposto devido à Fazenda Real e fundido em barras nas quais era gravado o peso, toque em quilates e grãos, peso em marcos, onças, oitavas e grãos, número de série, ano, iniciais do fundidor e escudo português. Era acompanhado de um certificado atestando o pagamento do quinto (imposto de 20% sobre o ouro, exceto em 1730-1732, quando foi de 12%), o nome do possuidor, da oficina fundidora, número de ordem, data da fundição, toque e peso. As barras variavam de peso de cerca de 15 gramas (pouco mais de quatro oitavas) a mais de 1,5 kg (mais de seis marcos).

Até então, o quinto havia sido cobrado na forma de uma soma certa e fixa paga ao final de cada ano pelas câmaras de vereadores de cada vila, o que não satisfazia à metrópole. Houve forte resistência ao novo sistema e à instalação da casa de fundição em Vila Rica, não só pelo peso do imposto, como também pelas despesas com deslocamento, hospedagem e burocracia exigidas de cada minerador. Dois poderosos da vila, Manoel Mosqueira Rosa e Pascoal da Silva Guimarães, incitaram a revolta liderada pelo colono português pobre Filipe dos Santos, que exigiu o fim da casa de fundição e outras medidas de interesse mais popular. A revolta foi esmagada em poucas semanas, as casas dos revoltosos (no atual Morro da Queimada) incendiadas, Filipe enforcado e esquartejado e outros líderes deportados para Portugal. Para assegurar um controle mais próximo, a região mineira foi separada da capitania de São Paulo, passando a constituir a capitania de Minas Gerais em setembro de 1720, mas, como a inquietação não cessasse, o funcionamento efetivo da casa de fundição foi adiado até 1725.

Apesar de haver revoltas menores, fraudes e contrabando para as colônias espanholas do Prata para evitar a cobrança do quinto (inclusive por meio dos famosos "santos do pau oco", imagens religiosas nas quais se escondia ouro em pó), uma vez instalado o sistema, a resistência diminuiu. O ouro em pó não quintado, ou seja, do qual ainda não se cobrara o imposto, era avaliado em 1$200 (1$320 em 1730-1732); uma vez quintado, valia 1$500. O dono de cinco oitavas de ouro em pó no valor de 6$000 as entregava à casa de fundição, recebia uma barra de quatro oitavas, mas continuava a possuir 6$000, pois cada oitava em barra valia 1$500. Legalmente, não perdia nada. Na realidade, o ouro em pó não quintado continuava a circular como moeda; a prática foi legalizada em 1750, quando também foi proibida a circulação de moedas de ouro em Minas Gerais.

Na contabilidade das lojas e vendas de Minas, ao lado dos réis, aparecia como unidade monetária fundamental a "oitava" de 3,586 gramas de ouro em pó, equivalente a 1$200 e dividida em 32 "vinténs de ouro" de 0,112 grama, equivalentes a 37½ réis. Cinco "vinténs de ouro" (0,56 grama) davam um "tostão de ouro" de 187½ réis, e 20 vinténs (2,24 gramas) um "cruzado de ouro" de 750 réis.

A partir de 1722, foram cunhadas moedas de cobre especialmente para Minas Gerais, com a metade do peso das que circulavam no restante do Brasil. Além disso, a pedido do governador da capitania, uma provisão de 13 de março de 1752 criou quatro novas moedas de prata ("moeda mineira") conhecidas em numismática como "série J" por terem no anverso o "J" de D. José I em vez das armas de Portugal. Cunhadas nos valores de 75, 150, 300 e 600 réis, eram destinadas ao resgate do ouro em pó na proporção de 600 réis por ½ oitava ou 16 "vinténs de ouro". Criou-se um sistema monetário peculiar a Minas Gerais, resumido no quadro abaixo.

Denominação	Valor em réis	Peso em gramas	Valor em ñ c. 1760 (preços brasileiros)	Valor em ñ c. 1760 (preços mineiros)
Moedas de conta				
real	–	–	0,9	0,045
Ouro em barra quintado				
Marco de ouro	96$000	229,4784	86.400	4.320
Onça de ouro	12$000	28,6848	10.800	540
Oitava de ouro	1$500	3,5856	1.350	68
Grão de ouro	20,833	0,0498	19	1
Ouro em pó não quintado				
Oitava de ouro	1$200	3,586	1.080	54
Cruzado de ouro	750	2,24	675	34
Tostão de ouro	187½	0,56	169	8,5
Vintém de ouro	37½	0,112	34	1,7
Moedas de prata 91,7%				
meia oitava ou 16 vinténs de ouro	600	18,11	540	27
1/4 de oitava ou oito vinténs de ouro	300	9,05	270	13,5
1/8 de oitava ou quatro vinténs de ouro	150	4,52	135	6,75
1/16 de oitava ou dois vinténs de ouro	75	2,26	68	3,4
Moedas de cobre				
40 réis	40	14,34	36	1,8
20 réis	20	7,17	18	0,9

Pela ordem da fundação, houve casas de fundição em Taubaté (SP), São Paulo (SP), Rio de Janeiro (RJ), Paranaguá (PR), Santos (SP), Parati (RJ), Vila Rica (atual Ouro Preto, MG), Sabará (MG), Vila do Príncipe (atual Serro, MG), Rio das Mortes (atual São João del-Rei, MG), Tijuco (atual Diamantina, MG), Cuiabá (MT), Goiás (GO), Paracatu (MG), Araçuaí (MG), Meia Ponte (atual Pirenópolis, GO) Jacobina (BA), Vila Boa (GO) e Arraial de São Félix (1754, GO, hoje submerso pela represa Cana Brava, transferida em 1796 para a vizinha Cavalcante).

Pelo esgotamento dos veios, a produção de ouro decaiu na segunda metade do século XVIII, como mostra o quadro abaixo. Com isso e com o crescimento da população, preços e salários mineiros convergiram gradualmente para os padrões vigentes em outras partes do Brasil.

Década	produção (kg)
1700-1710	29.400
1711-1720	65.000
1721-1729	80.500
1730-1739	115.670
1740-1749	144.795
1750-1759	141.880
1760-1769	101.290
1770-1779	84.485
1780-1789	55.975
1790-1799	44.545
total	863.540

Fonte: Pinto, Virgílio Noya. *O Ouro Brasileiro e o Comércio Anglo-Português*. São Paulo: Nacional,1971, p.114

Ante a queda da produção de ouro, a Coroa portuguesa intensificou o controle fiscal sobre a sua colônia para tentar reverter a queda da arrecadação. Também proibiuProibiu, em 1785, as atividades fabris e artesanais, e taxou mais severamente os produtos vindos da Metrópole. Além disso, o governo de Minas Gerais, desconfiado de que a queda da produção não era real e o ouro estava sendo desviado pelo contrabando, cogitou em voltar a impor valores mínimos para o quinto no conjunto da capitania, a chamada "derrama", uma taxação compulsória em que a população de "homens-bons" (proprietários de imóveis e profissionais liberais, com direito de voto nas câmaras municipais) deveria completar o que faltasse da cota imposta por lei de 100 arrobas de ouro (1.486 kg) anuais se esta não fosse atingida. Até então, a derrama só fora imposta uma vez, em 1763/64.

Ante o empobrecimento da região, os boatos sobre a derrama alimentaram a revolta, que desembocou na Inconfidência Mineira, uma conspiração pela independência de Minas Gerais como uma república, denunciada e desbaratada em 1789. Como em 1720, um bode expiatório foi enforcado e esquartejado – o alferes Joaquim José da Silva Xavier, o Tiradentes –, e as lideranças de classe superior receberam penas mais leves ou foram perdoadas. A derrama foi cancelada.

É importante observar, porém, que embora o esgotamento do ouro e o colapso de suas exportações tenha empobrecido Minas Gerais e Portugal, a economia do Brasil como um todo se diversificava e continuava a crescer. Desenvolveu-se a pecuária em toda a colônia, o cacau no Pará e o algodão e o arroz no Sul. Aumentava a produção de itens para o mercado interno, como farinha e charque, bem como a importação de escravos. De 1796 a 1807, as exportações brasileiras foram 83,7% de todas as exportações coloniais para a metrópole e suas reexportações geraram 56,6% das receitas do império português. O Brasil absorvia 74,8% dos produtos exportados pela metrópole às colônias e 59,1% daqueles importados pelo reino.

A regência de D. João até o Reino Unido (1799-1815)

A partir de 1799, foram cunhadas para o Brasil moedas de cobre de 5, 10, 20 e 40 réis com a metade do peso das antigas moedas coloniais, que valiam 5 réis a oitava. Portanto, as novas moedas eram compatíveis com as moedas de cobre mineiras, de 10 réis a oitava.

Em 1803, um alvará aboliu a Casa de Fundição do Ouro de São Paulo e determinou que fossem abolidas as de Minas Gerais logo que fosse restabelecida a Casa da Moeda, mas esta providência só foi posta em prática depois da fuga para o Brasil da família real, que chegou a Salvador em janeiro de 1808 e aportou no Rio de Janeiro em março. Foram tomadas então providências para racionalizar, modernizar e unificar os sistemas monetários da colônia.

Foram distribuídos cunhos para moeda pelas quatro casas de

fundição então existentes em Minas Gerais. Pelo alvará de 1 de setembro de 1808 o Príncipe Regente proibiu a circulação do ouro em pó e determinou que todas as moedas de ouro, prata e cobre circulassem também nas Capitanias do Interior. Ordenou também contramarcar os pesos espanhóis com as armas reais e o valor de 960 réis.

Como aparecessem muitas falsificações, parte delas produzidas em um navio em viagens regulares entre o Brasil e o Rio da Prata, que compravam os pesos por 750 a 850 réis, nova provisão de 17 de outubro de 1809 determinou que todas as moedas castelhanas fossem recunhadas como moedas brasileiras serrilhadas, do mesmo valor. Na provisão de 8 de maio de 1809 se haviam mandado receber os pesos a 750 réis, seu valor legal teórico no Brasil, mas não se encontrou moeda por esse preço, e um aviso de 19 do mesmo mês autorizou comprar até 100 mil pesos à razão de 800 réis. Um alvará de 1814 autorizou comprá-los a 840 réis, e outro, de 1815, ao preço da praça.

As moedas mineiras de 600, 300, 150 e 75 réis, cunhadas no reinado de D. José I e D. Maria (ainda com a letra J), receberam, de acordo com o Alvará de 18 de abril de 1809, o carimbo de escudete português, para lhes aumentar o valor para 640, 320, 160 e 80 réis.

No litoral circulavam antigas moedas de cobre cunhadas à razão de 5 réis a oitava e, desde 1799, também as cunhadas à razão de 10 réis a oitava, um inconveniente que o mesmo alvará procurou sanar, ordenando a aplicação da contramarca do escudete português nas moedas antigas para lhes duplicar o valor: de 40 para 80 réis, de 20 para 40 e de 10 para 20. As moedas novas de 10 réis deveriam ser reduzidas para 5 réis e as de 5 réis permanecer inalteradas, mas estas disposições foram ignoradas. Moedas antigas de 5 réis levaram, contrariando a lei, uma contramarca para duplicar o seu valor para 10 réis. Assim, a moeda de 5 réis desapareceu da circulação no Brasil (embora continuasse a ser cunhada em Portugal).

Todas essas remarcações, mas principalmente a dos pesos, renderam senhoriagem para a coroa portuguesa e ajudaram a pagar os custos da instalação da corte no Rio de Janeiro e as obras e reformas administrativas necessárias para o Brasil como sede da monarquia. Além disso, aumentaram consideravelmente o meio circulante, que às vésperas da chegada da corte de D. João estava reduzido a 10 contos. Houve, consequentemente, certa inflação, principalmente no Rio de Janeiro, devido à demanda da corte e seus agregados.

As moedas de 40 réis elevadas para 80 réis e as novas moedas de

80 réis, com cerca de 50 mm de diâmetro, eram aproximadamente do mesmo tamanho do dobrão de ouro de 24$000, famoso, mas raramente visto pelo povo. Por isso, foram também chamadas popularmente (ou ironicamente) de dobrões. Além de servir como dinheiro, esses "dobrões" também foram usados para pressionar o arame do berimbau e regular o seu tom. Hoje em dia, geralmente se prefere usar uma pedra lisa e resistente para essa finalidade, mas por tradição ainda se chama essa pedra de "dobrão".

Denominação	Valor em réis	Peso em gramas	Valor em ñ c. 1810
Moedas de conta			
real	1	–	0,5
Moedas de ouro 91,7%			
quatro escudos = peça	6$400	14,34	3.200
moeda d'ouro	4$000	8,96	2.000
dois escudos = meia peça	3$200	7,17	1.600
meia moeda	2$000	4,48	1.000
escudo	1$600	3,59	800
quarto de moeda (quartinho)	1$000	2,24	500
Moedas de prata 90,3%			
três patacas ou patacão	960	27,07	480
Moedas de prata 91,7%			
duas patacas ou selo	640	17,78	320
pataca ou meio selo	320	8,89	160
meia pataca	160	4,44	80
quatro vinténs ou quarto de pataca	80	2,24	40
Moedas de cobre			
80 réis	80	28,68	40
40 réis	40	14,34	20
20 réis	20	7,17	10
10 réis	10	3,59	5

Preços no Rio de Janeiro

Item	un. ant.	\multicolumn{6}{c	}{réis por unidade antiga}	un. mod.	\multicolumn{6}{c	}{ñ/unidade moderna}
		1771	1780	1792	1807	1813	1819		1771	1780	1792	1807	1813	1819
açúcar branco	arroba	1$501	1$919	2$660	1$230	1$780	2$079	kg	88	99	114	47	44	52
aguardente de cana	medida	128	160	217	245		375	l	28	30	34	35		34
aguardente do reino	medida	700	712	748				l	151	135	118			
arroz	saca	1$733	2$484	2$826		5$700	6$376	kg	25	31	30		35	39
azeite doce	medida	569	521	709				l	123	99	112			
azeite de peixe	medida	140	140	140				l	30	27	22			
cal	moio	4$261	5$493	5$978	9$667	10$750	14$543	kg	1,7	2,0	1,8	2,6	1,8	2,5
carne seca	arroba	700	811	1$005	720		2$000	kg	41	42	43	28		50
cera	libra	373	404	338	560			kg	700	668	465	691		
farinha de mandioca	saca	733	1$017	1$255	903	1$600	1$932	kg	14	17	18	11	13	16
farinha de trigo	arroba	2$068	1$860	1$389			1$928	kg	121	96	60			48
feijão	saca	1$207	1$465	1$997			2$671	kg	17	19	21			16
manteiga	libra	142	127	155			244	kg	267	210	213			194
milho	saca	719	596	1$114				kg	10	8	12			
tijolos	100	407	512	672	853	950	1$200	un	3,5	3,9	4,2	4,8	3,5	4,4
toucinho	libra	44	48	54	45		60	kg	83	79	74	56		48
vinagre	medida	186	180	220	219	419	288	l	40	34	35	31	38	26
vinho	medida	375	328	366	600		835	l	81	62	58	85		76

Equivalências: arroba = 14,68 kg; medida = 3,99 l; moio = 2.407 l; saca de grãos = 60 kg; saca de farinha = 45 kg; libra = 0,459 kg

Preços (São Paulo, 1800)

Item	unidade antiga	réis	unidade moderna	ñ/unidade
aço	arroba (14,68 kg)	4$800	kg	190
azeite doce	medida (3,99 l)	1$000	l	145
aguardente	medida	260	l	38
arroz	alqueire (40,12 l)	1$280	kg	24
açúcar fino	arroba	1$400	kg	55
bacalhau	arroba	3$000	kg	119
boi	unidade	4$000	Unidade	2.320
banha	arroba	2$400	kg	95
chumbo	arroba	3$100	kg	122
chá	libra (0,4589 kg)	3$800	kg	4.802
cavalo	unidade	9$800	Unidade	5.684

carne verde	arroba	480	kg	19
farinha de milho	alqueire	640	kg	16
feijão	alqueire	1$200	kg	23
ferro	arroba	2$880	kg	114
farinha de mandioca	alqueire	1$120	kg	23
fumo	arroba	2$000	kg	79
galinha	unidade	120	Unidade	70
linho fino	vara (1,1 m)	640	m	337
marmelada	caixeta (8 kg)	3$000	kg	218
milho	alqueire	480	kg	11
manteiga	libra	500	kg	632
ovos	dúzia	120	Unidade	5,8
pólvora	arroba	25$600	kg	1.011
papel	resma	3$200	Resma	1.856
queijo	centena	9$600	Unidade	56
sal	alqueire	1$920	kg	43
toucinho	arroba	1$760	kg	70
telhas	centena	9$600	Unidade	56
vigas	unidade	380	Unidade	220
vinho	medida	820	l	119
vinagre	medida	400	l	58

Inglaterra e
Grã-Bretanha

Século XVI: a dinastia Tudor (1485-1603)

No segundo reinado de Eduardo IV (1471-1483), haviam sido cunhadas apenas moedas de ouro de 80 *pence* (***angel***) e 40 *pence* (***angelet***). Com Henrique VII (r. 1485-1509), primeiro rei da dinastia Tudor, foram cunhados o rial (***ryal*** ou ***rose noble***), de 10 xelins ou 120 *pence* e em 1489 o **soberano** (*sovereign*), de 20 xelins ou 240 *pence*, de 44 mm de diâmetro, com valor original semelhante ao do *real d'or* dos Países-Baixos e que recebeu esse nome por ter a efígie do soberano em seu anverso. Em 1502-1504 surgiu uma moeda de prata de um xelim, conhecida como ***testoon*** (tostão), acompanhando a tendência europeia a moedas de prata de maior porte e com retratos artísticos e realistas em vez das figuras medievais estereotipadas.

Denominação	Valor em d	Peso em gramas	Valor em ñ c.1505
Moedas de conta (de prata)			
libra	240	187	9.600
marco	160	125	6.400
xelim	12	9,3	480
Moedas de ouro			
soberano (*sovereign*)	240	15,6	9.600
rial	120	7,8	4.800
angel	80	5,2	3.200
½ rial	60	3,9	2.400
½ angel ou angelet	40	2,6	1.600

Moedas de prata			
testoon	12	9,36	480
groat	4	3,12	160
half groat	2	1,56	80
penny	1	0,78	40
halfpenny	½	0,39	20
farthing	¼	0,20	10

O reinado de Henrique VIII (r. 1509-1547) foi um período de transição, no qual muitas tradições foram quebradas. Em 1513, o rei aliou-se a Filipe II da Espanha contra Luís XII da França, contando com a promessa do Papa Júlio II de coroá-lo rei da França em caso de vitória. Entretanto, com a morte de Júlio e a eleição do papa Leão X em 1513, a prioridade do Vaticano passou a ser unir os reinos cristãos contra a ameaça otomana. Com os cofres esvaziados, Henrique assinou a paz com a França em 1514.

Em 1521, ainda sonhando com o trono francês, Henrique VIII aliou-se ao imperador Carlos V contra Francisco I, novo rei da França, e mais uma vez incorreu em grandes despesas sem proveito. Carlos V derrotou e capturou Francisco I em 1525 e lhe impôs suas condições, mas sem proporcionar nenhum ganho para a Inglaterra. O rei havia herdado 1,25 milhão de libras do pai e tinha uma renda de 100 mil, mas o tesouro viu-se dilapidado tanto pelas guerras quanto pelo luxuoso estilo de vida trazido à corte pelo novo soberano.

Para fazer frente ao mau estado das finanças, em 1526 uma reforma monetária substituiu a libra tower de 349,9 gramas pela libra troy de 373,242 gramas como unidade padrão para metais preciosos e reduziu o conteúdo em prata do *penny* de 1/450 de libra tower (0,778 grama) para 1/540 de libra troy ou 0,6912 g de prata esterlina (92,5%). As moedas de ouro foram nominalmente revalorizadas em 10%: o soberano para 22 xelins ou 264 *pence*, o rial para 132 *pence*, o angel para 88 *pence*. Foi cunhada uma nova moeda, a **coroa da rosa** (*crown of the rose*) de 3,5 gramas de ouro 23 quilates e com valor de 54 *pence*, equivalente ao écu au soleil francês contemporâneo ou ao ducado. Isto não foi suficiente, porém, para atrair ouro para a casa da moeda, e, três meses depois, o reajuste foi elevado para 12,5%: o soberano para 270 *pence*, o rial para 135 e o angel para 90, permanecendo a coroa com o valor de 54 *pence*. Uma nova moeda de 4,6 gramas, o **George noble** (pela figura de São Jorge com o dragão), foi cunhada para representar o valor nominal de 80 *pence*, e uma nova coroa, chamada da rosa dupla, com 3,73 gramas e o valor de 60 *pence*, mais cômodo como fração de ¼ de libra.

Alguns anos depois, Henrique VIII entrou em conflito com o papa Clemente VII. Depois de insistir por cinco anos com o Vaticano para que anulasse seu casamento com Catarina de Aragão, com a qual estava casado desde 1509 sem conseguir um herdeiro homem, em 1533 o rei casou-se com a amante Ana Bolena, fez reconhecer a anulação de seu primeiro casamento por um tribunal inglês e rompeu com o Vaticano. Declarou-se chefe da Igreja na Inglaterra e o primeiro monarca absoluto por direito divino na Europa desde os tempos romanos[7].

O casamento com Ana tampouco proporcionou o desejado herdeiro masculino, mas a ruptura com a Igreja permitiu ao rei suspender o pagamento de tributos a Roma e apoderar-se das pratarias e tesouros das igrejas e abadias católicas e de terras dos mosteiros com uma renda de 120 mil libras por ano, o que melhorou temporariamente a situação das finanças.

Em 1526-1536, o protestante inglês William Tyndale escreveu e publicou por partes, no Sacro Império Romano, uma nova tradução (incompleta) da Bíblia para o inglês. Em 1530, refutou o suposto fundamento bíblico do planejado divórcio de Henrique VIII e incorreu na fúria do rei, que pediu sua extradição a Carlos V. Tyndale acabou capturado e executado em Antuérpia em 1536, mas em 1540 o rei fez publicar uma "Grande Bíblia" baseada no trabalho de Tyndale.

Influenciada principalmente por Lutero, a bíblia de Tyndale traduziu palavras gregas teologicamente importantes por termos de seu tempo mais próximos do significado original, em desafio às interpretações da Igreja Católica – por exemplo, *metanoeite* como *repent*, "arrepender-se" em vez de *do penance*, "penitenciar-se", *ekklesia* como *congregation*, "congregação", em vez de *church*, "igreja", *presbyteros* como *elder*, "ancião", em vez de *priest*, "padre", e *agape* por *love*, "amor" em vez de *charity*, "caridade".

---

[7] Os reis católicos medievais não eram monarcas por direito divino. Para a Igreja, o Papa era a única autoridade por direito divino e as demais dependiam de sua ratificação. Essa continuou a ser a doutrina oficial na Idade Moderna, ainda que alguns clérigos católicos franceses tenham argumentado em contrário.

Entretanto, a tradução também possui numerosos equívocos devidos ao desconhecimento do contexto histórico e cultural da Antiguidade. Isso inclui, por exemplo, a tradução anacrônica e inconsistente de nomes de moedas citadas no Novo Testamento. *Denarion* foi traduzido por *penny*, moeda inglesa muito menor em tamanho e poder aquisitivo. *Assarion* e *kodrantes*, moedas diferentes, respectivamente 1/24 e 1/96 de *denarion* no tempo do Novo Testamento, foram ambas traduzidas como *farthing*, moeda de ¼ de *penny*. *Lepton*, uma moeda da Palestina equivalente a 1/192 *denarion*, foi traduzido como *mite*, moeda dos Países-Baixos com o valor de 1/24 de *penny*, inexistente na Inglaterra.

Em 1536, Henrique VIII também executou Ana Bolena sob o falso pretexto de adultério e casou-se com Joana Seymour, morta em 1537 ao dar à luz um bebê do sexo masculino, o futuro Eduardo VI. Outros três casamentos problemáticos se seguiriam. Enquanto isso, o rei fazia a partir de 1542 outras guerras dispendiosas e sem resultados com a Escócia e França, esta consumindo 650 mil libras. Para financiá-las, em 1544 veio nova redução legal do peso do *penny*, desta vez para dez grãos ou 0,648 g (1/576 de libra troy), e do soberano, novamente de 240 *pence* para 200 grãos (12,96 gramas). O antigo rial foi revalorizado em 144 *pence* e o angel em 96 *pence*. Além disso, o teor de ouro e prata das moedas foi reduzido sem autorização do Parlamento. Nesse ano, foram cunhadas moedas de ouro de 23 quilates e de prata 75%. O preço oficial do ouro 24 quilates era 48 xelins a onça, e a da prata pura, 4 xelins.

Em 1545, o ouro era de 22 quilates, a prata tinha teor de 50% e o soberano foi reduzido para 192 grãos (12,44 gramas). A coroa da rosa dupla foi reduzida para 3,11 gramas de ouro e 60 *pence*. O preço da libra troy de ouro era 720 xelins (60 por onça) e o da libra troy de prata, 144 xelins (12 por onça).

Em 1546, as moedas de ouro tinham 20 quilates e as de prata 33% de metal precioso. Estas últimas eram cobre folheado com prata e valeram ao rei o apelido de "Velho Nariz de Cobre" (*Old Coppernose*), quando a prata se desgastou do alto relevo do retrato no anverso.

Moedas no final do reinado de Henrique VIII

Denominação	Valor em d	Peso em gramas	Valor em ñ c.1546
Moedas de conta (de prata)			
libra	240	155,5	4.800
marco	160	103,7	3.200
xelim	12	7,8	240
Moedas antigas, de ouro 99% (*)			
rial	174	7,8	3.480
angel	116	5,2	2.320
Moedas de ouro (20 quilates)			
soberano (*sovereign*)	240	12,4	4.800
½ soberano ou *rial*	120	6,2	2.400
coroa da rosa dupla	60	3,1	1.200
½ coroa	30	1,6	600
Moedas de prata (teor reduzido a 50% ou 33%)			
testoon	12	7,78	240
groat	4	2,59	80
half groat	2	1,30	40
penny	1	0,65	20
halfpenny	½	0,32	10
farthing	¼	0,16	5

(*) proclamação de 1547

Sob a regência do tio Edward Seymour até 1549 e depois a de Thomas Dudley, o rei-menino Eduardo VI (r. 1547-1553) teve má saúde e um reinado conturbado, ao fim do qual, porém, a moeda obteve certa estabilidade. Até 1551, as moedas continuaram a ser cunhadas com a imagem de Henrique VIII e o mesmo padrão rebaixado ou ainda pior, chegando, nas últimas emissões, a conter apenas 25% de prata. Os *testoons* foram reduzidos em 1549 a uma moeda com valor de 6 dinheiros de 3,89 gramas de prata 75%, modificada, ainda esse ano, para 5,18 gramas de prata 50%. Foi também cunhado pela última vez o *farthing* de prata (degradado).

Em 1551, o peso do *penny* foi novamente rebaixado para 0,5184 g (1/720 de libra troy), mas estabilizou-se nos anos seguintes, e as moedas voltaram gradualmente a conter 92,5% de prata. Contribuiu para isso a venda à França, em 1550, da cidade de Boulogne-sur-Mer, tomada pelos ingleses em 1544, por 400 mil écus. As novas moedas de 12 *pence* passaram a ser chamadas de xelins, os *testoons* foram substituídos por *sixpences* e surgiram os *threepences*.

Soberanos "pesados" de ouro 99%, de 15,55 gramas e 360 *pence*, circularam ao lado dos soberanos reduzidos de 240 *pence* e 10,98 gramas de ouro 22 quilates. A coroa de ouro desapareceu e foi substituída por uma coroa de prata no valor de 60 *pence* e peso de uma onça troy, comparável aos pesos e táleres que começavam a dominar a circulação na Europa.

Com a morte de Eduardo VI, o trono deveria ter sido herdado, segundo as disposições de Henrique VIII, pela meio-irmã Mary, filha de Catarina de Aragão. Como esta era católica, Eduardo VI foi pressionado, em seus últimos meses de doença, a mudar a linha de sucessão e designar como herdeira a prima Jane Grey. Esta, porém, foi nove dias depois deposta e depois executada por Mary I, que se tornou a primeira rainha reinante da Inglaterra (r. 1553-1558). Casada com Filipe II da Espanha, Mary restaurou o catolicismo como religião oficial e perseguiu os protestantes, mas morreu sem filhos e foi sucedida pela meio-irmã Elizabeth I (r. 1558-1603), filha de Ana Bolena, que trouxe de volta o anglicanismo de Henrique VIII. Foi um período de estabilidade política e florescimento da cultura, na qual se destacaram nomes como William Shakespeare, Ben Johnson, John Donne e Edmund Spenser. A Inglaterra reduziu seu envolvimento na política continental e ampliou sua exploração dos mares e do comércio graças a aventureiros como Francis Drake. O apoio inglês aos holandeses rebelados levou a uma guerra contra a Espanha em 1585, mas as vitórias de Drake em Cádiz em 1587 e contra a "Invencível Armada" em 1588 consolidaram a posição da Inglaterra como grande potência marítima, praticamente imune a invasões.

Em 1560, as moedas de prata degradadas dos reinados anteriores foram inteiramente substituídas por moedas de prata esterlina. O *groat* deixou de ser cunhado depois de uma última emissão em 1561 e os *threepences* passaram a ser emitidos regularmente.

Denominação	Valor em d	Peso em gramas	Valor em ñ c.1590
Moedas de conta (de prata)			
libra	240	124	2.400
marco	160	83	1.600
xelim	12	6,2	240
Moedas de ouro 99%			
soberano pesado (*heavy sovereign*)	360	15,6	3.600
rial	180	7,8	1.800
George noble (de Henrique VIII)	80	4,6	800
Moedas de ouro 22 quilates			
soberano (*sovereign*)	240	12,4	2.400
angel	120	6,2	1.200
½ *angel*	60	3,1	600
¼ *angel*	30	1,6	300
Moedas de prata 92,5%			
coroa	60	31,10	600
meia-coroa	30	15,55	300
xelim	12	6,24	120
sixpence	6	3,12	60
groat	4	2,08	40
thruppence	3	1,56	30
tuppence	2	1,04	20
threehalfpence	1½	0,78	15
penny	1	0,52	10
threefarthing	¾	0,39	7,5
ha'penny	½	0,26	5
Moedas de prata 25%-33%			
testoon ou *tester* (de Eduardo VI)	2¼	3,89	22,5

Os preços do teatro Globe, onde William Shakespeare apresentou suas peças, eram módicos. Eem 1599, segundo o viajante suíço Thomas Platter :

Há galerias separadas e ali se fica de pé de forma mais confortável e é até possível sentar--se, mas se paga mais por isso Assim, qualquer um que permanecer de pé paga apenas um penny inglês (10 ñ). Mas se quiser sentar-se, entra por uma porta mais distante e paga mais um penny (20 ñ). Se quiser sentar-se em uma almofada no lugar mais confortável, onde não só vê tudo bem, mas também pode ser visto, paga mais um penny em outra porta (30 ñ). Nos intervalos, levam comida e bebida entre as pessoas que podem, assim, refrescar-se às próprias custas.

Salários e rendas do século XVI

Item	período	valor	ano	ñ	ñ/dia
Rainha Elizabeth I	Ano	£ 60.000	1580	180.000.000	500.000
aristocrata	Ano	£ 20.000	1580	60.000.000	166.667
"	Ano	£ 15.000	1580	45.000.000	125.000
Lord Burghley (salário como conselheiro-chefe da rainha)	Ano	£ 4.000	1580	12.000.000	33.333
Cavalheiro da pequena nobreza rural	Ano	£ 150	1580	450.000	1.250
"	Ano	£ 50	1580	150.000	417
Arcebispo de Canterbury	Ano	£ 30.000	1580	90.000.000	250.000
mercador	Ano	£ 25.000	1580	75.000.000	208.333
"	Ano	£ 100	1580	300.000	833
trabalhador especializado	Dia	12d	1580	150	150
"	Dia	8d	1580	100	100
trabalhador não especializado	Dia	4d	1580	50	50
"	Dia	3d	1580	38	38
carpinteiro	Semana	5s	1580	750	150
vigarista (*coney catcher*)	Dia	14s	1580	2.100	2.100
criado	Trimestre	1 marco	1580	2.000	22
cavalariço	Ano	£ 2	1580	6.000	17
menino de estábulo	Trimestre	10s	1580	1.500	17
criada	Trimestre	10s	1580	1.500	17
"	Trimestre	5s	1580	750	8
pároco rural	Ano	20s	1580	3.000	8
lavrador	Dia	3d	1580	38	38
"	Dia	2d	1580	25	25
lavrador (*)	Semana	1s	1580	150	25
pastor (*)	Semana	6d	1580	75	13

colmador (que faz telhados de colmo ou palha)	5 dias	2s	1580	300	60
capitão	Dia	8s	1575	1.265	1.265
tenente	Dia	4s	1575	633	633
alferes	Dia	2s	1575	316	316
tambor ou corneteiro	Dia	20d	1575	264	264
cavalariano	Dia	18d	1575	237	237
infante	Dia	8d	1575	105	105
armeiro-chefe	Mês	26s8d	1544	7.137	238
um armeiro excepcionalmente experiente	Mês	38s10d	1544	10.394	346
outros armeiros	Mês	24s	1544	6.424	214

(*) mais casa e comida

Armas e armaduras

Item	d	ano	ñ
armadura completa de lanceiro	800	1590	9.068
corselete completo	360	1590	4.081
couraça de prova com espaldeiras	480	1590	5.441
couraça comum com espaldeiras	320	1590	3.627
escudo de prova (*)	360	1590	4.081
morrião (capacete sem viseira)	40	1590	453
borguinhota (capacete com viseira)	48	1590	544
para limpar a ferrugem de um corselete	5	1567	76

(*) uma proteção "de prova" supostamente havia sido previamente testada (geralmente contra pistola)

Itens diversos (cerca de 1590)

Item	Unidade Original	preço	Unidade atual	ñ
tecido para libré	Jarda	4d	metro	50
roupa para o conde de Leicester:	7 gibões e 2 capas	£ 563	un. média	170.182
broadcloth (pano fino de lã, 600-800 g/m²)	24 pés	£6	metro	2.231
boa camisa	Unidade	£1	unidade	2.721
par de meias de malha	Par	15s	par	2.040
calças de cortesão	Par	£7	par	19.044
um bom par de botas	Par	£10	par	27.205
"	Par	£4	par	10.882
sapatos para criança	Par	7d	par	79
cetim carmim	Jarda	3s	metro	446
chapéu de castor com bordas de prata	Unidade	£2	unidade	5.441
par de luvas de Valência	Par	10d	par	113
veludo	Jarda	34s	metro	5.058
sapatos de couro	Par	1s6d	par	204
casaco de soldado	Unidade	6s4d	unidade	861
filão de pão	Unidade	2d	unidade	23
codorna	Unidade	½ d	unidade	6
ostras	Bushel	4d	quilo	1,8
arenques	200	3s	unidade	2,0
galinha	Unidade	1d	unidade	11
passas	Libra	3d	quilo	75
ganso	Unidade	4d	unidade	45
melhor carne de boi	Libra	3d	quilo	75
melhor carne de carneiro	Libra	1½ d	quilo	37
açúcar	Libra	1s	quilo	300
garrafa de vinho francês	garrafa (750 ml)	2s	litro	363
caneca de cerveja	caneca (568 ml)	½ d	litro	10
cravos	Libra	11s	quilo	3.299
canela	Libra	10s6d	quilo	3.149
gengibre	Libra	3s8d	quilo	1.100

hospedagem em estalagem	Semana	2d	semana	23
tabaco	Libra	64s	quilo	19.193
"	Libra	12s	quilo	3.599
livro pequeno, sem decoração	Unidade	8d	unidade	91
livro grande e ornamentado	Unidade	10s	unidade	1.360
visita de médico	Unidade	1 marco	unidade	1.814
carvão mineral	100 libras	1s	quilo	3,0
miniatura do retratista Nicholas Hilliard	Unidade	£40	unidade	108.820
gorjeta típica para um serviçal	Unidade	¾ d	unidade	9
par de tesouras	Par	6d	par	68
aluguel de cavalo de posta, Dover a Londres	unidade (130 km)	3s	unidade	408
manutenção anual da moradia do conde de Derby	Ano	£3.000	ano	8.161.501
custo da reconstrução do castelo de Kenilworth	Total	£30.000	total	81.615.014
multa a serviçal por faltar à missa	Unidade	2d	unidade	23
multa a serviçal por praguejar	Unidade	1d	unidade	11
multa a serviçal por não fazer a cama	Unidade	1d	unidade	11
multa a cozinheiro por atrasar o jantar	Unidade	6d	unidade	68
multa a serviçal por perder um botão da libré	Unidade	1d	unidade	11

Obs: broadcloth de lã tinha largura de 160 cm; kersey (um tipo de lã), 91 cm; algodões e frisas, 69 cm; e sedas, de 51 a 56 cm.

Trajes femininos completos consumiam 12 a 15 m² de tecido e os masculinos, 5 a 8 m².

Em 1601, o soberano de 20 xelins passou a 11,14 g, e houve um último ajuste no valor da prata: a onça de prata foi elevada de 60 para 62 *pence*, consequentemente o *pence* passou de 0,52 para 0,50 grama de prata esterlina (92,5%). A partir de então, não houve mais mudanças antes de a moeda passar a se basear no padrão ouro, no século XIX.

Ainda no período elizabetano, ourives que também eram cambistas e banqueiros começaram a emitir recibos de caixa atestando o depósito e direito a resgate de determinada quantia por parte de determinado cliente, que podia usá-las como pagamento ao endossá-las a terceiros. A prática, usada desde a Idade Média no comércio internacional, começou a se tornar mais rotineira também no comércio local, embora o papel-moeda não se tornasse parte importante da circulação antes do fim do século XVII.

Irlanda

O papa autorizara os reis anglo-normandos a tomar posse da Irlanda em 1155, e o último rei da Irlanda foi deposto em 1200. Durante a Idade Média o Senhorio da Irlanda, fundado por João Sem-Terra e constituído de um domínio real em Dublin e feudos vassalos anglo-irlandeses, cresceu e chegou a controlar a maior parte da ilha por volta de 1300. A Peste Negra de 1348 enfraqueceu, porém, o domínio inglês, que se reduziu, na prática, a Dublin. Os condes anglo-irlandeses, assimilados pela cultura gaélica, se uniram aos líderes nativos numa aliança liderada pelos condes de Kildare, teoricamente representantes do rei inglês na Irlanda.

Em 1536, Henrique VIII decidiu conquistar e controlar de fato o país e proclamou-se rei da Irlanda, mas a conquista e submissão dos senhores gaélicos e anglo-irlandeses levou décadas e só foi concluída com a Guerra dos Nove Anos, de 1594 a 1603.

Pennies, halfpennies e farthings, cunhados na ou para a Irlanda tiveram o mesmo peso dos ingleses até 1460, quando foram reduzidos a ¾ desse padrão. Foram então cunhados também *groats*, depois seguidos por meios groats. Henrique VIII reduziu, como na Inglaterra, o padrão da prata. No reinado de Eduardo VI, foram cunhados também xelins, six*pence*s e three*pence*s.

As moedas irlandesas continuaram sendo cunhadas em bolhão depois que as moedas inglesas retonaram ao padrão esterlino. No final do reinado de Elizabeth I, foram cunhados pennies e halfpennies de cobre, prática ainda não considerada aceitável na Inglaterra. Emissões de moedas de prata seriam retomadas por Jaime I, mas cessaram em 1607. Carlos I e Jaime II voltaram a cunhar halfpennies de 1680 a 1689, mas depois foram usadas moedas inglesas e não se voltou a cunhar moedas irlandesas antes do século XIX.

Século XVII: A dinastia Stuart e a Revolução Puritana
(1603-1714)

Com a morte de Elizabeth I em 1603, o trono da Inglaterra foi herdado pelo rei Jaime VI da Escócia (r. 1567-1625), que passou a ser também Jaime I da Inglaterra. O rei escocês foi residir em Londres e quis criar um reino unificado da Grã-Bretanha unida, mas o Parlamento inglês se opôs e os dois reinos continuaram a ser Estados soberanos. Jaime I encerrou formalmente a guerra anglo-espanhola, mas continuou a reprimir os católicos, o que levou à fracassada Conspiração da Pólvora de 1605 e à execução de Guy Fawkes.

O rei Jaime foi o responsável por uma "versão autorizada" da Bíblia que, publicada em 1611, ainda hoje é referência para o fundamentalismo evangélico. Baseada na tradução de Tyndale do século XVI, recuou em algumas de suas ousadias (por exemplo, retornou a *church* e *charity* em vez de *congregation* e *love*) e corrigiu alguns equívocos, mas manteve os nomes de *penny*, *farthing* e *mite* (em 1611 já desaparecido) para as moedas do Novo Testamento [8].

Carlos I (r. 1625-1649) foi deposto e executado por Oliver Cromwell como consequência da Revolução Puritana, mas o regime republicano e ditatorial de Cromwell, a *Commonwealth*, pouco sobreviveu à morte de Oliver em 1658. Seu filho Richard foi deposto em 1660 por um golpe militar. Após um período de conflito interno, o Parlamento convocou para reinar o filho do rei deposto, Carlos II (r. 1660-1685), sucedido pelo irmão Jaime II (r. 1685-1688).

Em 1688, Jaime II, convertido ao catolicismo desde 1668, entrou em conflito com o Parlamento por anular as leis que privilegiavam o anglicanismo e limitavam os direitos de outros protestantes e católicos. O nascimento de um herdeiro batizado como católico deflagrou a rebelião dos nobres anglicanos, que convidaram o príncipe protestante holandês Guilherme de Orange, casado com Maria, filha de Jaime, a assumir o trono. A invasão foi bem-sucedida: Jaime fugiu para a França e seu genro reinou ao lado da rainha Maria como Guilherme III (r. 1689-1702). O golpe, acompanhado por

---

[8] A versão em português dessa bíblia é a do calvinista João Ferreira de Almeida, traduzida em Batávia (atual Jacarta) de 1676 a 1691. Nesta, traduziu-se *penny* por "dinheiro", *farthing* por "ceitil" e *mite* por "real". Traduções modernas trazem os nomes mais corretos de "denário", "asse" ou "quadrante" e "lepto".

garantias do novo monarca ao poder do Parlamento, foi saudado pela nobreza protestante como a Revolução Gloriosa.

No aspecto monetário, a primeira novidade do reinado de Jaime I foi a substituição do soberano por uma moeda de ouro de vinte xelins e 10 gramas conhecida como *unite*, por aludir à intenção do rei de unificar os dois reinos com a legenda FACIAM EOS IN GENTEM UNAM ("Eu os unirei em uma nação"). Em 1612, a valorização do ouro em relação à prata elevou a cotação do unite para 22 xelins, mas em 1619 Jaime I fez cunhar uma moeda menor (9,12 gramas) de 20 xelins, conhecida como *laurel*. Carlos I (r. 1625-1649) cunhou moedas com 9,10 gramas e outro desenho, que voltaram a ser conhecidas como *unites*.

Outra novidade foi o retorno do **farthing**. Na Escócia e Irlanda, como também em países do continente, moedas de cobre eram usadas havia algum tempo, mas o Parlamento inglês, apesar da escassez crônica de troco, ainda resistia à ideia de cunhar moedas sem valor intrínseco. Para contornar esse preconceito, em vez de encomendar os farthings à Real Casa da Moeda, Jaime I pôs sua produção nas mãos do Barão John Harington, assim compensando-o por seus gastos como guardião de sua filha Elizabeth, que o deixaram com uma dívida de 3.500 libras.

Conhecidas como *haringtons*, os farthings eram cunhados em discos de cobre estanhado de 12,25 mm de diâmetro. Com a morte de Lorde Harington e de seu herdeiro em 1613, a viúva vendeu o privilégio ao Duque de Lennox, que passou a cunhar moedas de 15 mm sem estanho. As moedas passaram a ser chamadas *lennoxes* e depois de 1623 *richmondes*, porque o privilégio foi herdado pela viúva, Duquesa de Richmond e Lennox. Em 1634, a patente passou a Lorde Maltravers, que, devido à multiplicação de falsificações, criou em 1637 a moeda conhecida como *rose farthing*, caracterizada por uma cunha de latão inserida na moeda de cobre, uma "fatia dourada" difícil de reproduzir. Foi a primeira moeda bimetálica.

Durante o regime dos Cromwell, a cunhagem de farthings foi suspensa, mas outras moedas continuaram a ser emitidas normalmente. Em 1662, após a restauração da monarquia com Carlos II, foi adotada a cunhagem a máquina, com a qual as moedas ficaram mais regulares, as falsificações mais difíceis e o cerceio mais óbvio, o que deveria melhorar a qualidade da circulação. Em 1666, para encorajar a renovação do meio circulante, a Inglaterra aboliu a senhoriagem (até então 1,1% nas moedas de ouro e 4,6% nas de prata) pela primeira vez na História, e as despesas da Casa da Moeda passaram a ser cobertas por uma tarifa de 10 xelins por barril de vinho, vinagre, cidra ou cerveja importada e 20 xelins por barril de destilados. Os possuidores de metal precioso em lingote podiam agora convertê-lo em moedas sem qualquer perda. Entretanto, os possuidores de moedas velhas, cujo peso fora reduzido por cerceio e pelo desgaste natural, só tinham a perder com a troca por peças novas em menor número. Por isso, a recunhagem foi reduzida e o meio circulante continuou a se deteriorar.

Em 1672, passou-se a cunhar farthings (de 5,2 a 6,4 gramas) e halfpennies em discos de cobre importados da Suécia. Em 1684, essas moedas passaram a ser cunhadas em estanho, com um pequeno plugue central de cobre. Jaime II (r. 1685-1688) continuou a prática. Em 1693, devido a problemas com a corrosão do estanho, os farthings voltaram a ser cunhados em cobre, pesando 4,7 a 6,2 gramas e com um diâmetro de 22-25 mm.

Não houve mudança no padrão da prata, mas a continuação da valorização relativa do ouro reduziu a moeda de ouro de 20 xelins a 8,53 g em 1663. A nova moeda foi chamada guinéu (*guinea*) por ser cunhada com metal proveniente da Guiné. Embora emitida com a intenção de terem o valor de 240 *pence*, seu valor efetivo subiu para 256 *pence* em 1665 e 262 em 1667. Em 1670, foram novamente reduzidos a 8,38 g e 256 *pence*, mas valiam 264 *pence* (22 xelins) em 1680.

Denominação	Valor em d	Peso em gramas	Valor em ñ c.1680
Moedas de conta (de prata)			
libra	240	120,4	1.680
xelim	12	6,02	84
Moedas de ouro (22 quilates)			
5 guinéus	1.320	41,94	9.240
2 guinéus	528	16,77	3.696
guinéu	264	8,38	1.848
½ guinéu	132	4,19	924
Moedas de prata 92,5%			
coroa	60	30,10	420
½ coroa	30	15,05	210

xelim	12	6,02	84
sixpence	6	3,01	42
4 pence (*)	4	2,01	28
3 pence (*)	3	1,50	21
2 pence (*)	2	1,00	14
penny (*)	1	0,50	7
Moedas de cobre			
halfpenny	½	12	3,5
farthing	¼	6	1,8

(*) Essas moedas (salvo *threepence*) não foram emitidas para circulação geral, mas começou com Carlos II a tradição de cunhá-las como *Maundy Money* e dá-las como esmolas aos pobres pelo rei na festa da Quinta-Feira Santa (*Maundy Thursday*).

Em 1694, um consórcio de banqueiros fundou o Banco da Inglaterra como sociedade anônima privada para emprestar 1,2 milhão de libras (2 bilhões de ñ) para a Guerra dos Nove Anos (1688-1697) do rei Guilherme III e em troca receber o monopólio da emissão de notas bancárias. Assim, puderam emitir notas garantidas pela dívida real a qualquer súdito disposto a tomar dinheiro emprestado, de modo a circular ou "monetizar" a dívida do Estado e receber, ao mesmo tempo, os juros de 8% ao ano cobrados do Estado e os juros do "mesmo" dinheiro reemitido na forma de notas emprestadas a clientes privados. Pela primeira vez no Ocidente, a emissão de papel-moeda por banqueiros se tornou um elemento importante da circulação monetária. Em maio de 1696, a emissão excessiva em relação aos depósitos ameaçou quebrar o Banco e desmoralizar suas notas, mas o governo autorizou a suspensão temporária da obrigação de resgate das notas em prata. As notas perderam até 20% do valor em relação à moeda metálica, mas a paridade e a obrigação do pagamento foram depois restauradas.

Enquanto isso, continuava a crescer a desconfiança em relação à própria moeda de prata devido às falsificações e ao cerceio que reduzia seu peso efetivo. De 264 *pence* (22 xelins) em 1680, os guinéus de ouro subiram para 300 (25 xelins) em 1688 e 336 (28 xelins) em 1696. Para conter a tendência inflacionária que afetava suas próprias despesas, em 1695 o governo decidiu retirar de circulação as moedas cunhadas a martelo, na maioria batidas na época de Cromwell, e introduzir nas novas cunhagens de prata uma borda serrilhada, proteção contra o cerceio logo imitada nas cunhagens a máquina de outros países.

O processo foi supervisionado por Isaac Newton, que em 1687 formulara as leis da gravidade e da mecânica e revolucionara a física e a astronomia com sua obra *Princípios Matemáticos da Filosofia Natural (Principia Mathematica)*. Foi nomeado Diretor da Casa da Moeda em 1696 e seu interesse pela alquimia o ajudou a constatar que 20% das moedas recolhidas para serem recunhadas eram falsas. Disfarçado como frequentador de bares e tabernas e nomeado juiz de paz, reuniu provas e realizou mais de cem interrogatórios de testemunhas, informantes e suspeitos e processou com sucesso 28 falsários, condenados a forca e esquartejamento. A campanha teve sucesso: o valor do guinéu caiu para 312 *pence* (26 xelins) em 1696 e 258 *pence* (21½ xelins) em 1697, estabilizando-se nesse valor, correspondente a uma relação de 15,57 entre os preços do ouro e da prata, por vinte anos. Embora Newton fizesse o trabalho, ganhava apenas um salário anual de 500 libras, enquanto o ocioso Mestre da Casa da Moeda, Thomas Neale, recebia pela sinecura 600 libras, mais uma gratificação pelo metal cunhado que chegava a milhares de libras por ano.

Século XVIII: Reino da Grã-Bretanha e Era Georgiana

Em dezembro de 1699, faleceu Neale e Isaac Newton assumiu o cargo de Mestre, com o qual ganharia um salário de 500 libras anuais (840 mil ñ ou 2,3 mil por dia), equivalente ao seu rendimento anterior como representante do rei, mais uma gratificação por libra de metal cunhado. Em 1700, ganhou um total de 3.500 libras (5,9 milhões de ñ), que o convenceu renunciar à sua cátedra em Cambridge, com rendimento de meras 100 libras anuais (168 mil ñ ou 467 por dia) e se dedicar inteiramente ao novo cargo. Este lhe proporcionou 44.550 libras durante os 27 anos que nele permaneceu (média de 1.650 libras anuais, 2,8 milhões de ñ por ano ou 7,7 mil ñ por dia).

Responsável pela emissão de moeda metálica, coube-lhe enfrentar o problema da escassez crescente de moedas de prata. Após o saneamento promovido em 1696-98, a relação de preços entre ouro e prata foi fixada em 15,57, correspondente a um valor de 21½ xelins ou 258 *pence* para o guinéu. Isso significava uma prata barata em relação aos padrões vigentes no exterior, o que estimulou a exportá-la para comprar ouro no continente. Para conter esse fluxo, Newton inicialmente propôs a quebra da moeda de prata de 62 para 64,5 xelins por libra troy, ou seja, de 0,50 grama para 0,482 por *penny*. Dada a resistência do Parlamento a reduzir e inflacionar a moeda de prata, seu relatório de 1717 propôs, pelo contrário, reduzir o valor nominal do guinéu de ouro para 21 xelins, correspondente a uma relação ouro/prata de 15,2.

A medida foi implantadaimplementado, mas a redução se mostrou insuficiente. O valor da prata no mercado internacional voltou a subir e voltou a valer a pena derreter as moedas de prata e vender o metal na forma de lingote. Sem ser esse seu objetivo, as reformas de Newton fizeram o meio circulante basear-se no ouro em vez da prata e fizeram da Grã-Bretanha o primeiro país a utilizar o ouro como padrão prático de valor desde o Império Bizantino, embora o padrão-ouro só viesse a ser oficializado em 1816. Na segunda metade do século XVIII, guinéus e meios guinéus foram as únicas cunhagens regulares da Casa da Moeda (houve também cunhagens ocasionais de terços e quartos de guinéu).

Mesmo assim, a maior parte das moedas de ouro em circulação na Grã-Bretanha em meados do século XVIII não era britânica e sim portuguesa. A importância destas veio da descoberta e produção do metal nas Minas Gerais e do tratado de Methuen de 1703, que estabeleceu o livre comércio entre a Inglaterra e Portugal: panos, trigo e ferro ingleses em troca de ouro e vinhos portugueses.

Em 1711, a South Sea Company, parceria pública-privada, foi fundada por Robert Harley. O modelo era o mesmo seguido pelo Banco da Inglaterra para financiar a participação britânica na Guerra de Sucessão Espanhola: os credores da dívida pública trocariam seus títulos por ações da nova empresa, a qual receberia do Estado uma renda fixa de 576.534 libras anuais (cerca de 1 bilhão de ñ), mais os direitos exclusivos do comércio com a América do Sul e Central quando acabasse a guerra. Em 1713, quando o tratado de paz foi assinado, a Companhia foi autorizada a vender escravos africanos e um barco anual de mercadorias, mas em 1718 uma nova guerra interrompeu o comércio. A vitória dos britânicos em 1719 e um plano de refinanciamento da dívida pública com nova emissão de ações da companhia gerou uma enorme especulação que fez subir as ações de cerca de 100 para quase 1.000 libras no primeiro semestre de 1720, para novamente despencar para perto de 100 libras logo em seguida. A Companhia sobreviveu, voltou a fornecer escravos para a América espanhola e ingressou no negócio da caça às baleias no Ártico. No entanto, essas atividades deram pouco lucro, e sua principal função foi sempre a gestão da dívida pública, até sua dissolução na década de 1850.

Newton tinha sido um dos primeiros investidores da Companhia e, em abril, nos primeiros dias da bolha, duplicou seu investimento ao vender suas ações com um lucro de £ 7.000 (11,8 milhões de ñ). No entanto, foi de novo arrastado para a mania no verão, voltou a comprar (não se sabe a que preço) e perdeu £ 20.000 (33,6 milhões de ñ) em relação ao pico da especulação. Conformado, Newton observou: "posso calcular o movimento dos corpos celestes, mas não a loucura dos homens".

De 1700 a 1790, o equivalente a £45 milhões em ouro (40 milhões até 1770) fluiu das minas brasileiras para a Inglaterra, com escala em Lisboa. A circulação de ouro na Inglaterra cresceu de £9,5 milhões em 1701 para £22,5 milhões em 1773. Pesos especiais para moedas portuguesas se tornaram comuns nas Ilhas Britânicas. O *moidor* (do português "moeda de ouro") circulou ao valor de 28 xelins até 1717 e, depois, ao de 27 xelins. Foi cunhado até 1732, mas a partir de 1722 a principal moeda de ouro portuguesa passou a ser a onça de ouro, chamada na Inglaterra de *johannes* ou *joe* e avaliada a 3 libras e 12 xelins. Como o papel-moeda era lastreado em ouro e seu uso ainda era limitado, o ouro do Brasil foi essencial para a expansão monetária necessária à revolução industrial.

Em 1712, o ferrageiro Thomas Newcomen criou a primeira máquina a vapor prática, para movimentar bombas e drenar água de minas de carvão e estanho. Em 1733, John Kay inventou a lançadeira volante (*flying shuttle*), que permitiu à tecelagem superar as limitações do braço humano. O gargalo passou a ser a fiação, mas em 1764 James Hargreaves o superou ao criar a máquina fiandeira (*spinning jenny*). De 1769 a 1781, o engenheiro escocês James Watt tornou mais eficiente a máquina a vapor de Newcomen e Samuel Crompton criou uma máquina fiandeira hidráulica mais eficiente, a *spinning mule*. Em 1783 surgiu a laminação mecânica do ferro e em 1785 Edmund Cartwright criou um tear hidráulico, de modo a completar a mecanização da indústria têxtil.

Essas inovações resultaram, de 1730 a 1790, numa queda de 45%

a 50% dos preços reais dos tecidos (disfarçada como uma quase estabilidade de preços nominais pela queda de 45% no poder aquisitivo dos metais preciosos no mesmo período) e 27% no das roupas prontas, mas também numa queda real de 25% dos salários reais da manufatura. John Kay enfrentou protestos de tecelões já nos anos 1740 (além do boicote dos fabricantes a seus direitos de patentes), e em 1788 as sabotagens levaram à promulgação de uma lei punindo a destruição de máquinas têxteis com 7 a 14 anos de desterro na Austrália. A primeira fábrica a usar o tear de Cartwright, em 1790, foi incendiada por artesãos cujos empregos foram ameaçados.

Enquanto isso aconteciam também mudanças políticas. Para emular o sucesso das aventuras coloniais inglesas e reduzir a dependência de Londres, os escoceses tentaram em 1698 criar uma colônia em Darién, no atual Panamá, com a expectativa de controlar parte do comércio entre o Atlântico e o Pacífico. A Companhia da Escócia levantou o equivalente a 400 mil libras inglesas (700 milhões de ñ), cerca de um quinto da riqueza do país, mas fracassou pela falta de preparo dos escoceses para sobreviver nos trópicos, desinteresse dos índios pelas bugigangas que queriam lhes oferecer, febres e falta de apoio de ingleses e holandeses, orientados pelo rei Guilherme III a recusar ajuda ao empreendimento para não provocar a Espanha. Em 1700, os últimos sobreviventes foram expulsos pelos espanhóis. Perderam-se duas mil vidas e o prejuízo deixou a Escócia falida.

Com a morte de Guilherme III em 1702, o trono foi herdado por sua cunhada, a rainha Ana. O fiasco no Panamá deixara a nobreza das Terras Baixas escocesas (*Lowlands*) falida, endividada e incapaz de defender a autonomia e a moeda do país. Em 1706, representantes da Escócia assinaram o Tratado de União, e no ano seguinte Escócia e Inglaterra fundiram-se no Reino da Grã-Bretanha (às vezes também citado como Reino Unido da Grã-Bretanha). Como consequência, a moeda escocesa deixou de existir e a libra escocesa foi trocada por libras inglesas (agora britânicas) à razão de 20 por uma. Além disso, a Escócia recebeu 398 mil libras esterlinas a título de compensação pela imposição do sistema inglês de impostos, que na realidade foram na maior parte (58,6%) usadas para compensar os acionistas e credores da Companhia da Escócia. Outras 20 mil libras foram distribuídas diretamente a nobres escoceses a título de compensação pela perda de cargos e pensões.

Com a morte em 1714 da rainha Ana, sem filhos vivos, o ramo protestante da dinastia Stuart foi extinto e o trono herdado pelo parente protestante mais próximo (primo em segundo grau), o príncipe-eleitor Georg Ludwig, governante do eleitorado de Hanôver. Seu reinado como Jorge I (r. 1714-1727) e os de seus sucessores Jorge II (r. 1727-1760), Jorge III (r.1760-1820) e Jorge IV (r. 1820-1830) são conhecidos coletivamente como Era Georgiana. Os Stuarts católicos, liderados pelo deposto Jaime II até 1701 e depois por seu herdeiro Jaime Stuart, recusaram-se a reconhecer a dinastia de Hanôver e reivindicaram o trono, com apoio do Papa, da Espanha e dos clãs católicos das Terras Altas escocesas (*Highlands*). Em 1745, Carlos Stuart, filho de Jaime, liderou uma revolta dos clãs, esmagada em um ano. Com isso, as pretensões dos Stuart foram definitivamente derrotadas; os clãs foram dissolvidos e o uso de suas insígnias e trajes típicos foi proibido por décadas.

A Era Georgiana também presenciou o desabrochar do Iluminismo, a consolidação do Império Britânico, a ascensão da Grã-Bretanha ao posto de maior potência naval e colonial do mundo, inovações revolucionárias nas finanças e o nascimento da ciência econômica clássica com Adam Smith, a partir de 1776. As moedas metálicas continuaram a ser cunhadas basicamente nos mesmos formatos e valores do fim do século anterior. Contudo, as normas sobre sua cunhagem e circulação foram reformadas, e as finanças e a circulação monetária foram revolucionadas pela ascensão do papel-moeda e do sistema bancário.

Notas bancárias eram usadas em Londres desde o século XVI, e desde 1694 a fundação do Banco da Inglaterra as injetara na circulação em grande quantidade. Em 1708, foi proibida a emissão de notas bancárias por outras companhias com mais de seis sócios, e se criou um quase monopólio, à parte pequenos bancos de província. O papel-moeda emitido pelo Banco da Inglaterra circulava num raio de 48 quilômetros da capital (aproximadamente a extensão atual da Grande Londres), enquanto as notas dos bancos de província podiam ser resgatadas localmente ou na capital.

Responsável pela gestão de grande parte da dívida pública gerada a partir da Guerra dos Nove Anos (1688-1697) e jamais paga, o Banco da Inglaterra foi protegido durante as crises de caixa (Bolha dos Mares do Sul em 1720, Guerra dos Sete Anos em 1756-63, Revolução Francesa a partir de 1792) com a suspensão temporária pelo governo da obrigação de resgatar as notas em metal precioso. Embora as notas chegassem a ser negociadas nesses "períodos de restrição" com deságio de até 20% ante a moeda metálica, eventualmente se recuperaram e se tornaram como parte normal do meio circulante na Inglaterra, bem antes de outros países europeus. Notas de bancos concorrentes não recebiam a mesma proteção, e muitos deles tiveram de sair do negócio.

De 1694 a 1853, as notas do Banco da Inglaterra as notas garantiam: "Prometo pagar ao Sr. Fulano ou portador, à vista, a soma de tantas libras". Seguiam a forma das notas de ourives dos séculos XVI e XVII, promissórias a um beneficiário que lhes havia confiado seu ouro. Embora existisse a praxe de endossar as notas a terceiros, muitos juízes britânicos entendiam que só o tomador original podia processar o emissor para receber a moeda em ouro, o que tornava obrigatória sua menção e problemáticos os direitos do endossatário e a validade das notas "ao portador".

Inicialmente, eram recibos de caixa manuscritos, no valor exato em libras, xelins e *pence* em nome do depositante ou da pessoa a quem o Banco da Inglaterra desejava fazer um pagamento, assinados por um caixa e com valor mínimo de 50 libras a partir de 1696. Logo se percebeu que as notas, quando destinadas a serem usadas como dinheiro, podiam ser pagáveis a um beneficiário fictício. Pouco depois de 1700, nomes de caixas do banco passaram a ser usados para esse propósito. Em 1704, um ato do Parlamento regulamentou o endosso de notas e cheques para legalizar seu uso como meio de troca e criou base legal para notas "ao portador", mas o banco conservou a praxe anterior. Em 1752, foi usado pela primeira vez o nome do caixeiro-chefe. A prática se tornou sistemática em 1782, quando Abraham Newland assumiu esse cargo, no qual permaneceu até 1807. Em 1798, seu nome passou a ser parte do formulário impresso. As notas dessa época foram popularmente chamadas "Abraham Newlands", por conterem sempre o seu nome.

Em 1725, as notas passaram a ser formulários parcialmente impressos (como já eram os cheques desde 1717) e completados com informações manuscritas (nome do cliente, data, número de série e assinatura do caixa). A partir de 1745, foram emitidas apenas em valores fixos, de 20 a 1.000 libras. As notas de 10, 15 e 25 libras surgiram em 1759 como substituto da moeda metálica em falta na Guerra dos Sete Anos, as de 5 libras com o início das guerras revolucionárias francesas (1793) e as de uma e duas libras com sua continuação (1797). As cédulas dos bancos do interior foram muitas vezes de valores menores, mas foi proibida a emissão de notas inferiores a uma libra a partir de 1775.

Como em meados do século o menor valor do papel-moeda era de 20 libras, equivalente ao ganho anual de uma família pobre, a maioria dos londrinos jamais chegava a tocar numa nota bancária. As notas eram usadas em apenas 2% das transações. Entretanto, como seu valor unitário era alto, representavam mais de 20% do total de moeda física. Papel-moeda e moeda escritural representaram cerca da metade do meio circulante britânico durante o século XVIII.

Moeda em circulação na Inglaterra (milhões de libras)

ano	moedas	Base monetária notas do Banco da Inglaterra	notas de outros bancos	saldo (reservas) do Banco da Inglaterra	total	Crédito bancário	Total
1700	7,0	1,5	0,0	–	8,5	6,5	15,0
1750	18,0	4,0	1,0	–	23,0	7,0	30,0
1790	44,0	8,0	4,0	–	56,0	20,0	76,0
1870	95,0	35,0	4,9	6,5	141,4	399,6	540,0

Fonte: Forrest Capie, 2004

Coroas e meias-coroas deixaram de ser cunhadas depois de 1746. Xelins e six*pence*s de prata, assim como halfpennies e farthings de cobre, foram cunhados de maneira descontínua e em quantidade insuficiente ao longo do século XVIII, e as falsificações eram crescentes. Só as moedas de prata menores e mais gastas ainda circulavam. Observou em 1745 o numismata e rei de armas (heraldo da corte) Stephen Leake: "muitos de nossos six*pence*s se desgastaram até se tornar groats (ou seja, perderam 1/3 do metal) e alguns xelins não são proporcionalmente muito melhores; as meias-coroas não estão tão mal, mas não são tão comuns, pois, desde o rei Guilherme, muitas foram derretidas ou exportadas". A quantidade ainda menor de pennies e moedas de 2, 3 e 4 *pence* de prata do século XVIII indica que foram cunhadas apenas para o ritual da distribuição de esmolas pelos reis na Quinta-Feira Santa. A partir de Jorge I, distribuíam-se esmolas a um número de homens e mulheres pobres igual à idade do monarca, e cada esmola incluía um número de *pence* igual a essa mesma idade (um total médio de 2.400 *pence* ou 10 libras). Inicialmente, eram distribuídas também roupas no valor de 45 xelins (3.780 ñ) para os homens e 35 xelins (2.940 ñ) para as mulheres, além de alimentos (4 libras de carne e 4 pães de 3 *pence* no fim do século). A partir de 1724, a doação de roupas a mulheres foi substituída por dinheiro, para que não quebrassem o protocolo ao experimentar e trocar as roupas entre si durante a cerimônia.

Em 1774 deixou de ser obrigatório aceitar moedas de prata no pagamento de somas maiores que 25 libras (42.000 ñ) e em 1775 cessou a cunhagem de moedas de cobre, fáceis demais de falsificar. Em 1785, quando o preço internacional da prata voltou a cair e a prata começou a retornar à Grã-Bretanha, o Parlamento suspendeu totalmente a cunhagem desse metal, com receio de que viesse a subverter o padrão-ouro já implantado na prática. Em 1786, dois terços das moedas em circulação eram falsas, e até moedas de cobre eram derretidas e substituídas por falsificações de peso menor. Entretanto, desde 1730 a Revolução Industrial já expandia o tamanho da economia em ritmo acelerado e aumentava a o número de trabalhadores urbanos e a necessidade de moedas para as compras quotidianas. Sua escassez ressuscitou, a partir de 1787, a prática medieval da cunhagem privada de fichas de cobre para servirem como troco.

Para suprir a necessidade de moedas de menor valor, empresas privadas começaram a fabricar fichas de cobre, a começar por **pennies** de 28,35 gramas cunhados a partir de 1787 pela Parys Mine Company, mineradora de cobre, para pagamento de seus trabalhadores. A partir de 1788 cunharam também moedas de meio *penny* e 14,17 gramas. Nos anos seguintes, a prática foi imitada por outras mineradoras, depois por grandes empresas industriais e finalmente por pequenos comerciantes, que punham seus próprios retratos no anverso. O peso variava de 18,9 a 28,35 gramas por *penny*.

No verão de 1789 o empresário Matthew Boulton, que desde 1786 cunhava fichas com balancim para a colônia inglesa de Bencoolen, em Sumatra (fundada em 1695 e cedida aos Países-Baixos em 1824), inventou, em sociedade com James Watt, a primeira prensa a vapor, com a qual começou a cunhar fichas para a Roe & Company. No outono de 1790, conseguiu combinar a cunhagem a vapor com virolas (colares), de modo a torná-las mais perfeitamente redondas e difíceis de falsificar.

Cunhadas a vapor ou com balancim, surgiram milhares de tipos, nos valores de um *penny*, half*penny* (o mais comum) e farthing, bem como, às vezes, volumosos three*pence*s de 85 gramas. Essas moedas informais (frequentemente falsificadas com peso menor) são hoje conhecidas como *Conder tokens* em alusão ao comerciante de linho John Conder, que, além de fabricar seus próprios halfpennies, colecionou essas emissões (desde 1794, havia peças feitas especialmente para colecionadores) e em 1798 publicou um catálogo de peças da Grã-Bretanha, Irlanda e colônias.

A produção excessiva e a falsificação dessas peças tornaram-se um problema que o governo precisou disciplinar. Em 1797, contratou Boulton para cunhar 480 toneladas de pennies e 20 toneladas de two*pence*s oficiais de cobre, com o retrato do rei no anverso, que deveriam conter uma quantidade de metal compatível com seu valor. Assim, a moeda de um *penny* pesava 28,35 gramas (uma onça *avoirdupois*) e tinha 36 mm de diâmetro; a de dois *pence*, 56,7 gramas e 41 mm, com uma relação implícita de preço entre cobre e prata de 1:61 em relação à prata e 1:930 em relação ao ouro.

Essas moedas foram apelidadas "rodas de carroça" (*cartwheels*) devido ao tamanho e à borda elevada, que lembrava uma roda. Foram cunhadas com máquina a vapor, técnica que as tornava mais difíceis de falsificar que as peças da Casa da Moeda, cunhadas com balancim, e que permitia produzir 60 peças por minuto. A emissão por particulares não autorizados foi proibida. Essas foram as primeiras moedas a mostrar no reverso a figura de Britannia, personificação do país, "governando as ondas", conforme a canção *Rule, Britannia!*, composta em 1740 para homenagear Jorge II e que mais tarde se tornaria símbolo da marinha e do império britânicos. Cunhagens particulares foram então proibidas. Em 1799, Boulton conseguiu outro contrato para moedas de *penny* e half*penny*, com o peso reduzido a 25,2 gramas por *penny*, relação de 1:54 para a prata e 1:830 para o ouro[9].

Enquanto isso, a Revolução Francesa começava a se desenrolar. Luís XVI foi executado em janeiro de 1793 e a Grã-Bretanha declarou guerra à França revolucionária no mês seguinte, em aliança com a Prússia, Áustria e outras monarquias continentais. O Banco

---

9   O preço real do cobre era de 120 libras por tonelada em 1797, ou 0,8 penny por onça avoirdupois (1:76 relativamente à prata) e 130 libras em 1799 (0,87 penny por onça). A senhoriagem bruta era de 20%.

da Inglaterra emitiu as notas de cinco libras pela primeira vez em 1793, devido à escassez de ouro. Suas emissões totais subiram de £8 milhões em 1790 para £13 milhões em 1795.

Os aliados continentais foram, porém, derrotados e abandonaram a guerra ou se uniram aos franceses, deixando os britânicos em situação difícil. As reservas de ouro caíram de £6 milhões em 1795 para £2 milhões em agosto de 1796, enquanto a circulação de notas voltava a cair para £9 milhões. Em fevereiro de 1797, o medo de uma invasão francesa causou uma corrida nos bancos, reduziu as reservas a £1 milhão e forçou o Banco da Inglaterra a suspender a conversibilidade do papel-moeda e o padrão-ouro e a emitir notas de uma e duas libras para substituí-lo. Novas emissões de moedas sem lastro foram feitas para cobrir os adiantamentos ao Estado para financiar a guerra e expandiram a circulação para £16 milhões em 1800, provocando uma inflação que fez os preços da prata e das principais mercadorias subir cerca de 20%.

Moedas e cédulas britânicas do século XVIII

Denominação	Valor em d	Peso em gramas	Valor em ñ c.1750	Valor em ñ c.1785
Moedas de conta				
Libra	240	120,4	1.680	1.200
Papel-moeda				
1.000 libras	240.000	-	1.680.000	1.200.000
500 libras	120.000	-	840.000	600.000
300 libras	72.000	-	504.000	360.000
200 libras	48.000	-	336.000	240.000
100 libras	24.000	-	168.000	120.000
90 libras	21.600	-	151.200	108.000
80 libras	19.200	-	134.400	96.000
70 libras	16.800	-	117.600	84.000
60 libras	14.400	-	100.800	72.000
50 libras	12.000	-	84.000	60.000
40 libras	9.600	-	67.200	48.000
30 libras	7.200	-	50.400	36.000
25 libras (1759 em diante)	6.000	-	-	30.000
20 libras	4.800	-	33.600	24.000

15 libras (1759 em diante)	3.600	-	-	18.000
10 libras (1759 em diante)	2.400	-	-	12.000
Moedas de ouro (22 quilates)				
double joe (dobrão português)	1.620	53,80	11.340	8.100
5 guinéus	1.260	41,94	8.820	6.300
joe (dobra portuguesa de D. João V, de 12$800)	864	28,69	6.048	4.320
2 guinéus	504	16,77	3.528	2.520
half-joe (peça portuguesa de 6$400)	440	14,34	3.024	2.160
moidor (moeda de ouro portuguesa de 4$800)	324	10,76	2.268	1.620
guinéu	252	8,38	1.764	1.260
¼ *joe* (meia peça portuguesa de 3$200)	220	7,17	1.512	1.080
½ moidor (meia moeda portuguesa de 2$400)	162	5,38	1.134	810
½ guinéu	126	4,19	882	630
escudo (português, de 1$600)	110	3,59	756	540
1/3 guinéu (1797)	84	2,79	-	420
¼ guinéu	63	2,10	441	315
meio escudo português	55	1,79	330	275
cruzado português	27½	0,90	165	138
Moedas de prata 92,5% (escassas)				
coroa (*crown*)	60	30,10	420	300
½ coroa (*half-crown*)	30	15,05	210	150
xelim (*shilling*)	12	6,02	84	60
sixpence	6	3,01	42	30
threepence	3	1,50	21	15
Moedas de cobre (até 1775)				
halfpenny	½	10	3,5	2,5
farthing	¼	5	1,8	1,25

Preços na Londres do Século XVIII (1748-1759)

Item	preço	unidade	ñ
ceia de pão, queijo e cerveja	3d	unidade	21
libra de queijo	4d	kg	62
"	6d	kg	93
jantar de carne fria, pão e uma pinta de cerveja *porter* para um escriturário público	6¼d	unidade	44
libra de manteiga	8d	kg	123
"	10d	kg	154
libra de toucinho	10d	kg	154
"	1s	kg	185
dúzia de laranjas de Sevilha	10d	unidade	6
"	1s	unidade	7
jantar em um restaurante (*steakhouse*): carne, pão e cerveja (mais gorjeta)	1s	unidade	84
prato de carne bovina nos Vauxhall Gardens (*)	1s	unidade	84
libra de queijo parmesão	1s	kg	185
porco inteiro	2s.6d	unidade	210
jantar enviado de uma taberna	2s.6d	unidade	210
frango nos Vauxhall Gardens (*)	2s.6d	unidade	210
barril de ostras de Colchester	3s.3d	barril	273
dúzia de coelhos	7s	unidade	49
quarta de cerveja	4d	litro	25
libra de velas	2s.10d	kg	525
libra de chocolate para beber	5s	kg	926
garrafa de clarete nos Vauxhall Gardens (*)	5s	litro	554
libra de café	4s.9d	kg	880
"	6s	kg	1.111
libra de chá	7s.6d	kg	1.389
"	16s	kg	2.963
garrafa de champanhe nos Vauxhall Gardens (*)	8s	litro	887
par de meias tricotadas de homem	3s.2d	unidade	266
saia de mulher do povo	4s.6d	unidade	378
par de meias de lã de mulher	5s.7d	unidade	469
espartilho para mulher do povo	6s	unidade	504

vestido para mulher do povo	6s.6d	unidade	546
par de punhos de renda de homem	16s	unidade	1.344
par de meias de seda de homem	17s.4d	unidade	1.456
chapéu de castor	£1.1s	unidade	1.764
par de calças de veludo	£1.10s	unidade	2.520
vestido de gala à inglesa (robe à l'anglaise, sack dress)	£1.10s.6d	unidade	2.562
par de calças de malha de seda	£1.12s	unidade	2.688
conjunto de roupa para escriturário em cargo público	£4.10s	unidade	7.560
conjunto de roupa para homem	£6	unidade	10.080
"	£8	unidade	13.440
libra de pó para cabelo (amido)	5d	kg	77
libra de sabão barato	1½d	kg	23
libra de sabonete perfumado	1s	kg	185
pinta de água de lavanda	5s.2d	litro	764
frasco de água do Dr. Prossilly para a varíola	10s.6d	unidade	882
peruca	10s.6d	unidade	882
"	£1.15s	unidade	2.940
peruca para escriturário público	18s	unidade	1.512
barômetro de latão	18s	unidade	1.512
espada com punho de prata	£5	unidade	8.400
relógio de prata	£5.5s	unidade	8.820
peça (14½ jardas, 13,2 metros) de musselina indiana ornamentada	9s	metro	57
jarda de renda de Mechlin	13s.10d	metro	1.271
jarda de brocado de cetim	18s.6d	metro	1.699
jarda quadrada de tapete	£1	m²	2.009
"	36s	m²	3.617
almanaque popular	9d	unidade	63
dicionário do Dr. Johnson	10s	unidade	840

(*) Vauxhall Gardens, originalmente New Spring Gardens, foi o principal parque de diversões de Londres de 1660 a 1859, onde se concentravam jardins, restaurantes, espetáculos e entretenimentos.

Salários e serviços na Londres do Século XVIII (1748-1759)

Item	preço	unidade	ñ
pagamento para um menino cortar lenha, por hora	1½d	hora	11
sangria para uma pessoa pobre	3d	unidade	21
postagem de uma carta de uma página a 130 km (paga pelo destinatário)	3d	unidade	21
travessia do rio de barco	4d	unidade	28
serviço de barbeiro (corte de cabelo e decoração da peruca)	6d	unidade	42
limpeza de chaminé	6d	unidade	42
pedágio para uma carruagem de quatro cavalos	8d	unidade	56
king's shilling (bônus pago a soldados e marinheiros ao se alistarem)	1s	unidade	84
postagem de uma carta de uma página de Londres a Nova York	1s	unidade	84
imposto anual por janela em casa de 12 ou mais janelas (1762)	1s.6d	janela	126
aluguel semanal de sala mobiliada para comerciante	2s	semana	168
pagamento diário para alfaiate de jornada	2s.2d	dia	182
extração de dente	2s.6d	unidade	210
consulta profissional típica	10s.6d	unidade	882
salário semanal de lojista (1777)	18s	semana	1.166
"	22s	semana	1.426
12 lições de francês	£1.1s	unidade	1.764
entrada nos Vauxhall Gardens (*)	1s	unidade	84
passe para os Vauxhall Gardens por toda a estação (*)	£1.9s	estação	2.436
entrada para ensaio da música para os fogos reais nos Vauxhall Gardens (*)	2s.6d	unidade	210
entrada para baile de máscaras nos Ranelagh Gardens	£2.2s	unidade	3.528
entrada para o Messias de Handel (executado pelo próprio) no Foundling Hospital Chapel	10s.6d	unidade	882
camarote no Drury Lane Theatre (1763)	5s	unidade	420
camarote no Theatre Royal, Covent Garden	10s.6d	unidade	882
salário mensal de marinheiro da East India Company (1762)	£1.15s	mês	2.940

contrato anual para barba, cabelo e decoração da peruca	£2	ano	3.360
um mês de lições de dança	£2.2s	mês	3.528
salário anual de grumete (menino de navio)	£2.10s	ano	4.200
noitada, incluindo jantar, banho e cortesã na moda	£6	dia	10.080

(*) Vauxhall Gardens, originalmente New Spring Gardens, foi o principal parque de diversões de Londres de 1660 a 1859, onde se concentravam jardins, restaurantes, espetáculos e entretenimentos.

Escala de pagamentos no Exército britânico (1775)

Graduação	diária bruta (*)			diária bruta	comissão (**)	
	£	s	d	ñ	libras	ñ
Regimentos da guarda						
Coronel	1	19		2.480	6.700	8.522.400
Tenente-coronel	1	8	6	1.813	6.300	8.013.600
Major	1	4	6	1.558	3.500	4.452.000
Capitão		16	6	1.049	2.600	3.307.200
Tenente		7	10	498	1.500	1.908.000
Alferes		n/d	n/d		900	1.144.800
Capelão		5	10	371		
Oficial ajudante (*adjutant*)		4		254		
Intendente (*quartermaster*)		4		254		
Cirurgião		4		254		
Auxiliar de cirurgião		3		191		
Tambor-mor		1		64		
Chefe de cerimônias		1		64		
Sargento		1	10	117		
Cabo		1	2	74		
Tambor		1	2	74		
Soldado			10	53		
Regimentos de infantaria de linha						
Coronel	1	4		1.526	3.500	4.452.000
Tenente-coronel		17		1.081	2.600	3.307.200
Major		15		954	1.500	1.908.000

Capitão	10		636	800	1.017.600
Tenente	4	8	297	550	699.600
Alferes	n/d	n/d		400	508.800
Capelão	3	8	233		
Oficial ajudante (*adjutant*)	4		254		
Intendente (*quartermaster*)	4	8	297		
Cirurgião	4		254		
Auxiliar de cirurgião	3	6	223		
Sargento	1	6	95		
Cabo	1		64		
Tambor	1		64		
Soldado		8	42		

(*) eram deduzidos os alimentos e suprimentos além da ração básica, tipicamente 6 lb (2,7 kg) de pão ou farinha, 10½ libras (4,8 kg) de carne, 1½ lb (0,7 kg) de arroz ou aveia e 8 *gills* (1,14 litro) de rum para grupo de 6 por dia. Um soldado no acampamento poderia esperar receber um filão de pão para quatro dias.

(**) no exército inglês, depois britânico, as comissões de oficial eram compradas e vendidas pelos interessados, de 1683 a 1871.

Evolução de preços e salários na Inglaterra da Idade Moderna

ano	tecidos					salários			tecidos					salários		
	lã	linho	algodão	conjunto de roupas	livro 200 p.	agrícola	manufatura	construção	lã	linho	algodão	conjunto de roupas	livro 200p.	agrícola	manufatura	construção
	s./yd.	d./yd.	d./yd.	s.	s.	d/dia	d/dia	d/dia	ñ/m	ñ/m	ñ/m	ñ	ñ	ñ/dia	ñ/dia	ñ/dia
1550	4,16	10,59				2,50	3,77	2,59	966	205				44	67	46
1560	5,33	11,50		9,49		2,90	4,07	2,88	1.250	225		2.036		52	73	51
1570	6,03	14,05		15,06		3,13	4,27	3,03	1.259	245		2.876		50	68	48
1580	6,41	15,48		15,89		3,15	4,60	3,15	1.187	239		2.691		44	65	44
1590	6,73	15,91		17,56		3,36	4,72	3,19	969	191		2.313		37	52	35
1600	7,63	16,17		18,43		3,45	5,01	3,48	1.058	187		2.336		36	53	37
1610	7,67	16,76		21,18		3,64	5,46	3,67	952	173		2.403		34	52	35
1620	7,71	16,84		25,62		3,80	5,70	3,76	981	179		2.982		37	55	37
1630	8,31	17,21		35,19		4,08	6,07	4,14	885	153		3.427		33	49	34
1640	8,97	17,81		40,22		4,28	6,83	4,56	969	160		3.972		35	56	38
1650	9,08	18,49		36,88		4,62	7,58	5,06	949	161		3.525		37	60	40

1660	8,72	17,65		37,71		4,83	8,05	5,27	887	150		3.508		37	62	41
1670	8,26	16,81		35,75		4,49	8,06	5,46	881	149		3.487		37	66	44
1680	7,87	16,64		34,51		4,52	8,15	5,58	893	157		3.582		39	70	48
1690	8,36	19,82		33,82	6,43	4,36	8,39	5,58	864	171		3.196	608	34	66	44
1700	8,78	21,50		32,46	4,30	4,53	8,78	5,48	977	199		3.303	438	38	74	47
1710	8,72	21,89		34,55	4,50	4,48	8,84	5,42	874	183		3.165	412	34	67	41
1720	8,66	21,95		33,33	10,82	4,40	8,94	5,53	935	197		3.291	1.068	36	74	45
1730	8,25	21,88		33,17	5,84	4,84	9,14	5,64	976	216		3.587	632	44	82	51
1740	8,39	22,42	51,25	34,98	6,05	4,77	9,29	5,68	922	205	469	3.515	608	40	78	48
1750	8,04	22,16	43,56	38,53	7,02	4,78	8,99	5,74	842	193	380	3.691	673	38	72	46
1760	7,76	20,77	44,02	42,70	7,39	5,01	9,24	6,05	725	162	343	3.650	632	36	66	43
1770	7,72	21,26	47,18	41,56	7,58	5,41	9,79	6,63	628	144	320	3.092	564	34	61	41
1780	7,67	20,20	53,12	42,19		5,82	10,39	6,80	610	134	352	3.067		35	63	41
1790	7,99	20,17	48,46	42,99	9,66	7,01	12,26	8,18	529	111	267	2.602	585	35	62	41
1800	8,86	23,37	39,15	49,17	13,97	8,15	15,09	10,04	396	87	146	2.010	571	28	51	34
1810	10,03	23,56	38,75	57,11	14,52	9,50	18,06	12,28	413	81	133	2.150	547	30	57	39
1820	8,99	20,72	21,54	57,29	15,14	9,80	20,28	13,03	484	93	97	2.823	746	40	83	53
1830	8,68	20,00	16,81	56,03	14,62	9,70	20,69	13,56	497	95	80	2.934	766	42	90	59
1840	7,45	15,34	11,59	56,88	13,25	10,19	20,92	14,02	431	74	56	3.010	701	45	92	62
1850	7,29	14,13	11,25	52,77	12,26	10,38	21,41	14,14	418	68	54	2.768	643	45	94	62
1860	8,50	18,00	16,80	47,87	12,38	11,13	33,00	22,54	435	77	72	2.242	580	43	129	88
1870							33,33	23,44							125	88
1880							40,82	27,93							194	133
1890							65,07	46,03							336	238
1900							87,56	62,08							433	307
1910							94,38	64,42							464	317

Colônias Britânicas nas Américas

A Inglaterra fez sua primeira experiência colonial na ilha de Roanoke (atual Carolina do Norte) em 1586, mas a comunidade desapareceu misteriosamente, provavelmente massacrada por indígenas. O primeiro empreendimento colonial sustentado foi a Virgínia a partir de 1607 (ano em que Pocahontas salvou a vida do inglês John Smith, para quatro anos depois ser capturada, estuprada e feita refém pelos ingleses), seguida pelas ilhas Bermudas em 1609, Plymouth (no atual Massachusetts) e Terra Nova em 1620, Maine em 1622 e a ilha caribenha de St. Kitts em 1623, logo seguida por outras colônias e conquistas na América do Norte e Antilhas.

Nas colônias inglesas das Américas, tanto na América do Norte quanto no Caribe, as moedas hispânicas cunhadas no México ou no Peru eram mais comuns que as inglesas e foram, na prática, a base do sistema monetário, recebendo nomes populares em inglês. O peso ou peça de oito reais foi apelidado ***dollar*** ou ***piece-of-eight***. As frações receberam nomes populares em inglês, *half dollar* (peça de quatro reais), ***pistareen*** ou *pistereen* (dois reais, palavra derivada de "peseta"), ***bit*** (um real, literalmente "pedaço") e ***picayune*** (meio real, palavra derivada do francês *picaillon*, moeda da Savoia). Os mesmos nomes se aplicavam a moedas menores e a peças fisicamente cortadas em duas, quatro ou oito partes. As moedas de ouro espanholas eram chamadas ***doubloons*** ou, equivocadamente, *double loons*. O nome se referia originalmente aos *doblones* ou dobrões de dois escudos ou 32 reais (quatro pesos ou *dollars*), mas veio também a se aplicar a moedas de quatro ou oito escudos e em inglês especialmente a estas últimas (*onzas de oro* para os espanhóis), ao passo que as moedas de dois escudos passaram a ser conhecidas como ***pistoles*** (pistolas, das moedas francesas equivalentes).

A cotação do peso em moeda inglesa flutuou conforme a colônia e o momento entre 42 e 96 *pence*, embora seu valor na Inglaterra, correspondente ao conteúdo teórico em prata, fosse 54 *pence* (4s.6d). Também circularam moedas holandesas (*ryder, rixdollar*), flamengas (*cross dollar*), francesas (pistolas, coroas e **cardecues**, isto é, *quart d 'écus* ou quartos de escudos) e portuguesas (*moedors, moydors* ou *moidors*, isto é, "moedas de ouro" de 4 mil réis).

Principais moedas usadas nas colônias inglesas no século XVII (nomes em inglês)

Denominação	Valor em reais espanhóis	Valor em d	Peso em gramas	Valor em ñ c.1680
Moedas de conta (de prata)				
pound (libra)	36	240	120,4	1.780
Moedas de ouro				
dobloon (*onza de oro*)	128	864	27,06	6.400
double pistol (dobrão espanhol de 4 escudos)	64	432	13,53	3.200
moidor (moeda de ouro portuguesa de 4 mil réis)	50	336	10,76	2.500
dutch rider (*gouden rijder* de 14 florins)	40	270	10,10	2.000
guinea (guinéu inglês)	39	264	8,38	1.940
spanish pistol (dobrão de 2 escudos)	32	216	6,77	1.600
french pistol ou *lewisdor* (*louis d'or*)	32	216	6,75	1.600
Moedas de prata				
ducatoon (*dukaton* de 60 stuivers)	9,8	66	32,58	489
crown	8,9	60	30,10	444
spanish dollar ou *piece-of-eight* (peso de 8 reais)	8	54	27,47	400
french crown (écu de 60 sous)	8	54	27,43	400
cross dollar (*kruisrijksdaalder*)	7,85	53	28,44	392
rixdollar (*rijksdaalder* de 48 stuivers)	7,7	52	29,02	385
half dollar (*tostón*)	4	27	13,73	200
pistareen (peseta)	2	13½	6,87	100

cardecue (quart d'écu)	2	13½	6,85	100
shilling (xelim)	1,8	12	6,02	89
bit (real espanhol)	1	6¾	3,43	50
half cardecue	1	6¾	3,43	50
sixpence	0,9	6	3,01	42
picayune (meio real)	½	3,375	1,72	25
threepence	0,4	3	1,50	21
Moedas de cobre				
halfpenny	0,074	½	12	3,5
farthing	0,037	¼	6	1,8

Virgínia

Fundada com base no cultivo do tabaco por trabalho forçado, a Virgínia era em população e economia a colônia mais importante da América do Norte, e continuou a sê-lo até a independência. No século XVII, três quartos dos ingleses que chegavam a essa colônia eram servos brancos ingleses, que deveriam trabalhar um número fixo de anos (quatro a doze) para os fazendeiros para pagar pelo transporte para o Novo Mundo como alternativa à miséria absoluta ou a penas de morte ou de prisão (inclusive por prostituição ou "vadiagem"), mas metade deles morria em até cinco anos. Muitos eram órfãos e crianças abandonadas, vendidas por paróquias que não queriam sustentá-las. Custavam a seus empregadores a metade de um escravo africano, razão pela qual a escravidão no sentido estrito do termo não foi relevante na Virgínia antes de 1680, quando o fluxo de servos brancos se tornou insuficiente para as necessidades da colônia.

Como a quantidade de moeda inglesa em circulação era insuficiente, usaram-se moedas espanholas e portuguesas (principalmente pesos, chamados em inglês de *dollars*) e notas promissórias de comerciantes, mas principalmente tabaco. Ao contrário do que Adam Smith parecia pensar ao escrever *A Riqueza das Nações*, não foi uma evolução espontânea do escambo, mas uma imposição do governo colonial em prol dos fazendeiros. Em 1618, o governador obrigou os comerciantes a vender qualquer produto contra um adiantamento de 25% e aceitar pagamento em tabaco ao valor de 3 xelins por libra (300 ñ por libra ou 660 ñ/kg a preços ingleses de 1618), sob pena de três anos de servidão. Indivíduos que faltavam à igreja eram multados em uma libra de tabaco (300 ñ). Chegou-se mesmo a formar empresas que importavam esposas, cujas passagens custavam doze libras de tabaco (3.600 ñ) e eram vendidas a seus noivos por 150 libras de tabaco (45.000 ñ).

Plymouth e os "pais peregrinos"

A colonização do Norte dos atuais EUA foi posterior à da Virgínia e muito menos importante do ponto de vista econômico e demográfico. No século XVII, 130 mil ingleses migraram para Virgínia e Maryland, 24 mil para as colônias centrais e apenas 21 mil para a Nova Inglaterra. Entretanto, a partir da Guerra Civil de 1861-1865, em que o Norte enfrentou o Sul escravista liderado pela Virgínia, os EUA preferiram enfatizar como "mito de origem" a colonização do norte, baseada no trabalho livre de colonos autogovernados em busca de prosperidade e liberdade religiosa para seu modo de vida puritano. Em 1863, a instituição do Dia de Ação de Graças (*Thanksgiving Day*) por Abraham Lincoln como feriado nacional para comemorar esse evento fixou no imaginário nacional o mito dos "pais peregrinos" como fundadores do país.

Os primeiros colonos de Plymouth eram aldeões de uma facção calvinista radical inglesa chamada "separatista", perseguida pelos anglicanos. Emigraram para a Holanda em 1607, onde viveram mais de uma década em liberdade, mas se adaptaram mal à sociedade holandesa e à vida urbana. Viram na emigração para o Novo Mundo uma maneira de permanecerem ingleses e voltarem à vida agrícola sem precisar se integrar à igreja anglicana.

Não podiam, porém, pagar a expedição com seus próprios esforços. Teria sido preciso poupar 6,5 a 9,7 anos de salários apenas suficientes para famílias puritanas subsistirem em condições decentes. A Companhia de Mercadores Aventureiros de Londres financiou na íntegra, ou pelo menos a maior parte de um custo de no mínimo 1.500 libras (3.000.000 ñ)

Em 1º de julho de 1620, firmou-se o contrato entre a Companhia e os colonos. Estipulava que, depois de sete anos, o capital e os lucros – incluindo casas, terras, bens e gado – seriam divididos por igual entre os investidores e os colonizadores. Outra cláusula dava uma ação a cada um dos pioneiros como bônus por seus sete anos de trabalho: "cada pessoa que vá, de 16 anos ou mais, será calculada em 10 libras (20.000 ñ) e o valor de 10 libras será considerado uma só ação".

Os salários de operários da construção em 1620 eram da ordem de 8 a 12 *pence* (67-100 ñ) diários. A avaliação em 10 libras do valor do salário dos colonizadores por sete anos de trabalho implica (supondo 300 dias de trabalho por ano) um salário diário de 1,1 *penny* (10 ñ), um décimo do salário de um operário na Inglaterra. A maior parte do pagamento deveria consistir na posse da metade do produto do trabalho ao fim dos sete anos.

Foram preparados dois navios para a viagem: 90 colonos seguiriam no *Mayflower* e 30 num navio menor, o *Speedwell*. Os futuros colonos o haviam comprado na Holanda, onde haviam previamente se estabelecido, e o haviam utilizado para levá-los à Inglaterra. Porém o *Speedwell* estava vazando e não conseguiria atravessar o oceano. Decidiu-se acomodar todos no *Mayflower*, mas alguns (18 a 20) desistiram e ficaram na Inglaterra. Seguiram 102 colonos, com 183 toneladas métricas de carga. A travessia durou 66 dias e chegaram às costas do Novo Mundo em 11 de novembro de 1620, mas os ventos impediram o *Mayflower* de seguir para a foz do rio Hudson mais ao sul, como se planejara. Desembarcaram dez dias depois no Cabo Cod, um lugar então completamente selvagem, onde nenhum apoio poderia ser esperado da Inglaterra ou do governador colonial da Virgínia.

Começou a haver sérios desentendimentos entre os colonos e uma ameaça de motim, afinal superada com a assinatura de um pacto legal entre 41 dos colonos. Alguns deles encontraram e saquearam um depósito de grãos de milho construído por índios Wampanoag. Mesmo assim, apenas 52 dos 103 colonos sobreviveram ao primeiro inverno para tentar plantar sua primeira safra no continente americano, e só graças à solidariedade dos Wampanoag. Em abril de 1621, foram encontrados por um índio que falava inglês e os colocou em contato com o chefe Wampanoag; este. Este esperava obter apoio dos colonos ingleses contra a tribo dos Narragansetts, e designou o intérprete Tisquantum para representar a tribo junto aos recém-chegados.

Tisquantum, ou Squanto, como era chamado pelos colonos, fora raptado pelo inglês Thomas Hunt (um dos homens de John Smith, o inglês salvo por Pocahontas), que tentou vendê-lo como escravo em Málaga, Espanha, por vinte libras. Resgatado por frades espanhóis, o indígena escapou à escravidão e juntou-se à Newfoundland Company, para a qual trabalhou como intérprete. Em 1619, tentou voltar para sua casa na aldeia de Patuxet – que ficava justamente na vila de Plymouth onde os passageiros do Mayflower haviam se estabelecido – mas descobriu ser o único sobrevivente de seu povoado, cuja população havia sido aniquilada pela peste trazida pelos europeus. Sem sua ajuda, os colonos não teriam sobrevivido. As sementes de trigo e cevada trazidas da Inglaterra não vingaram, mas Tisquantum os ensinou a cultivar milho e os ajudou a fazer amizade com as tribos. A primeira colheita, que em outubro de 1621 reuniu os 50 colonos sobreviventes e 90 indígenas, seria no futuro comemorada como o *Thanksgiving Day*. Nos primeiros dois anos, as plantações foram cultivadas em comum e divididas igualitariamente. Só a partir de 1623 as famílias passaram a cultivar parcelas separadas.

Em 1624, provavelmente em mau estado, o *Mayflower* foi avaliado em 128, 8s. e 4 d. (256.800 ñ), comparável ao preço de um caminhão velho. Em 1626, um ano antes da planejada divisão dos bens, um novo contrato estipulou que a Companhia venderia sua metade do empreendimento por 1.800 libras (3,6 milhões de ñ) aos colonos, que levaram 22 anos para pagar.

Em 1690 e 1691, a colônia vizinha da Baía de Massachusetts emitiu o primeiro papel-moeda das colônias americanas para pagar suas tropas que lutavam contra os franceses no Canadá, em valores de 5 xelins a 5 libras e num montante total de 40 mil libras. Essas notas foram tiradas de circulação à medida que eram usadas para pagar impostos. Ainda em 1691, a colônia de Plymouth foi extinta e incorporada a Massachusetts.

A idade de ouro da pirataria

De 1623 a 1670, os ingleses conquistaram várias ilhas antilhanas, das quais a maior era a Jamaica, tomada aos espanhóis em 1655. Embora a maior parte dessas ilhas fossem pequenas, receberam em conjunto mais 210 mil ingleses que a América do Norte, um até o fim do século XVII, mais do que a América do Norte. Como na Virgínia, eram na grande maioria rebeldes ou criminosos exilados, ou ainda servos brancos, obrigados a trabalhar um número fixo de anos (tipicamente cinco), após os quais eram libertados e recebiam 10 libras para se estabelecer.

Várias culturas tropicais foram experimentadas, inclusive algodão, anil e tabaco, mas a mais bem-sucedida foi a do açúcar, trazido do Brasil holandês para Barbados em 1640. Em 1660, essa pequena ilha gerava mais comércio que todas as demais colônias inglesas combinadas. Os latifúndios açucareiros expulsaram os pequenos proprietários e dispensaram servos brancos. De 3% da população em 1644, os escravos africanos passaram a 51% em 1660 e 77% em 1700.

A falta de oportunidades em negócios legais e a proibição pelos espanhóis do comércio dos ingleses com suas possessões nas Américas incentivaram muitos desses colonos, assim como franceses e holandeses em condições semelhantes, a aderir à pirataria.

Corsários franceses, autorizados por seu rei, atacavam os espanhóis desde 1521, os *Sea Dogs* ingleses de Elizabeth I (Sir John Hawkins, Sir Francis Drake e Sir Walter Raleigh) a partir de 1562, mas o caráter dos ataques mudou a partir de 1620, quando colonos franceses vindos de St. Kitts se apoderaram da ilha Tortuga, ao norte do atual Haiti, e fizeram dela uma terra sem lei e a principal base pirata. De 1622 a 1655, predominaram piratas holandeses como Jan Hendricksz, Willem Schouten e Piet Heyn, mas o francês Pierre le Grand, que com a partir de Tortuga saqueou um galeão espanhol em 1620, é lembrado como o "primeiro pirata".

A "Idade de Ouro" dos piratas do Caribe começou nos anos 1640 com a fundação da confraria conhecida como "Irmãos da Costa" (*Brethren of the Coast*). Jean le Vasseur foi enviado a Tortuga em 1642 para governar a ilha em nome do rei, mas, após construir sua fortaleza, cortou os laços com Paris e governou a ilha como chefe de uma nação pirata até 1653. No ano seguinte, os espanhóis retomaram Tortuga e expulsaram seus bucaneiros. Estes começaram a retornar em 1655, quando os ingleses tomaram a ilha, mas a partir de então a capital da pirataria passou a ser Port Royal, na recém-conquistada colônia inglesa da Jamaica.

O mais conhecido saqueador deste período foi o galês sir Henry Morgan, corsário ativo de 1663 a 1674 e depois governador da Jamaica, mas vale lembrar seu colega Bartolomeu Português, ativo de 1662 a 1669, ao qual se atribui a formulação do Código Pirata conhecido também como *Custom of the Coast, Jamaica Discipline* e *Articles of Agreement*. Além de conter normas de disciplina, democracia e voto entre piratas, o código também estabelecia contribuições e indenizações devidas em caso de ferimentos e incapacidade.

Na versão de Henry Morgan, as contribuições esperadas de cada pirata eram:

- 150 peças de oito (60.000 ñ) para o capitão pelo uso de seu navio.
- 200 peças de oito (80.000 ñ) para provisões e mantimentos.
- 250 peças de oito (100.000 ñ) para o cirurgião e para pagar seus medicamentos.

As indenizações por "acidente de trabalho" eram as seguintes:

- Braço direito: 600 peças de oito, ou 6 escravos (240.000 ñ).
- Braço esquerdo: 500 peças de oito, ou 5 escravos (200.000 ñ).
- Perna direita: 500 peças de oito, ou 5 escravos (200.000 ñ).
- Perna esquerda - 400 peças de oito, ou 4 escravos (160.000 ñ).
- Um olho ou dedo: 100 peças de oito, ou um escravo (40.000 ñ).

O código de Morgan também especificava que, na divisão do butim, o capitão receberia 5 ou 6 partes, o imediato duas, os oficiais "proporcionalmente à sua função", os demais marinheiros uma porção e os meninos meia porção.

O decadente e empobrecido Império Espanhol estava, porém, deixando de ser um alvo rentável. Ao buscar outros alvos, os piratas se tornaram um incômodo para potências ascendentes com motivos e força naval para erradicá-los. A partir de 1670, quando a Espanha assinou um tratado de paz e renunciou às ilhas caribenhas conquistadas pelos ingleses, a Jamaica deixou de depender dos piratas para sua defesa e se tornou mais uma colônia açucareira. Em 1684, França e Espanha assinaram a trégua de Ratisbona, que entre outras disposições bania o uso de corsários e a pirataria. Os piratas foram forçados a deixar a ilha de Tortuga e demais possessões francesas. Em 1687, a pirataria foi proibida também na Jamaica, e o arquipélago das Bahamas se tornou o principal reduto da pirataria.

Os franceses voltaram, porém, a recorrer a corsários contra espanhóis e ingleses, e estes contra os franceses na Guerra dos Nove Anos (1688-1697). Em 1697 deu-se o último grande saque pirata

– e um dos mais terríveis –, contra a cidade de Cartagena (atual Colômbia), então com 10 mil habitantes. Uma força naval francesa de 4 mil marinheiros e soldados que custou 1,5 milhão de libras francesas, unidos a mil piratas recrutados pelo governador francês de Sainte-Domingue (atual Haiti), saquearam pelo menos 8 milhões de libras (700 milhões de ñ)[10]. Os piratas esperavam receber 20% do total, mas os franceses os trapacearam, deixando-lhes apenas 40 mil libras. Quando a marinha francesa partiu, voltaram para pilhar a cidade com muito mais violência e brutalidade, torturando e violentando até extorquirem mais 5 milhões (450 milhões de ñ). A cidade foi quase abandonada e caiu para 3 mil moradores.

Os ingleses voltaram a recorrer a corsários contra franceses e espanhóis na Guerra da Sucessão Espanhola (1701-1714). A guerra erradicou o frágil governo colonial das ilhas Bahamas, transformadas em república de corsários. Estes, ao fim da guerra, se recusaram a abandonar seu modo de vida e se transformaram em piratas. Em 1713, havia mil deles em Nassau, sob as ordens de 50 capitães. Nesse período, a indenização típica por uma perna ou braço perdido era 800 peças (320.000 ñ) e uma junta, 400 peças (160.000 ñ). Nesse período, um código proibia o pirata de deixar a "profissão" até receber mil libras (1.800.000 ñ). Outros destinavam ao capitão e ao imediato ou quartel-mestre (*quartermaster*) duas porções, uma e meia aos principais oficiais (mestre ou *master*, contramestre ou *boatswain* e mestre bombardeiro ou *gunner*), uma e um quarto aos demais oficiais e uma aos demais marinheiros.

Em 1717, o rei Jorge I nomeou o ex-corsário Woodes Rogers governador das Bahamas e ofereceu o perdão real aos piratas que abandonassem a carreira no prazo de um ano. No ano seguinte, quando Rogers chegou com uma poderosa frota e uma reputação de severidade, 500 a 700 piratas se renderam e aceitaram o perdão. Os principais resistentes foram mortos ou capturados até 1721, incluindo Barbanegra (*Blackbeard*), Charles Vane, Calico Jack, Anne Bonny e Mary Read. Nicholas Brown, último grande pirata da "Idade de Ouro", foi morto em 1726.

---

10 8 milhões segundo o comandante da frota francesa, Barão De Pointis;, 20 milhões (1,8 bilhão) segundo o governador Du Casse, que se considerou trapaceado.

Moedas coloniais no século XVIII

Enquanto a pirataria decaía, o comércio regular com as colônias americanas crescia de importância, e as variações caóticas das taxas de câmbio em cada uma delas se tornaram uma dor de cabeça para exportadores ingleses. Em 1700, por exemplo, o peso espanhol valia 60 *pence* em Barbados ou nas Bahamas, 54 na Carolina, Maryland e Virgínia, 84 na Pensilvânia e 78 em Nova York e Nova Inglaterra.

Além disso, a tendência de alta do valor nominal regional das moedas de prata em *pence* incentivava os colonos a mantê-las nas colônias em vez de gastá-las com importações britânicas. Em resposta às preocupações dos exportadores britânicos, a rainha Ana emitiu uma proclamação real em 1704, aprovada pelo parlamento em 1707. Especificou-se que o peso espanhol, avaliado na Inglaterra em 54d (4s.6d) valeria nas colônias 72d (6s) e os colonos seriam proibidos de negociar moedas de prata acima desse ágio de um terço (33,33%) em relação à taxa esterlina inglesa. O decreto mostrou-se difícil de aplicar na prática. Em várias colônias as cotações continuaram a flutuar e, na maioria dos casos, a subir até cerca de 1750.

Entre as moedas de ouro, as portuguesas cunhadas com ouro das Minas Gerais tornaram-se as mais importantes, pelas razões explicadas na seção dedicada à Grã-Bretanha. Mas a palavra inglesa **moidor**, do português "moeda de ouro", que na metrópole geralmente se referia à peça portuguesa de 10,8 gramas e 4$800, passou nas colônias do século XVIII a ser usada para a moeda de 5,4 gramas, enquanto a peça maior era chamada **lisbonine** ("lisboeta"). A "onça de ouro" portuguesa de 28,69 gramas e 12$800 cunhada por D. João V a partir de 1722 e avaliada na metrópole em 72 xelins ficou conhecida como **johannes**, informalmente **joe**.

Com o virtual desaparecimento das moedas de prata britânicas no século XVIII, o uso de moedas estrangeiras, principalmente das colônias espanholas, tornou-se ainda mais comum. Moedas hispano-americanas (ligeiramente reduzidas em peso e teor de prata a partir de 1730) e espanholas (reduzidas em 20% relativamente às coloniais), holandesas e francesas também circularam, bem como pedaços de moedas de prata (*bits*). A partir do início do século XVIII começou-se também a usar o **black dog** e o **stampee**, moedas divisionárias de cobre e bolhão das colônias francesas.

O quadro abaixo indica as principais moedas em circulação por volta de 1750. O valor em *pence* das moedas é baseado na relação legal de 1704 de 72 *pence* por dólar, que nem sempre foi observada na prática, mas representa uma aproximação da situação média entre diversas colônias. O poder aquisitivo estimado é baseado nos preços da América do Norte, para os quais há dados mais completos. Por esse critério, o poder aquisitivo de uma dada quantidade de ouro era cerca de 10% superior ao que era na metrópole nesse período.

Principais moedas usadas nas colônias inglesas no século XVII
(nomes em inglês)

Denominação	Valor em d locais	Peso em gramas	Valor em ñ c.1750
Moedas de conta (de prata)			
pound (libra britânica)	320	120,4	2.080
pound (libra local)	240	90,3	1.560
Moedas de ouro			
double joe ou dobrão português (24$000)	2.160	53,80	14.040
joe ou *johannes* (dobra portuguesa de 12$800)	1.152	28,69	7.488
dobloon (*onza de oro*)	1.152	27,06	7.488
half-joe (peça portuguesa de 6$400)	576	14,35	3.744
double pistol (dobrão espanhol de 4 escudos)	576	13,53	3.744
lisbonine (moeda de ouro portuguesa de 4$800)	432	10,76	2.808
dutch rider (*gouden rijder* de 14 florins)	340	10,00	2.210
guinea (guinéu inglês)	336	8,38	2.184
french guinea (*louis d'or*)	336	8,16	2.184
quarter joe ou *portuguese guinea* (meia peça portuguesa de 3$200)	288	7,18	1.872
spanish pistol (dobrão de 2 escudos)	288	6,77	1.872
french pistol (*louis d'or* antigo)	288	6,75	1.872
moidor (meia moeda de ouro portuguesa de 2$400)	216	5,38	1.404
escudo português (1$600)	144	3,59	936
half-escudo ($800)	72	1,79	468
cruzado ($400)	36	0,90	234

Moedas de prata			
ducatoon (dukaton de 60 stuivers)	90	32,58	585
french crown (écu de 6 livres)	72	29,49	468
spanish milled dollar ou piece-of-eight (peso cunhado a máquina)	72	27,06	468
rixdollar (rijksdaalder de 48 stuivers)	72	29,02	468
spanish hammered dollar (peso batido a martelo) (*)	60	27,06	390
half dollar (tostón)	36	13,53	234
cardecue (quart d'écu)	18	6,85	117
pistareen (peseta)	18	6,77	117
livre (libra francesa)	12	4,92	78
half cardecue	9	3,43	59
bit (real espanhol ou pedaço de moeda de prata)	9	3,38	59
picayune (meio real)	4½	1,69	29
Moedas de bolhão			
stampee (moeda colonial francesa de 3 sous)	2¼	1,9	14,6
black dog (moeda colonial francesa de 2 sous)	1½	1,6	9,8
Moedas de cobre			
twopence (local)	2	16	13,0
penny (local)	1	variável	6,5
halfpenny (británico)	2/3	10	4,3
halfpenny (local)	½	variável	3,3
farthing (local)	¼	variável	1,6

(*) moedas cunhadas a martelo (no México até 1731 e no Peru até 1750), teoricamente equivalentes às cunhadas a máquina, mas irregulares e frequentemente cerceadas.

América do Norte, 1701-1775

Na Virgínia o dólar espanhol manteve-se em 60d de 1655 a 1710. A lei da Virgínia de 1708 atribuía a peças de oito espanholas de peso reduzido o valor de 60d (5s) e a moedas de peso integral o valor de em 65½d (5s.5½d). Em 1710, o governador real forçou a Assembleia local a aceitar a taxa de 72d da rainha Ana. Maryland foi a única outra colônia da América do Norte onde esse padrão vigorou de fato no início, mas depois se afastou dele.

Na Carolina, o peso era avaliado em 60d (5s) até 1683, quando foi legislado em 72d (6s). Em 1691, a taxa foi elevada novamente para 81d e assim permaneceu até 1712. Nesse ano, a colônia foi dividida e o valor voltou a subir, especialmente na Carolina do Sul.

Em Massachusetts, embora o peso espanhol equivalesse legalmente a 72d (6s), em 1705 era negociado a pouco menos de 84d (7s). Essa colônia foi a primeira a emitir papel-moeda em 1690, para pagar tropas para a Guerra dos Nove Anos contra o Canadá francês, nos valores de 5s, 10s, 20s e £5 em moeda local.

Em Nova York, de 1684 até pelo menos 1700 o dólar espanhol valia 81d (6s9d), um ágio de 50% em relação à taxa esterlina. Em 1708, a lei local aumentou o valor de uma onça de prata para 96d (8s) e a peça de oito *reales* para 84d (7s). Essas taxas não foram aprovadas pelo Conselho de Comércio de Londres, mas a cotação no mercado continuou a subir. Nos anos 1740 o dólar espanhol era negociado a 96d (8s).

Na Pensilvânia o dólar espanhol era avaliado em 72d (6s) em 1683, subiu para 74d (6s.2d) em 1693 e 94d (7s.10d) em 1700. Em 1709 voltou legalmente a 72d (6s), mas em 1742 o peso era negociado a 90d (7s.6d)

Geralmente, as taxas coloniais tenderam a subir até cerca de 1750. Depois mantiveram-se mais ou menos estáveis até o início da Guerra Revolucionária, com a Nova Inglaterra e o Sul aderindo oficialmente à taxa de 72d (6s) por peso, denominado "dinheiro legal" (*lawful money*) na Nova Inglaterra e "dinheiro da proclamação" (*proclamation money*) no Sul e adotado nos títulos de crédito e disposições legais.

Já as colônias centrais da Pensilvânia, Nova Jersey, Delaware e Maryland afastaram-se da taxa imposta por Londres e convergiram para uma taxa comum de modo a facilitar o comércio entre si, eventualmente chegando a 90d (7s.6d) por peso espanhol. Para distinguir esse padrão 67% acima do britânico do "dinheiro da proclamação", essa taxa era referida como "dinheiro comum" (*common money*) ou "dinheiro da Pensilvânia" (*Pennsylvania money*). Nova York fixou sua própria taxa de 96d (8s) por peso, 78% acima da relação esterlina.

As taxas de câmbio no final do período colonial (cerca de 1773), consideradas as diferenças de custo de vida entre as colônias e a metrópole, eram as seguintes:

Região	£ local em d britânicos	£ brit. em d locais	$ em d locais	£ britânica em ñ	£ local em ñ	$ em ñ	s local em ñ	d local em ñ
Grã-Bretanha	240	240	54	1.440	1.440	324	72	6,0
Geórgia	216	267	60	1.727	1.552	388	77,6	6,5
Nova Inglaterra	180	320	72	1.724	1.293	388	64,7	5,4
Virgínia	180	320	72	1.724	1.293	388	64,7	5,4
Pensilvânia, Nova Jersey, Delaware e Maryland	144	400	90	1.724	1.035	388	51,7	4,3
Nova York e Carolina do Norte	135	427	96	1.726	970	388	48,5	4,0
Carolina do Sul	33¼	1.733	390	1.724	239	388	11,9	1,0

Somava-se a essa complexidade o fato de que, durante o século XVIII, várias das colônias da América do Norte seguiram o exemplo de Massachusetts e emitiram papel-moeda na forma de títulos de crédito (*bills of credit*) para pagar tropas nas guerras contra os indígenas e as potências coloniais rivais. Diferentemente do que se passava na metrópole, onde as notas eram de valor alto (10 a 1.000 libras) e usadas apenas em grandes transações comerciais, nas colônias as cédulas tinham valores baixos, geralmente de um *penny* até 5 libras locais, raramente notas maiores de até 100 libras. Soldados e colonos as usavam para pagar impostos, salários e transações no varejo.

As moedas de prata britânicas, já escassas na metrópole, tornaram-se praticamente inexistentes nas colônias do século XVIII, onde as únicas moedas metálicas relativamente comuns eram os pesos espanhóis chamados ***dollars*** e suas frações (½, ¼, 1/8 e 1/16). As notas coloniais eram denominadas tanto em *dollars* e frações quanto em libras, xelins e *pence* locais, ou ainda onças, *pennyweights* (1/20 de onça) e grãos de prata com a intenção de expressar quantias em moeda local.

Estima-se que às vésperas da revolução americana, em 1775, três quartos do dinheiro em circulação estava na forma de papel. Emissões excessivas, principalmente nas colônias da Nova Inglaterra e do Sul, mais sujeitas a guerras, frequentemente resultaram em inflação e deságio dessas notas em relação à moeda metálica, para a fúria dos credores britânicos e do economista Adam Smith. Este criticou os títulos de crédito coloniais em *A Riqueza das Nações*, afirmando tratar-se de uma "injustiça violenta, um esquema de devedores fraudulentos para enganar os seus credores".

Para conter essas emissões, uma lei britânica de 1751 proibiu a emissão de novas notas pelas colônias da Nova Inglaterra e restringiu seu uso como moeda legal ao pagamento de dívidas a governos (impostos), mas não a credores privados, ou seja, estes não poderiam ser obrigados a aceitá-las. Em 1764, todas as colônias foram proibidas de designar suas emissões como moeda legal para dívidas públicas ou privadas. Essa proibição criou tensão entre as colônias e a metrópole, e o Parlamento alterou o ato em 1773, voltando a permitir às colônias emitir papel-moeda de curso legal para pagamento de dívidas a governos. Entretanto, assim como outras concessões de última hora, foram insuficientes para deter o movimento independentista.

Estados Unidos da América (1775-1800)

Como a moeda metálica mais comum na América do Norte sempre fora o peso espanhol, em 1776, quando começou a Guerra da Independência, o Congresso Continental começou a emitir notas com denominações de 1/6 de dólar a 80 dólares continentais ou *Continentals*. A contabilidade da União era baseada no dinheiro da Pensilvânia, de modo que um dólar valia 90 *pence*, também referidos como **ninetieth of a dollar**.

Ao mesmo tempo, as 13 colônias, proclamadas Estados independentes, emitiram suas próprias notas sem coordenar suas emissões com as do Congresso. O governo colonial britânico, que resistia em Nova York, falsificava dólares continentais como medida de guerra econômica.

Em agosto de 1778, o valor do *Continental* havia sido reduzido a 1/4 de dólar de prata e no final do ano a 1/5 ou 1/7; em 1780 foi a 1/40 de dólar e em 1781 a 1/1.000. Nesse ponto, o próprio Congresso Continental decidiu não mais aceitar seu próprio papel-moeda como pagamento de dívidas, e ele perdeu totalmente o valor.

Em 1781, o Congresso Continental foi sucedido pelo Congresso da Confederação ao aprovar os Artigos de Confederação e União Perpétua, que fundaram oficialmente os Estados Unidos da América. Com o colapso da moeda continental, Robert Morris, nomeado superintendente das Finanças, criou em 1782 o *Bank of North America*, financiado em parte por moeda metálica emprestada aos Estados Unidos pela França. Esse Banco ajudou a financiar os estágios finais da guerra (encerrada em 1783 pelo Tratado de Paris) e emitiu papel--moeda, desta vez conversível em prata, mas em pequena quantidade, dada a limitação de seus fundos. Essa moeda ainda era denominada em dólares divididos em 90 *pence*, com notas a partir de 1 *penny*.

Na prática, a maioria das transações interestaduais e muitas transações internas usavam "dólares" (pesos espanhóis) como meio de troca. Os preços e livros de contabilidade continuavam a ser mantidos em xelins e libras cujo valor variava de estado para estado. Os pagamentos eram calculados e feitos em dólares, criando uma enorme complicação no comércio quotidiano. A necessidade de uma moeda comum era cada vez mais sentida.

Em 1782, Morris propôs ao Congresso um plano para uma moeda comum baseada em uma unidade monetária chamada *mill*, definida como um quarto de grão (0,0162 grama) de prata pura. Seriam cunhadas moedas de cobre de 5 e 8 unidades e moedas de prata de 100 unidades (*cent* ou *bit*), 500 unidades (*quint*) e 1.000 unidades (*mark*). O dólar espanhol valeria 1.440 unidades e os pennies em circulação na maioria das colônias teriam valores redondos em unidades e em moedas de 5 e 8 unidades. Caso tivesse sido adotado, o sistema de Morris teria sido o seguinte:

Denominação	Valor em unidades	Peso em gramas	Valor em ñ 1796
Moedas de conta			
unidade (unit ou *mill*)	1	0,0174	0,17
penny da Geórgia	24	n/d	4,00
penny da Nova Inglaterra e Virgínia	20	n/d	3,33
penny da Pensilvânia e estados centrais	16	n/d	2,67
penny de Nova York e Carolina do Norte	15	n/d	2,50
Moedas de prata			
dólar ou peso (*dollar*)	1.440	27,06	240
mark	1.000	17,40	167
quint	500	8,70	83
cent ou *bit*	100	1,74	17

Moedas de cobre			
8 units	8	7,8	1,33
5 units	5	4,9	0,83

Morris chegou a cunhar provas dessas moedas e enviá-las ao Congresso, mas o projeto foi combatido por Thomas Jefferson. Em vez de um mero denominador comum para manter as complexidades já existentes, ele desejava um sistema novo e simples, prático para os comerciantes e transparente para os pequenos agricultores. Jefferson propôs o dólar (igual ao peso espanhol) como unidade padrão, dividido em um décimo e um centésimo. O décimo teria valor próximo do bit (real espanhol), o centésimo, próximo das moedas de cobre em circulação (halfpennies britânicos), e a peça de ouro de dez dólares teria valor próximo de meio joe (johannes) português ou dois guinéus. Também propôs moedas de 50, 25, 20, 5 e ½ centésimos. Seu projeto foi aprovado em 1785 pelo Congresso da Confederação, que autorizou a emissão de um dólar contendo 24,34 gramas de prata pura, uma moeda de ouro de 5 dólares, moedas fracionárias de prata de 50, 25, 10 e 5 *cents* e moedas de cobre de 1 e ½ *cent* (nome derivado da expressão "per cent", por cento). Não chegaram a ser cunhadas, mas o projeto de Jefferson norteou o projeto definitivo da moeda dos EUA, sete anos depois.

A adoção do primeiro sistema monetário consistentemente decimal no Ocidente (os chineses o usavam pelo menos desde o século VII e a Rússia desde o século XVI) foi um acaso, determinado pela situação monetária confusa das ex-colônias americanas e pela relação acidentalmente próxima de 100 (a rigor, 108) entre o dólar e o half*penny*. Pesos (*dollars*) e dobrões espanhóis, *moidors* e *joes* portugueses, guinéus franceses e ingleses continuavam a constituir a maior parte do meio circulante e se mostravam insuficientes para as necessidades da economia. As moedas de cobre também eram cunhadas de forma desordenada em vários tamanhos e circulavam ao lado de halfpennies britânicos e irlandeses. Os governos estaduais encomendavam a cunhagem de moedas a particulares, que em vários casos subestimavam os custos para ganhar as licitações e depois reduziam o peso da moeda abaixo do padrão (9,9 gramas, o peso do *halfpenny* britânico) para obter lucro. Vermont cunhava moedas de 7,2 gramas; Connecticut, de 9,3 gramas (mas com muitas falsificações de peso menor); Nova Jersey, de 9,7 gramas; Massachusetts, de 10,2 gramas.

Em 1787, a própria Confederação decidiu cunhar moedas de cobre de 1 cent, com peso de 10,2 gramas e desenho de Benjamin Franklin, incluindo os inspiradores lemas *Fugio* e *Mind your Business* ("o tempo voa / preocupe-se com seu negócio"). James Jarvis, moedeiro de Connecticut, ganhou a licitação e produziu cerca de 400 mil moedas, mas desviou muito do cobre para produzir 3,5 milhões de moedas de Connecticut mais leves, não autorizadas. O primeiro lote foi enviado para o Tesouro, em maio de 1788. Jarvis foi para a Inglaterra em busca de mais cobre, mas seu sócio e sogro constatou que a situação era insustentável e fugiu, também, para a Inglaterra, de onde nenhum dos dois retornou. A Confederação, que ficou sem seu cobre e com poucas moedas, desistiu do projeto e decidiu leiloá-las a um especulador.

Nisso, em 1787, o estado de Nova York votou uma lei para retirar de circulação as moedas com peso inferior a 1/3 de onça avoirdupois (9,4 gramas). As de peso superior seriam avaliadas a 1/20 do xelim nova-iorquino (1/400 da libra local ou 1/160 do dólar, 1,9 ñ). Nova Jersey aprovou uma lei similar, dando às moedas de peso adequado (apenas as suas próprias e as da Confederação) o valor de 1/15 do xelim local (1/300 de libra ou 1/112,5 do dólar, 2,7 ñ). No ano seguinte, fecharam as casas da moeda de Connecticut e Vermont, que cunhavam moedas menores, e Massachusetts, que as cunhava de peso regular, mas a um custo superior a seu valor. No final do ano, nenhuma moeda de cobre estava mais sendo cunhada na colônia, salvo falsificações de baixo peso, e as moedas de Nova York estavam sendo enviadas a Nova Jersey, onde valiam 42% mais em relação ao dólar.

Com o mercado inundado de moedas falsas e oficialmente ilegais, o público perdeu a confiança nas moedas de cobre, cuja aceitação caiu. Em Nova York, em julho de 1789, o Conselho de Nova York recomendou que os cobres fossem desvalorizados para 48 por xelim (1/384 do dólar ou 0,8 ñ), mas os comerciantes simplesmente deixaram de aceitar cobres a qualquer preço. Moedas que alguns anos antes haviam circulado a uma taxa de 14 por xelim se tornaram inúteis. Especuladores ofereceram-se para comprá-las a 60 por xelim, e um jornal de Filadélfia propôs uma taxa de 96 por xelim.

Desencadeou-se o "Pânico do Cobre". Real Flint, o especulador de Nova York que comprou os cents da Confederação e os recebeu em junho de 1789, viu-se com cobres que mesmo a 1/48 xelim valeriam apenas 29% do valor nominal e acabou preso por dívidas. Padarias e quitandas fecharam pela falta de troco. Fiéis passaram a despejar seus cobres inúteis na coleta semanal das igrejas, para irritação dos pastores. Para aliviar o problema, em agosto o Bank of North America começou a emitir notas de 1 *penny* e 3 *pence*, que tiveram muita aceitação. O Conselho e os comerciantes de Nova York decidiram apenas as moedas de Nova Jersey, mas seu valor permaneceu incerto, variando de 24 a 72 por xelim. De 1789 a 1799, não só bancos e empresas privadas imprimiram suas próprias notas de trocados, como também igrejas. Os paroquianos eram convidados a comprar notas dos pastores para doá-las na coleta dominical em lugar dos cobres inaceitáveis.

Enquanto isso, os Artigos de Confederação, que exigiam um consenso dos 13 estados para decisões importantes, mostraram-se impraticáveis para governar a união em tempo de paz, o que levou à proposta de uma união federal mais estreita. Convocada em 1787, a Convenção Constitucional formulou a Constituição dos Estados Unidos da América, em vigor a partir de 1789. Apesar da escassez de moeda circulante, o traumático fracasso do dólar continental resultou na proibição constitucional da emissão de títulos de crédito e da imposição de qualquer moeda legal que não a de ouro ou prata (art. 1°, seção 10):

> Nenhum Estado poderá participar de tratado, aliança ou confederação; conceder cartas de corso; cunhar moeda; emitir títulos de crédito; autorizar, para pagamento de dívidas, o uso de qualquer coisa que não seja ouro e prata; votar leis de condenação sem julgamento, ou de caráter retroativo, ou que alterem as obrigações de contratos; ou conferir títulos de nobreza.

A nova Constituição não renovou o poder de "emitir títulos" conferido à União pelos Artigos da Confederação de 1781. Deu ao novo Congresso Federal, por outro lado (artigo 1°, seção 8), as atribuições de "levantar empréstimos sobre o crédito dos Estados Unidos" e "cunhar moeda e regular o seu valor, bem como o das moedas estrangeiras". A única menção ao dólar, nesse contexto ainda sinônimo do peso espanhol, está no artigo 1°, seção 9: "A migração ou a admissão de indivíduos, que qualquer dos Estados ora existentes julgar conveniente permitir, não será proibida pelo Congresso antes de 1808; mas sobre essa admissão poder-se-á lançar um imposto ou direito não superior a dez dólares por pessoa".

Em 1791, o *Bank of North America* foi sucedido em seu papel de banco central pelo *Bank of the United States*, que duraria até 1811. Os desmoralizados *Continentals* foram trocados por títulos do tesouro a 1% do valor de face.

Em abril de 1792, o novo governo federal instituiu o "**dólar** ou unidade" (***dollar** or unit*) como moeda oficial, "com o valor de um dólar espanhol corrente cunhado à máquina, contendo 371¼ grãos (24,06 gramas) de prata pura ou 416 grãos (26,96 gramas) de prata padrão", ou seja, prata a 89,24%. Um mês depois, um ato adicional previu a cunhagem de moedas de cobre. Uma Casa da Moeda estatal foi criada (no primeiro edifício público construído pelo novo governo) e disposições severas foram previstas para controlar sua atividade, inclusive pena de morte para desvio de metal. O ato manteve a divisão do dólar (símbolo $) em 100 centésimos ou ***cents*** proposta por Jefferson (símbolo ¢) e criou como submúltiplos o ***dime***[11] (10 cents) e o ***mill*** (1/10 cent, símbolo ₥). Este último nunca existiu como moeda física oficial, mas foi usado como moeda contábil no cálculo de impostos e tarifas.

Poder aquisitivo do dólar na América do Norte, 1720-1799

Ano	ñ	Ano	ñ
1720	530,36	1760	377,90
1721	581,98	1761	402,09
1722	560,01	1762	364,53
1723	541,99	1763	429,58
1724	514,18	1764	441,34
1725	472,86	1765	407,39
1726	452,10	1766	412,37
1727	468,68	1767	412,37
1728	492,33	1768	412,37
1729	493,64	1769	402,09
1730	466,32	1770	407,39

---

11 Do francês *dîme*, "décimo", grafado na época (inclusive na legislação dos EUA) como *disme*.

Ano	Valor	Ano	Valor
1731	524,36	1771	377,90
1732	535,73	1772	340,74
1733	519,95	1773	402,09
1734	463,41	1774	412,37
1735	468,68	1775	412,37
1736	496,28	1776	337,02
1737	448,28	1777	252,88
1738	447,73	1778	188,86
1739	521,41	1779	135,15
1740	521,41	1780	145,15
1741	422,24	1781	145,15
1742	445,58	1782	145,15
1743	519,95	1783	195,09
1744	543,58	1784	262,20
1745	578,35	1785	352,40
1746	565,13	1786	323,21
1747	473,47	1787	373,34
1748	402,09	1788	368,88
1749	489,73	1789	368,88
1750	489,73	1790	364,53
1751	468,09	1791	368,88
1752	482,09	1792	319,87
1753	482,09	1793	313,64
1754	482,09	1794	272,59
1755	475,29	1795	234,04
1756	497,62	1796	220,80
1757	461,10	1797	248,81
1758	407,39	1798	254,97
1759	396,92	1799	241,20

FRANÇA

A França herdou da Idade Média um sistema baseado em uma *livre* ou **libra** dividida em 20 *sous* (*sols* até o século XVII) ou soldos, 80 *liards* (regionalmente chamados também *hardis*) e 240 *deniers* ou dinheiros. Esse padrão passara por dezenas de quebras durante a Idade Média e continuou a sofrer reduções na Idade Moderna, que se combinaram com a perda de valor aquisitivo da prata para diminuir o poder aquisitivo da moeda. De 1497 a 1795, a inflação média foi de 0,46% ao ano em conteúdo de prata e 0,79% ao ano em valor real.

período libra		Conteúdo em gramas de prata			Poder aquisitivo aproximado em ñ		
		soldo	dinheiro	libra	soldo	dinheiro	
1497	1514	17,64	0,88	0,0735	719	35,9	3,00
1514	1547	15,80	0,79	0,0658	494	24,7	2,06
1543	1559	14,76	0,74	0,0615	305	15,3	1,27
1559	1574	13,05	0,65	0,0544	242	12,1	1,01
1574	1589	11,75	0,59	0,0489	176	8,8	0,74
1589	1611	10,71	0,54	0,0446	144	7,2	0,60
1611	1633	9,46	0,47	0,0394	131	6,6	0,54
1633	1689	8,06	0,40	0,0336	105	5,2	0,43
1689	1709	7,63	0,38	0,0318	119	6,0	0,49
1709	1734	5,54	0,28	0,0231	87	4,4	0,36
1734	1795	4,50	0,23	0,0188	69	3,5	0,29

Século XVI

Ao casar-se em 1491 com a duquesa Ana da Bretanha, Carlos VIII (r. 1483-1498) incorporou à Coroa francesa o último grande estado feudal autônomo. Quase todo o país passou a estar sob a autoridade direta dos reis franceses, e as moedas feudais saíram de cena. Carlos e seu sucessor Luís XII (r. 1498-1515) disputaram com os espanhóis o controle de Milão e Nápoles. Com Francisco I (r. 1515-1547), essa guerra ganhou maiores proporções e tornou-se uma luta contra a pretensão à hegemonia europeia de Carlos V, senhor da Espanha e Áustria.

Com a abdicação de Carlos V, a França se reaproximou da Espanha e a guerra terminou com o tratado de Cateau-Cambrésis (1559), assinado por Henrique II (r. 1547-1559). A França renunciou às pretensões sobre a Itália, que permaneceu sob domínio espanhol, mas recuperou Calais (última possessão inglesa no continente), ganhou territórios na Lorena e o apoio da Espanha contra os protestantes. O rei morreu, porém, em consequência do torneio comemorativo da paz: numa justa com seu próprio capitão da guarda, uma lasca de lança atravessou-lhe o elmo e o olho e os cuidados do médico Ambroise Paré não puderam salvá-lo. A fama do adivinho Nostradamus se deve em grande parte a alguns versos que, publicados em 1555, pareciam prever desastres para a família real, inclusive esse acidente. A rainha Catarina de Médici, impressionada, o fez conselheiro do jovem herdeiro Carlos IX.

No reinado de Henrique II, o **escudo** ou écu (*escu* **na** grafia da época) de Francisco I teve seu valor nominal aumentado de 480 para 552 *deniers* (40 para 46 sols) e foi complementado por uma moeda de ouro ligeiramente maior conhecida como ***henri d'or***, descontinuada pelos sucessores. O ***teston***, originalmente cunhado por Luís XII em 1513 com o valor de 10 soldos ou 120 dinheiros (o *double teston* igual à libra ou franco) foi revalorizado para 11 e a partir de 1549, 11 soldos e 4 dinheiros. Nesse ano, o marco (244,75 gramas) de prata pura valia 15 libras tornesas e o de ouro, 172 libras. Henrique II foi em 1551 o pioneiro da cunhagem mecânica, mas esta foi abandonada ao fim de seu reinado por pressão dos moedeiros.

Das moedas de bolhão, vale notar o ***gros de nesle***, assim chamado por ser cunhado no palácio (*hôtel*) de Nesle, junto à muralha de Paris, equivalente a seis *blancs* ou 12 *deniers parisis*.

Moedas francesas no reinado de Henrique II

Denominação	Valor em d	Peso em gramas	Valor em ñ c.1553
Moedas de conta (de prata)			
libra tornesa ou franco	240	16,3	320
Moedas de ouro 96,9%			
double henri	1.200	7,30	1.600
henri d'or	600	3,65	800
escu	552	3,44	736
demi henri	300	1,83	400
demi-escu	276	1,72	368
quart d'escu	138	0,86	184
Moedas de prata 93,75%			
double teston	272	19,58	363
teston	136	9,79	181
demi-teston	68	4,90	91
Moedas de bolhão			
gros de nesle (33%)	30	5,97	40
demi gros = sou parisis	15	2,98	20
soutournois, douzain ou grand blanc (29,2%)	12	2,62	16
demi-sou ou sixain	6	1,31	8
liard ou hardi	3	0,66	4
blanc (double parisis)	2½	1,5	3,3
double	2	1,2	2,7
patac (Provença)	1½	0,9	2,0
denier tournois	1	0,6	1,3

Henrique II foi sucedido por três filhos muito jovens: Francisco II (1559-1560), Carlos IX (1560-1574) e Henrique III (1574-1589), cujos reinados foram marcados pela guerra civil intermitente com os protestantes franceses, chamados huguenotes. Concentrados no centro e sul da França, chegaram a constituir um oitavo da população em 1562. O conflito religioso foi também dinástico, pois os herdeiros de Henrique II não tinham filhos e a e sucessão era disputada entre as famílias Bourbon, parcialmente huguenote, e Guise, católica intransigente. Em 1588, desejoso de fazer a paz com os protestantes e afastar uma ameaça ao trono, Henrique III ordenou o assassinato do duque Henrique de Guise, líder da Liga Católica. Em represália, foi assassinado por um frade dominicano.

Com a morte de Henrique III de Valois, o trono foi herdado por Henrique IV de Bourbon, rei protestante de Navarra. A Liga Católica recusou-se a reconhecê-lo e Henrique IV os enfrentou militarmente, sem conseguir tomar Paris. Por outro lado, os católicos não conseguiram chegar a um acordo sobre uma alternativa. A proposta de designar como herdeira a infanta Isabela da Espanha, neta de Henrique II, e casá-la com o novo Duque de Guise foi aceita pelos espanhóis, mas esbarrou na oposição dos rivais católicos dos Guise, que invocaram a "lei sálica" (inventada na Idade Média para fazer frente à pretensão inglesa ao trono francês) contra a herança do trono pela linha feminina. O impasse foi resolvido pela conversão de Henrique IV ao catolicismo em 1593 (atribuem-lhe a frase "Paris bem vale uma missa", provavelmente apócrifa), à custa do ressentimento de sua ex-aliada Elizabeth I da Inglaterra e dos huguenotes, embora estes fossem beneficiados pelo Edito de Nantes de 1598, que garantiu a tolerância à prática de sua religião.

A partir de 1575, os *deniers* e *doubles* passaram a ser cunhados em cobre puro, com peso de 1,57 grama por *denier*, o que pressupõe um valor de 13 soldos ou 156 dinheiros por marco de cobre. O *teston* foi substituído pelo **franco**, com valor de 20 soldos. Com a quebra do padrão monetário, o quarto de escudo deixou de ser moeda de ouro para ser de prata.

Denominação	Valor em d	Peso em gramas	Valor em ñ c.1580
Moedas de conta (de prata)			
libra tornesa ou franco	240	14,19	200
Moedas de ouro 96%			
quadruple d'escu	2.880	13,52	2.400
double escu	1.440	6,76	1.200
escu	720	3,38	600
demi-escu	360	1,69	300
Moedas de prata			
franco (86,8%)	240	14,19	200

quart d'escu (95,5%)	180	9,71	150
teston (93,75%)	174	9,60	145
demi-franc (86,8%)	120	7,09	100
demi-quart d'escu (95,5%)	90	4,86	75
demi-teston (93,75%)	87	4,80	73
quart de franc (86,8%)	60	3,55	50
Moedas de bolhão			
sol tournois, douzain ou grand blanc (25%)	12	2,4	10
demi-sol ou sixain	6	1,2	5
liard (12,5%)	3	0,96	2,5
Moedas de cobre			
double tournois	2	3,14	1,7
denier tournois	1	1,57	0,8

Século XVII

Depois de quase ter desaparecido no final da Idade Média e ser dividida por conflitos religiosos e políticos no início da Idade Moderna, a França se reergueu sob o domínio da dinastia Bourbon e iniciou a partir dos anos 1600 um período de ascensão política e cultural. Tornou-se o reino mais poderoso e influente do continente e a metrópole de domínios coloniais relevantes. Na maior parte da Europa, o francês sucedeu ao latim como língua das cortes, da cultura e da diplomacia, mas as guerras sucessivas e as despesas da corte e do Estado sobrecarregaram o tesouro real e se refletiram na perda continuada do valor da moeda. Este é o período em que se passam as aventuras fictícias de D'Artagnan e dos mosqueteiros, cuja cronologia abrange os períodos de 1625-1628 (*Os Três Mosqueteiros*), 1648-1649 (*Vinte Anos Depois*) e 1660-1673 (*O Visconde de Bragelonne*). É também o período em que, na vida real, Cyrano de Bergerac serviu como mosqueteiro e escreveu suas obras (de 1639 a 1655), René Descartes e Blaise Pascal desenvolveram suas carreiras científicas e filosóficas (1629 a 1650 e 1634 a 1662, respectivamente).

Em 1602, o *escu* tem seu valor nominal aumentado de 60 *sols* ou 720 *deniers* para 65 *sols* ou 780 *deniers*; em 1615, para 75 *sols* ou 900 *deniers*, e em 1633 para 90 *sols* ou 1.080 *deniers*, sem ter as características alteradas. As moedas de prata também passam por revalorizações proporcionais. As moedas de ouro da França, assim como as de muitos outros países da Europa, continuam calibradas pelo padrão espanhol, e também na França a moeda de dois *escus* (escudos) é conhecida popularmente como **pistole** (pistola), pois as novas armas de fogo são superiores aos velhos escudos.

Após a morte de Henrique IV, o trono foi herdado por Luís XIII (r. 1610-1643), mas permaneceu sob a regência da mãe, Maria de Médici, até 1617. O Cardeal Richelieu chefiou o governo de Luís XIII de 1616 até à sua morte em 1642 e consolidou o absolutismo francês.

Denominação	Valor em d	Peso em gramas	Valor em ñ c.1625
Moedas de conta (de prata)			
libra tornesa	240	-	128
Moedas de ouro 96%			
quadruple d'escu	3.600	13,52	1.920
double escu (pistole)	1.800	6,76	960
escu	900	3,38	480
demi-escu	450	1,69	240
Moedas de prata			
franco (83,3%)	300	14,19	160
quart d'escu	225	9,71	120
demi-franc (83,3%)	150	7,09	80
demi-quart d'escu	112,5	4,86	60
quart de franc (83,3%)	75	3,55	40
douzain d'argent	12	0,62	6,4
Moedas de bolhão			
sol parisis ou *quinzain*	15	3,0	8
sol tournois ou *douzain* (25%)	12	2,4	6,4
demi-sol ou *sixain*	6	1,2	3,2
vaquette (Béarn)	¾	0,45	0,4
Moedas de cobre			
double tournois	2	2,7	1,1
denier tournois	1	1,7	0,5

No final do período de Luís XIII e Richelieu, de 1639 a 1641, houve uma nova desvalorização e uma importante reforma monetária, acompanhadas da reintrodução, desta vez definitiva, da cunhagem mecânica. Com a desvalorização das moedas de base, a denominação de 3 libras tornesas, equivalente a 60 *sols* ou 720 *deniers* e ainda chamada *escu* (escudo) passou a ser cunhado em prata e por isso chamado ***escu blanc***, embora fosse oficialmente ***louis d'argent***.

Novas moedas de ouro foram cunhadas, oficialmente denominadas ***louis d'or*** de 5 libras (de peso semelhante ao antigo *escu*), *double louis d'or* de 10 libras e *quadruple louis d'or* de 20 libras. Um pequeno número de moedas de 8, 16 e 20 *louis d'or* (ou seja, 40, 80 e 100 libras) foram também cunhadas para servirem como presentes reais, sem entrar na circulação normal. Entretanto, na linguagem popular o *double louis d'or* veio a ser chamado simplesmente de ***louis***, de modo que a moeda originalmente chamada *louis d'or* se tornou *demi-louis* (meio luís) e assim por diante.

Com a morte de Luís XIII, iniciou-se o reinado de Luís XIV, o Rei-Sol (1643-1715), mas o governo de fato ficou nas mãos da sua mãe, a regente Ana de Áustria, até 1651 e do sucessor de Richelieu, o Cardeal Mazarino, primeiro-ministro de 1643 a 1661. O *liard* de 3 *deniers*, antes de bolhão, passou a ser de cobre a partir de 1649 e teve seu valor reduzido para 2 deniers em 1658. A distinção entre *deniers tournois* e *deniers parisis* continuou a existir até 1667, quando este último foi definitivamente suprimido.

Denominação	Valor em d	Peso em gramas	Valor em ñ c.1652
Moedas de conta (de prata)			
libra tornesa	240	-	106
Moedas de ouro 91,7%			
(oficialmente 20 *louises d'or*)	24.000	67,52	10.600
(oficialmente 16 *louises d'or*)	19.200	54,02	8.480
(oficialmente 8 *louises d'or*)	9.600	27,01	4.240
double louis (oficialmente *quadruple louis d'or*), de 20 libras	4.800	13,50	2.120
louis ou *pistole* (oficialmente *double louis d'dor*), de 10 libras	2.400	6,75	1.060
demi-louis (oficialmente *louis d'or*), de 5 libras	1.200	3,38	530

Moedas de prata 91,7%			
escu blanc (oficialmente *louis d'argent*), de 3 libras	720	27,45	318
demi-escu	360	13,73	159
quart d'escu	180	6,86	80
sixième d'escu	120	4,57	53
douzième d'escu	60	2,29	26,5
1/24 *escu*	30	1,14	13,3
1/48 *escu*	15	0,57	6,6
Moedas de bolhão			
six *blancs*	30	3,3	13,3
sol parisis (*quinzain*) ou *trois blancs*	15	1,65	6,6
sol tournois (*douzain*)	12	1,3	5,3
Moedas de cobre			
liard	3	3,71	1,33
denier	1	1,45	0,44

Com a alta relativa do valor do ouro, a partir de 1660, o *louis d'or* passou a ser negociado a 11 libras em vez das 10 originais. Entre 1684 e 1693, flutuou entre 11 e 12½ libras e de 1694 a 1701, de 12½ a 14 libras. O termo *pistole* passou a referir-se, por algum tempo, a uma unidade de conta de 10 libras, correspondente ao valor original da moeda de ouro.

Em 1685, Luís XIV revogou o Edito de Nantes e proibiu o protestantismo. Apesar da proibição da emigração, grande parte da elite huguenote fugiu para países protestantes, principalmente Prússia, Inglaterra, Suíça, Noruega, Dinamarca, Holanda, América do Norte e África do Sul, com grandes perdas para o comércio e a manufatura francesas. A maior parte dos restantes converteu-se ao catolicismo. De 12% da população, os protestantes caíram para menos 2%.

Em 1689, o valor nominal do *escu* foi aumentado para 3 libras e 6 *sols*, ou 792 *deniers*. Em 1690, o *liard* era a menor moeda corrente em Paris e o *denier* só era encontrado nas províncias. O *liard* voltou a ser uma moeda de 3 *deniers* em 1694.

Preços na França do Século XVII (1658-1695)

Item	Quantidade	Preço	Ano	Unidade	ñ
par de bois de trabalho	par	90 libras	1692	unidade	4.946
uma vaca e seu bezerro	conjunto	47 libras	1692	conjunto	5.166
um porco	unidade	24 libras	1685	unidade	2.805
painço	minot (38,086 l)	1 libra e 15 sous	1673	kg	7
trigo	boisseau (12,695 l)	47 sous	1684	kg	28
centeio	boisseau (12,695 l)	32 sous	1684	kg	20
trigo sarraceno	boisseau (12,695 l)	23 sous	1684	kg	16
aveia miúda	boisseau (12,695 l)	14 sous e 8 deniers	1684	kg	16
galinha	unidade	6 sous	1684	unidade	35
frangos	par	5 sous	1684	unidade	14
capões	par	16 sous	1684	unidade	47
manteiga	libra (489,5 g)	12 sous	1658	kg	132
açúcar	libra (489,5 g)	20 sous	1658	kg	221
ovos	dúzia	3 sous	1658	unidade	1,3
bacalhau	unidade	8 sous	1658	unidade	43
sabão	libra (489,5 g)	10 sous	1658	kg	110
vinho	barrica (225 l)	19 libras	1658	litro	9
sal	boisseau (12,695 l)	1 libra e 10 sous	1658	kg	20
papel	mão (25 folhas)	1 sou	1658	folha	0,22
um cavalo com a sela	conjunto	51 libras	1692	conjunto	5.606
uma colmeia	conjunto	5 libras	1685	conjunto	584
velas	libra (489,5 g)	10 sous	1658	kg	110
carne de porco salgada	quintal (48,95 kg)	11 libras	1660	kg	23
carroça	unidade	18 libras	1677	unidade	1.948
"	unidade	11 libras	1677	unidade	1.191
tamancos	par	4 sous	1658	par	22

leito fechado de carvalho com roupa de cama (1)	conjunto	15 libras	1685	conjunto	1.753
luvas	par	14 sous	1658	par	76
fita preta	unidade	10 sous	1658	unidade	54
sapatos femininos	par	2 libras e 10 sous	1658	par	270
cama simples, com roupa de cama	conjunto	8 libras	1685	conjunto	935
mesa corrediça comprida com escabelo (2)	conjunto	5 libras	1685	conjunto	584
mesa corrediça de carvalho e faia (2)	unidade	3 libras e 10 sous	1685	unidade	409
arca de carvalho à moda antiga	unidade	6 libras	1685	unidade	701
panela de ferro para cozinhar castanhas	unidade	5 libras 12 sous	1658	unidade	605
sarja branca para vestidos	vara (1,188 m)	1 libra 5 sous	1658	metro	114
meias	par	1 libra	1658	par	108
confecção de par de sapatos	par	8 sous	1658	par	43
celeiro de cereais em carvalho	unidade	18 libras	1685	unidade	2.104
porte de uma carta de 20g	unidade	2 sous	1676	unidade	11
"	unidade	5 sous	1676	unidade	26

(1) Cama dentro de um móvel de madeira totalmente fechado, para maior privacidade
(2) Mesa com tampa corrediça, usada para guardar utensílios ou comida

Salários

Ofício	unidade	Preço	Ano	Unidade moderna	ñ
pedreiro	dia	12 sous	1695	dia	55
"	dia	14 sous	1695	dia	65
mestre carpinteiro	dia	15 sous	1695	dia	69
"	dia	18 sous	1695	dia	83
carpinteiro	dia	12 sous	1695	dia	55

serralheiro	dia	30 sous	1695	dia	139
tecelão	dia	12 sous	1695	dia	55
"	dia	15 sous	1695	dia	69
mineiro	dia	15 sous	1695	dia	69
"	dia	17 sous	1695	dia	79
condução de gado (90 km)	90 km	1 libra e 10 sous	1658	90 km	162
fazer feixes de lenha	22 centos	7 libras e 14 sous	1658	cento	832

Século XVIII

Os problemas financeiros da França se acentuaram no século XVIII, ao lutar contra a ascensão da Grã-Bretanha, cuja economia, movimentada pela Revolução Industrial e pela expansão colonial, era mais moderna e dinâmica. As tensões econômicas, agravadas no fim do século por problemas climáticos, desembocariam no fim do século na Revolução Francesa.

Em 1701, Luís XIV criou o *billet de monnoye* ("nota de moeda") como um instrumento de crédito equivalente aos modernos bônus do tesouro. As casas da moeda passaram a trocar um terço das moedas velhas trazidas para recunhagem por essas notas, reembolsáveis a prazo fixo e com 5% de juros anuais, medida logo imitada por principados alemães. O *escu* passou a ser equivalente a 5 libras, 100 *sous* ou 1.200 *deniers* em 1709. O velho *louis d'or*, de 6,75 gramas, flutuou de valor de 12½ a 15 libras de 1701 a 1709, quando começou a ser cunhada uma nova moeda de ouro conhecida como **louis au soleil**, com o peso de 8,16 gramas e valor nominal de 20 libras que, porém, veio a cair para até 14 libras em 1715.

Com a morte do Rei-Sol, Luís XV (r. 1715-1774) o sucedeu, sob a regência de Filipe de Orléans até 1723. Em 1716, com o tesouro endividado a ponto de não poder pagar os bônus emitidos, o banqueiro escocês John Law convenceu o regente a criar um *Banque Générale* e emitir papel-moeda segundo o modelo inglês. Entretanto, os inimigos de Law promoveram uma corrida bancária que em 1720 levou à falência o banco e desacreditou suas notas, retardando por muito tempo a aceitação do papel-moeda e a modernização do sistema bancário.

Após o fracasso do experimento de Law, uma reforma monetária procurou estabilizar a moeda. A libra (agora sem o adjetivo "tornesa", pois a libra *parisis* já fora esquecida) passou a ser constituída de 4,5052 gramas de prata pura. A moeda de prata antes chamada escu passou a ser um *double escu,* **escu neuf** ("escudo novo") ou **louis blanc** de 6 libras e conter 27 gramas de prata pura de 1726 a 1783. A partir da reforma ortográfica de 1740, passa-se a escrever *sou* em vez de *sol* e écu em vez de *escu*.

A moeda de ouro seguiu um caminho acidentado. O *louis d'or* foi cunhado com 8,09 gramas e valor de 20 libras em 1715; 12,24 gramas e 30 libras em 1715-1718; 9,79 gramas e valor flutuante de 36 a 63 libras de 1718 a 1720 e de 45 libras de 1720 a 1723; 6,53 gramas e valor flutuante de 16 a 27 libras de 1723 a 1725, para finalmente se estabilizar a partir de 1726 em 8,16 gramas, inicialmente com valor de 20 libras, mas ainda nesse ano fixado em 24 libras, valor com o qual permaneceria por várias décadas. Vale notar que nesse período houve uma equivalência aproximada entre as principais denominações francesas e britânicas, embora a libra britânica (como unidade de conta) valesse quase 23½ libras francesas.

Denominação	Equivalente Britânico aproximado	Valor em d	Peso em gramas	Valor em ñ c.1760
Moedas de conta (de prata)				
libra ou franco		240	-	72
denier		1		0,3
Moedas de ouro 91,7%				
double louis (48 libras)	2 guinéus	11.520	16,32	3.456
louis (24 libras)	guinéu	5.760	8,16	1.728
demi-louis (12 libras)	½ guinéu	2.880	4,08	864
Moedas de prata 91,7%				
écu neuf ou *louis blanc* (6 libras)	coroa	1.440	29,49	432
demi-écu (3 libras)	meia-coroa	720	14,74	216
1/5 écu (24 sous)	xelim	288	5,84	86
1/10 écu (12 sous)	*sixpence*	144	2,95	43
1/20 écu (6 sous)	*threepence*	72	1,47	22

Moedas de bolhão				
2 sous	penny	24	2,18	7,2
1 sou	half-penny	12	1,09	3,6
Moedas de cobre				
1 sou	half-penny	12	12,23	3,6
½ sou	farthing	6	6,11	1,8
liard	½ farthing	3	3,05	0,9

Luís XVI (r. 1774-1792) subiu ao trono com propósitos reformistas, mas em meio a dificuldades financeiras e muito ressentimento pelo despotismo de seu avô e antecessor Luís XV. A situação do erário foi complicada pelos gastos com o apoio à guerra de independência dos Estados Unidos da América e a competição com os britânicos pelo domínio da Ásia, e a inquietação popular foi agravada por uma crise climática que gerou uma série de colheitas desfavoráveis.

Em 1776, o ministro da Fazenda Turgot apoiou a criação de uma Caixa de Descontos (*Caisse d'escompte*) para facilitar o desconto de instrumentos de crédito e baixar os juros, inclusive da dívida pública. O capital seria de 15 milhões de libras, divididas em 5 mil ações de 3 mil libras. O ministro Jacques Necker, sucessor de Turgot, tentou convencer o rei a reformar os estatutos da Caixa para torná-la o equivalente do Banco da Inglaterra, sem sucesso. Na falta de normas sobre reservas, a instituição chegou perigosamente perto da falência.

Enquanto isso, a relação ouro/prata de 14,5:1 estimulava a exportação do ouro a outros países, como a Grã-Bretanha. Por isso, o *louis d'or* voltou a ser reduzido em 1785 para 7,65 gramas com o mesmo valor nominal de 24 libras, de modo a elevar essa relação para 15,5:1.

Em 1789, a convocação dos Estados Gerais pelo rei, que pretendia apenas obter autorização para reformas fiscais e políticas, deu oportunidade à rebelião dos representantes burgueses dos plebeus ou Terceiro Estado, apoiada por uma revolta popular das massas parisienses. Foi proclamada uma monarquia constitucional, mas a tentativa do rei de fugir do país e aliar-se a monarcas europeus contra o povo rebelado levou à proclamação da República em 1792 e à execução do monarca deposto no ano seguinte.

Revolução Francesa (1789-1800)

Na abertura dos Estados Gerais, em 5 de maio de 1789, a dívida pública girava entre 4 bilhões e 5 bilhões de libras (200 bilhões a 250 bilhões de ñ) e os cofres da Caixa de Descontos estavam vazios. O ministro da Fazenda Necker propôs emitir um "papel nacional" pela Caixa de Descontos para pagar a dívida pública, e Talleyrand sugeriu o confisco dos bens do clero para o bem dos cofres públicos. Este foi aprovado em novembro e proporcionou um alívio da ordem de 2 bilhões a 3 bilhões de libras às contas do Estado. Foi suspensa, a partir de agosto, a conversibilidade dos títulos da Caixa de Descontos, estimados em 70 milhões de libras, assim transformados em papel-moeda de curso forçado.

A venda dessas propriedades para a realização do valor, a ser administrada por uma Caixa Extraordinária (*caisse de l'Extraordinaire*), exigiria pelo menos um ano. Para cobrir as necessidades de caixa o governo emitiu títulos chamados *assignats* no valor correspondente, a serem usados para comprar os bens confiscados em poder do Estado. A Caixa de Descontos asseguraria os pagamentos.

A primeira emissão de *assignats*, em abril de 1790, teve um valor total de 400 milhões de libras em notas de mil (50 mil ñ), com juros de 20 *deniers* por dia ou 3% ao ano. Não foram inicialmente concebidos para servir como papel-moeda de uso geral, mas como títulos para investidores. Entretanto, o Estado passou a usá-los para pagar todas as suas despesas e tornar sua aceitação obrigatória. Necker, contrário ao seu uso como papel-moeda, demitiu-se em setembro. Em março de 1791, os próprios títulos da Caixa de Desconto foram transformados em *assignats*, que assim se tornaram o único papel-moeda em circulação. Ainda nesse ano, o governo proibiu as corporações de artesãos e qualquer coalizão de trabalhadores, sob pena de multa de 500 libras (25.000 ñ).

Entre 1790 e 1793, o *assignat* perdeu 60% do valor ante a moeda metálica pela emissão excessiva, embora continuasse a comprar bens confiscados pelo valor nominal. Foram emitidas cédulas de valor menor e mesmo "moedas" de papelão preso em cobre para as transações quotidianas. Entre 4 de janeiro de 1792 e 23 de maio de 1793 surgiram cédulas de 10 e 50 *sous* (½ a 2 ½ libras, equivalentes a 10 a 50 ñ) para suprir a falta de moedas metálicas e difundir o uso desse meio de pagamento, enquanto as maiores chegaram a 2 mil libras.

Em agosto de 1792, após uma violenta insurreição popular contra a monarquia, motivada pela guerra movida pela Áustria e Prússia para restaurar o absolutismo na França, foi eleita uma Convenção Nacional que tomou posse em setembro, aboliu a monarquia e fez guilhotinar Luís XVI em janeiro de 1793. Com o regime do "Terror" liderado por Robespierre, o comércio com metais preciosos foi proibido e a recusa a aceitar os *assignats* passou a ser passível de pena de morte. Seu valor foi momentaneamente recuperado de 30% para 50% do correspondente em prata, mas as despesas de guerra forçaram à sua emissão em quantidades cada vez maiores, superiores às do seu lastro em propriedades: 2,7 bilhões de libras em setembro de 1792, 5 bilhões em agosto de 1793, 8 bilhões no início de 1794. Apesar dos esforços do governo para tabelar preços e impor a aceitação do papel-moeda, seu valor efetivo havia voltado a cair para 30% da moeda metálica quando o golpe do Termidor (27 de julho de 1794) derrubou Robespierre e estabeleceu um governo moderado.

As emissões continuam a disparar, chegando a 10 bilhões em agosto de 1795 e 45 bilhões em janeiro de 1796. Em 1795, o governo conservador e burguês do Diretório revogou o tabelamento de preços e a inflação foi agravada pela falsificação de *assignats* pela Grã-Bretanha e outros inimigos da República nos Países-Baixos, Alemanha e Suíça, interessados em agravar a crise financeira.

A partir de 7 de janeiro de 1795, os *assignats* deixaram de ser emitidos em *sous* e *livres* para serem denominados na nova moeda chamada **franco**, equivalente à velha libra, mas dividida em 10 **décimos** (*décimes*) e 100 **cêntimos** (*centimes*) em vez de *sous, liards* e *deniers*, conforme a lei que instituiu o sistema decimal para moeda, pesos e medidas em abril de 1796. As emissões de 1795 incluíram cédulas de 100 a 10.000 francos, cujo valor efetivo no final do ano caíra para o equivalente a ½ a 50 libras metálicas (25 a 2.500 ñ).

Em março de 1796, o governo reconheceu o fracasso dos *assignats* e decidiu substituí-los por um novo título, a *promessa de mandato territorial* ou mandato (*mandat*) impresso em cores para dificultar a falsificação, a ser trocado na proporção de um franco de *mandat* por 30 de *assignats*. No mercado negro, porém, a relação era de 300 francos em *assignats* para um franco em metal, de modo que o novo papel-moeda já surgiu desvalorizado. Chegaram a ser impressos 514 milhões de francos em cédulas de 2 a 500 francos, mas essa moeda também se desvalorizou rapidamente e foi tirada de circulação em fevereiro de 1797, quando as vitórias militares dos franceses possibilitaram recolocar 45 milhões de francos metálicos em circulação. Cem libras em *mandats* foram trocadas, então, por vinte *sous* ou um **franco** de moeda metálica.

O franco metálico foi definido como cinco gramas de prata a 90% ou 4,5 gramas de prata pura, 99,89% da libra francesa desde a reforma de 1726 (4,50516 gramas). Entretanto, a lei de abril de 1796 decretou que a nova peça de 5 francos fosse aceita por 5 libras, 1 *sou* e 3 *deniers*, ou seja, 1.215 *deniers*, portanto o franco entrou em circulação com o valor de 243 *deniers*, ou 101,25% do valor da libra. O deságio de 1,34% sobre a moeda antiga era razoável, considerando o desgaste e um peso médio efetivo 7% abaixo do teórico. As velhas moedas de um *sou* e dois *sous* continuaram a circular, o que causou confusão com a primeira emissão de novas moedas – de menor peso em relação ao valor – e tornou necessária sua substituição por moedas de bronze de módulo maior.

Denominação	Valor em francos	Peso em gramas (1795)	Peso em gramas (1796)	Valor em ñ c.1796
Moedas de prata 90%				
5 francos	5	25,00	25,00	250
2 francos (*)	2	10,00	10,00	100
1 franco (*)	1	5,00	5,00	50
Moedas de bolhão				
10 cêntimos (peça antiga de 2 sous)	0,10	2,18	2,18	5
Moedas de cobre				
5 cêntimos (peça antiga de 1 sou)	0,05	12,23	12,23	2,5
Moedas de bronze				
2 décimos = 4 *sous*	0,20	20,00		10
1 décimo = 2 *sous*	0,10	10,00	20,00	5
5 cêntimos = 1 *sou*	0,05	5,00	10,00	2,5
2 cêntimos (*)	0,02	2,00		1
1 cêntimo	0,01	1,00	(*) 2,00	0,5

(*) autorizadas por lei, mas não cunhadas

Novas cédulas comerciais começavam a ser então emitidas pela Caixa das Contas Correntes (1796) e Caixa de Desconto do Comércio (1797), entidades depois absorvidas pelo Banco da França.

Sacro Império Romano
e Prússia

Desde a dissolução do Império Carolíngio, os sistemas monetários dos ducados, condados, bispados e cidades-estado do Sacro Império Romano começaram a divergir, conforme suas diferentes histórias econômicas e militares. Não se consolidou uma autoridade monárquica capaz de se sobrepor aos senhores feudais e voltar gradualmente a impor a centralização política e um sistema monetário unificado. Pelo contrário, a autoridade do imperador se diluiu ainda mais depois do fim da dinastia Hohenstaufen, em 1250.

Em 1452, Frederico III dos Habsburgos, arquiduque da Áustria, foi eleito imperador. A partir de então a coroa imperial se tornou, na prática, hereditária, sob o controle daquela que se tornaria a dinastia mais poderosa do império. Entretanto, os Habsburgos se concentraram em expandir seus próprios territórios e não em tentar restaurar a autoridade imperial sobre seus vassalos formais. Além disso, a anexação da Provença pela França em 1483 e as duas Guerras Italianas, de 1494-1498 e 1499-1504, resultaram no domínio francês da Saboia e norte da Itália e reduziram o Sacro Império Romano quase que só a regiões de língua alemã e tcheca.

O surgimento do Gulden e do Thaler

Desde sua incorporação aos domínios Habsburgos em 1363, a abundância de prata no Tirol fazia de sua moeda a base do meio circulante da Áustria. Tradicionalmente, sua principal peça, derivada dos grossos italianos, era o *Kreuzer* ("cruzado", pelo desenho de uma cruz) que valia quatro *Pfennigen* vienenses. Entretanto, no século XV, a descoberta de um novo veio de prata tirolês, o mais rico da Europa, estimulou a cunhagem de uma série de moedas de prata cada vez maiores. Em fins dos anos 1470 e início dos 1480, surgiram *Groschen* ("grossos") de 4 e 6 *Kreuzers* de prata a 93,75%, em 1484, a moeda de 30 *Kreuzers* e, em 1486, uma peça de 60 *Kreuzers* com o peso sem precedentes de 31,93 gramas (uma onça ou um oitavo de marco do Tirol de 255,44 gramas), chamada *Guldengroschen* ("grosso-florim" ou "grosso-áureo") por ser equivalente à moeda de ouro conhecida como *Gulden* (florim, literalmente "áureo").

Denominação	Valor em Kreuzer	Peso em gramas	Valor em ñ c. 1490
Moedas de ouro 77%			
Goldgulden	60	3,44	1.800
Moedas de prata 93,75%			
Guldengroschen ou *Guldiner*	60	31,93	1.800
Halber Guldengroschen ou *Halbguldiner*	30	15,97	900
Pfunder	12	6,39	360
Halbstück ou *Sechser*	6	3,19	180
Moedas de prata 43,7%			
Kreuzer	1	1,14	30
Moedas de bolhão			
Pfennig	¼	0,4	7,5
Heller	1/8	0,2	3,75

Moedas equivalentes, chamadas *Guldiner*, foram cunhadas em Berna em 1493 e na Hungria em 1500. Moedas de tamanho semelhante foram chamadas *Dukaton* na Suíça e *Dukaton* nos Países-Baixos. O *Guldengroschen* também veio a ser abreviado como *Gulden* e a moeda de ouro propriamente dita veio a ser chamada em alemão e holandês *Goldgulden* ("florim", mas literalmente "áureo de ouro"), pleonasmo necessário pela existência do *Gulden* de prata.

Entretanto, esse peso ajustava-se mal ao marco de Colônia de 233,856 gramas, que era a unidade de peso mais usada no Sacro Império Romano e na Europa. Em 1500, a Saxônia cunhou um *Guldengroschen* com o valor de 24 *Groschen* locais e peso de 29,23 gramas de prata 93,75%, ou um oitavo de marco de Colônia. Em 1518 a casa da moeda de Sankt Joachimsthal ("Vale de São Joaquim", hoje Jáchymov), na

Boêmia, passou a cunhar também uma moeda com peso de um oitavo de marco de Colônia de prata 93,05% que ficou conhecida como *Joachimsthaler Guldiner*, depois abreviado como *Thaler*, palavra da qual derivam os nomes do dáler *(daalder)* holandês, do *daler* sueco e do dólar *(dollar)* das colônias britânicas, depois Estados Unidos.

Seguida pelo peso espanhol de 8 *reales*, com quase o mesmo conteúdo de prata pura e cunhado em massa graças à prata ainda mais abundante das Américas, essas grandes moedas de prata suplementaram as escassas moedas de ouro e proporcionaram a expansão de meio circulante de que o nascente capitalismo mercantil necessitava no início da Idade Moderna. O extremo desse desenvolvimento foi atingido no fim do século XVI e início do XVII com os táleres múltiplos chamados **Schauthaler** ("táler de ostentação") ou **Löser**, abreviação de **Portugalöser**, nome dado em alemão ao "português" de ouro de dez cruzados cunhado por D. Manuel I e sua imitação por moedas de dez ducados de Hamburgo, que essas enormes moedas de prata visavam igualar em valor para servirem ao comércio exterior e entesouramento. Foram inicialmente cunhadas a partir de 1574 pelo Duque Julius de Brunswick-Wolfenbüttel para ostentar a riqueza em prata de seu Estado, com o valor nominal de 10 *Reichsthaler* (290 gramas) apesar de seu conteúdo em prata equivaler a "apenas" nove. Também vieram a ser cunhados *Lösers* de 1½, 2, 2½, 3, 4, 5, 6, 8 e até 16 táleres. Um *Löser* de 16 táleres de 1588 pesava 462 gramas (dois marcos de Colônia) e tinha 72 mm de diâmetro. Outro, de 5 táleres de 1609, pesava 144,2 gramas e tinha 81 mm de diâmetro. O nome genérico de *Löser* veio depois a ser dado a toda moeda alemã de prata maior que um táler.

Em 1500, tentou-se racionalizar as relações entre o Império centrado em Viena e seus vassalos por meio de uma reforma administrativa. Foi criada uma Suprema Corte e os cerca de 1.800 pequenos estados com diferentes graus de autonomia foram reunidos em seis "círculos imperiais" para fins de organização da defesa e da coleta de impostos. Em 1512, uma reforma complementar reorganizou em dez círculos o território que oficialmente passou a se denominar Sacro Império Romano da Nação Germânica, em função da germanização resultante da redução do território e em contraposição às pretensões dos reis da França de disputarem o trono imperial.

Em 1521, os domínios dos Habsburgos e, consequentemente, o trono imperial foram herdados por Carlos V, que já reinava sobre a Espanha e a Borgonha. A concentração sem precedentes de poder em suas mãos e o receio de perda de autonomia para um Império centralizado estimulou muitos príncipes alemães a aderir ao movimento luterano fundado em 1517 para justificar sua rebelião contra um imperador apoiado pela Igreja Católica. Carlos V passou seu reinado combatendo as forças que se uniram contra sua pretensão à hegemonia sem conseguir submeter os príncipes rebelados. Também tentou, em 1524, criar um padrão monetário comum baseado em um **Reichsguldiner** de um oitavo de marco de Colônia de prata a 93,75%, sem sucesso.

Em 1534, a Saxônia reduziu o teor de prata de seu Guldiner para 90,3%, e, dois anos depois, a Boêmia fez o mesmo. Essas medidas tornaram o *Thaler* distinto do antigo *Guldiner*.

Em 1551, uma nova tentativa de criar um padrão unificado introduziu um **Kreuzer** com conteúdo de 0,381 g de prata pura como padrão para a pequena cunhagem de prata, sendo 72 *Kreuzer* equivalentes a um *Reichsguldiner* de prata ou a um *Reichsgoldgulden* de ouro. O *Guldiner* seria cunhado com 31,18 g de prata 88,2%, de modo que 8½ peças contivessem um marco de Colônia de prata pura. Paralelamente, usava-se em Frankfurt e outras praças um *Gulden* de conta de 60 *Kreuzer*.

Denominação	Valor em Kreuzer	Peso em gramas	Valor em ñ c. 1555
Moedas de conta			
Gulden	60	–	900
Moedas de ouro 77%			
Reichsgoldgulden	72	3,248	1.080
Moedas de prata 88,2%			
Reichsguldiner	72	31,18	1.080
Moedas de bolhão			
Kreuzer	1	1,14	15

Em 1555, Carlos V aceitou a Paz de Augsburgo, que consagrou a divisão do império entre catolicismo e luteranismo e preservou a autonomia dos príncipes alemães. Abdicou em seguida, legando seus domínios espanhóis a Filipe I e a Áustria e o império a Fernando I. As guerras religiosas também tiveram o efeito colateral de aumentar ainda mais a divergência monetária entre os principados, que, para atender aos gastos militares, recorreram à quebra de moeda em diferentes proporções conforme suas necessidades.

Nos anos seguintes o ouro se valorizou em relação à prata e, em 1559, Fernando I aboliu a paridade oficial. O *Gulden* de ouro passou a ser cotado em 75 *Kreuzer* e o **ducado** (***Dukat***) foi introduzido como uma moeda de ouro adicional, com valor de 104 *Kreuzer*. Um novo *Reichsgulden* menor, de 60 Kreuzer, foi introduzido.

Denominação	Valor em Kreuzer	Peso em gramas	Valor em ñ c. 1560
Moedas de conta			
Gulden	60	–	900
Moedas de ouro 98,6%			
Dukat (ducado)	104	3,53	1.560
Moedas de ouro 77%			
Reichsgoldgulden	75	3,248	1.125
Moedas de prata 93,055%			
Reichsgulden	60	24,36	900
Moedas de bolhão			
Kreuzer	1	1,14	15

O Reichsthaler imperial (1566-1750)

Em 1566, a Dieta reconheceu o *Reichsthaler* ("táler imperial" de 29,23 gramas de prata ou 1/8 de marco a 88,9%, contendo 25,98 gramas de prata pura ou 1/9 de marco), baseado na moeda da Saxônia e avaliado em 68 *Kreuzers*, como a moeda oficial do império, apesar de moedas locais continuarem a ser cunhadas. Em Lübeck, o Reichsthaler equivalia a 27½ schillings, sendo um marco equivalente a 16 schillings. Em Kleve-Jülich-Berg, equivalia a 52 Albus.

Denominação	Valor em Kreuzer	Peso em gramas	Valor em ñ c. 1570
Moedas de conta			
Gulden	60	–	900
Moedas de ouro 98,6%			
Ducado (*Dukat*)	104	3,53	1.560
Moedas de ouro 77%			
Reichsgoldgulden	75	3,248	1.125

Moedas de prata 88,9%			
Reichsthaler	68	29,23	1.020
Moedas de bolhão			
Kreuzer	1	1,14	15

O valor do *Reichsthaler* em *Kreuzers* aumentou gradualmente com o tempo à medida que a moeda menor foi degradada, mas seu peso e teor continuaram estáveis, e ele permaneceu em uso até 1754. Teve aceitação internacional e serviu de referência às moedas locais. Foi denominado *Rigsdaler* or *Riksdaler* na Escandinávia, *Rijksdaalder* nos Países-Baixos e rixdáler no Brasil holandês. No norte da Alemanha, o mesmo padrão foi também chamado *Speciesthaler,* "táler de cara", *Speziestaler* na grafia moderna, por ter o busto de um governante no anverso.

Em 1581, iniciou-se a rebelião dos Países-Baixos contra a Espanha, e em 1583-1588 eclodiu a Guerra de Colônia, deflagrada pela conversão do arcebispo de Colônia ao protestantismo, na qual intervieram holandeses e espanhóis.

Por volta de 1600, Albrecht VII, governador austríaco dos Países-Baixos, introduziu nessa região o chamado *Albertusthaler* ou *Kreuzthaler,* conhecido em francês como **thaler à croix bourguignon** (táler da cruz de Borgonha) e popularmente como **patagon**, nome derivado do castelhano **patacón** (peso). Um pouco menor que o *Reichsthaler,* continha 24,65 gramas de prata pura (9½ por marco) e veio a ser cunhado também no principado de Liège e nos Países-Baixos holandeses, onde foi chamado *Silberdukat.* Dali se espalhou pelo comércio internacional para o norte da Alemanha e costas do Báltico. Foram cunhados também meios, quartos e oitavos de *patagon,* estes últimos equivalentes a um *escalin* (schelling ou xelim). O *patagon* valia 48 *sous, patards* ou *stuivers,* por sua vez subdivididos em 4 *liards,* e equivalia a 2,4 florins holandeses.

Em 1619, a cidade livre hanseática de Hamburgo fundou um banco seguindo o modelo do Banco de Amsterdã. Aceitava muitas diferentes moedas correntes e as contabilizava em uma moeda escritural única, o **Banco-Thaler** (*Bankotaler* na grafia moderna). Era inicialmente equivalente ao *Reichsthaler,* mas depois foi equiparado ao ligeiramente menor *rijksdaalder* holandês e passou a 9¼ táleres por marco ou 25,3 gramas de prata pura. Na Dinamarca, a moeda de 28,89 gramas a 87,5% (também 1/9,25 marco de prata pura), foi chamada *Speciesdaler* a partir de 1619 e *Species* em 1776.

Em 1618, os protestantes da Boêmia revoltaram-se contra os Habsburgos e ofereceram o trono ao príncipe protestante do Palatinado, que o aceitou. Foi o início da Guerra dos 30 Anos, que devastou a Alemanha e desintegrou a autoridade imperial. O imperador Fernando II (r. 1619-1637) derrotou a rebelião e seus aliados católicos da Baviera anexaram o Palatinado, que não foi apoiado pela maioria dos demais príncipes protestantes. Entretanto, a tentativa imperial de impor o catolicismo e forçar a devolução das expropriações da reforma luterana à Igreja Católica uniu novamente os protestantes contra Fernando e abriu caminho à intervenção da Dinamarca, Suécia e França.

O início da guerra, de 1621 a 1623, foi marcado por quebra generalizada dos padrões monetários para financiar os gastos militares, acompanhada por falsificações em massa de moedas de outros territórios. Esse período inflacionário foi chamado *Kipper und Wipperzeit*, "tempo de cerceio e pesagem", referência à apara (*Kippen*) de metal das bordas e uso de balanças (*Wippe*) nas fraudes. Na Áustria, a proporção de 90 *Kreuzer* por *Reichsthaler* subiu para 600 ou mais no final do período, antes de nova cunhagem restaurar a proporção anterior.

Período	Kreuzer por Ducado	Kreuzer por Reichsthaler	Poder aquisitivo em ñ (Viena) Reichsthaler	Kreuzer
1566	104	68	1.029	15,1
1582	105	68	866	12,7
1590	n/d	70	768	11,0
1596-1600	116	72	588	8,2
1605	124	75	678	9,0
1610/11	140	84	589	7,0
1616/17	150	90	580	6,4
1618	152	92	578	6,3
fim de 1619	n/d	124	578	4,7
1620	194	128	604	4,7
jan/1621	210	140	566	4,0
fim de 1621	n/d	390	592	1,5
fev/1622	960	600 (*)	581	1,0
abr/1623	140	90	546	6,1
mai/1624	150	90		

(*) Localmente, até mais de 1.000.

Além de formalizar a independência dos Países-Baixos e da Suíça, a Paz de Westfália de 1648, ao encerrar a guerra, conferiu a soberania a cerca de 360 vassalos do imperador para quase todos os efeitos. O Sacro Império passou a ser uma organização comparável à ONU ou Liga Árabe modernas e a Dieta Imperial em Ratisbona (*Regensburg*, na atual Baviera) e uma conferência de diplomatas. Ali votavam mais de 100 principados, bispados e grandes abadias; mais de 50 cidades-estados tinham voto consultivo. Além disso, mais de 100 pequenos condados e pequenas abadias partilhavam seis votos, e cerca de 400 "cavaleiros imperiais" possuíam 1.500 pequenos territórios soberanos sem voto. Embora houvesse algumas uniões monetárias regionais, o Sacro Império tinha então 170 sistemas monetários independentes.

Na primeira metade do século XVII, a concorrência da prata trazida das Américas pela Espanha e as guerras resultaram no fechamento de muitas das minas de prata do Sacro Império, então as maiores e mais ricas da Europa. Em consequência, reduziu-se a cunhagem de táleres, substituídos em grande parte por moedas contábeis como o *Banco-Thaler* ou por moedas estrangeiras como o *Philippsthaler* cunhado pelo rei espanhol Filipe II nos Países-Baixos e o *escu blanc* ou *louis d'argent* francês, cujo conteúdo de prata era semelhante ao *Banco-Thaler*. Esse padrão de 9¼ por marco de prata pura acabou por se generalizar como *Speciesthaler* e substituir o *Reichsthaler* no Sacro Império, inclusive nas cunhagens da Áustria, onde a partir de 1659 passou-se a cunhar o táler com 28,82 gramas de prata a 87,5%.

Outro período de desvalorização generalizada, mas menos intensa, de 1675 a 1690, foi chamado *Kleine Kipperzeit*, "tempo do pequeno cerceio", iniciando-se no norte da Alemanha para depois atingir a Áustria, a Hungria e a Polônia.

A Áustria ainda liderava como o maior Estado, ampliado ainda mais pela conquista da Hungria e da Eslavônia, tomadas dos otomanos em 1699, e pela transferência dos Países-Baixos espanhóis (atual Bélgica) para o seu controle em 1705, em consequência da Guerra da Sucessão Espanhola. Em consequência do novo ciclo de quebras de sua moeda divisionária, o táler aumentou de 90 para 120 Kreuzer, como indica a seguinte tabela:

Período	Kreuzer por Reichsthaler	Poder aquisitivo em ñ (Viena)	
		Reichsthaler	Kreuzer
1629	90	556	6,2
1659	93	652	7,0
1693	105	669	6,4
1694	120	669	5,6

Valores das moedas austríacas no século XVII:

Denominação	Valor em Kreuzer		Peso em gramas		Valor em ñ	
	1629	1694	1629	1694	1629	1694
Moedas de ouro 98,6%						
20 ducados	3.000	4.800	69,80	69,80	18.600	26.880
10 ducados	1.500	2.400	34,90	34,90	9.300	13.440
6 ducados	900	1.440	20,94	20,94	5.580	8.064
5 ducados	750	1.200	17,45	17,45	4.650	6.720
4 ducados	600	960	13,96	13,96	3.720	5.376
2 ducados	300	480	6,98	6,98	1.860	2.688
ducado	150	240	3,49	3,49	930	1.344
1/4 ducado	37,5	60	0,87	0,87	233	336
Moedas de prata 88,89% / 87,5%						
5 *Thaler*	900	-	146,16	-	5.580	-
4 *Thaler*	360	-	116,93	-	2.232	-
3 *Thaler*	270	-	87,70	-	1.674	-
2 *Thaler*	180	240	58,46	57,64	1.116	1.344
Reichsthaler / Speziesthaler	90	120	29,23	28,82	558	672
1/2 *Thaler* = Gulden (Florim)	45	60	14,62	14,41	279	336
1/4 *Thaler (Schilling)*	22,5	30	7,31	7,21	140	168
Moedas de prata 40%-62,5%						
15 *Kreuzer* (5 Groschen)	15	15	6,88	6,88	93	84
1/10 *Thaler*	-	12	4,23	4,23	-	67
10 *Kreuzer*	10	10	4,09	4,09	62	56

6 Kreuzer (Sechser)	6	6	3,03	3,03	37	34
4 Kreuzer (Batzen)	4	-	1,90	-	25	-
3 Kreuzer (Groschen)	3	3	1,13	1,13	19	17
2 Kreuzer (Halbbatzen)	2	-	0,90	-	12	-
Moedas de bolhão						
Kreuzer (9,4%)	1	1	0,65	0,65	6,2	5,6
3 Pfennig (Groschel)	¾	¾	0,58	0,58	4,7	4,2
2 Pfennig (Halberkreuzer)	½	½	0,45	0,45	3,1	2,8
Pfennig	¼	¼	0,32	0,32	1,6	1,4

A ascensão da Prússia e a Convenção de Leipzig

Enquanto o Sacro Império se desintegrava, iniciava-se a ascensão da Prússia. O ducado da Prússia, com capital em Königsberg, surgira fora dos limites imperiais em 1525 com a conversão dos Cavaleiros Teutônicos ao luteranismo e a transformação de seu grão-mestre em duque protestante vassalo da Polônia. Em 1618, o casamento de sua herdeira com o Margrave de Brandemburgo, um dos príncipes eleitores do Império, criou uma união dinástica.

Brandemburgo-Prússia foi a princípio um Estado relativamente fraco, invadido várias vezes durante a Guerra dos 30 Anos. O eleitor Frederico Guilherme (r. 1640-1688) começou a construção do poder prussiano, ao reformar o exército, vencer os suecos e transformá-los em aliados, anexar a Pomerânia, obter a emancipação da Prússia da vassalagem à Polônia em 1660 e reorganizar seus territórios como uma monarquia absoluta e centralizada. Seu filho e sucessor Frederico III (r. 1688-1713) proclamou-se rei da Prússia em 1701. Embora o título real se referisse apenas ao território do antigo ducado, o nome de "Prússia" passou a ser aplicado ao conjunto de seus domínios, na maior parte localizados dentro do Sacro Império e com capital em Berlim, no Brandemburgo. O "rei-soldado" Frederico Guilherme I (r. 1713-1740) criou a burocracia e o exército profissionais mais eficientes da Europa.

Em 1667, um acordo feito na Abadia de Zinna entre a Saxônia e Brandemburgo, ao qual aderiu Brunsvique (Braunschweig-Lüneburg) no ano seguinte, reduziu o táler nesses Estados para 25,1 g, mantendo o teor de 88,9%, de modo que seu "padrão de Zinna" passou a ser de 10½ táleres por marco de Colônia. Esse táler ficou conhecido como *Thaler Courant*, em alemão moderno *Kuranttaler* ("táler corrente"), geralmente dividido em 24 *Groschen* e 288 *Pfennig*. Na prática, foi cunhado apenas como moeda comemorativa e a unidade usual passou a ser a moeda de 2/3 de táler, chamada gulden ou florim.

Padrão monetário de Zinna

Denominação	Valor em Pfennig	Peso em gramas	Valor em ñ c. 1680 (*)	
			Viena	Leipzig
Moeda de conta				
Reichsspeziesthaler	336	29,2	739	588
Moedas de prata 88,89%				
Thaler Courant ou *Kuranttaler*	288	25,1	634	504
2/3 *Thaler Courant*	192	16,7	422	336
Moedas de prata 76,04%				
1/3 *Thaler Courant* ou 8 *Groschen*	96	9,74	211	168
1/6 *Thaler Courant* ou 4 *Groschen*	48	4,87	106	84
Moedas de bolhão				
Groschen (46,5%)	12	1,99	26	21
Dreier (25%)	3	0,9	6,6	5,25
Pfennig (20,5%)	1	0,35	2,2	1,75

Em 1687, o Brandemburgo adotou unilateralmente um táler de 19,488 gramas de prata pura, ou 12 táleres por marco de Colônia. Em 1690, novo acordo entre os Estados que haviam aderido ao padrão de Zinna, conhecido como Convenção Monetária de Leipzig, generalizou o padrão de origem prussiana. O novo florim a 18 por marco era convenientemente equivalente a meio *Reichsthaler* e 60 *Kreuzer* austríacos (portanto, um *Kreuzer* equivalia a 3,2 *Pfennige*).

Esse padrão se espalhou por muitos outros Estados alemães e chegou, em 1738, a ter o reconhecimento imperial. Em alguns Estados que aderiram a essa convenção, adotou-se uma divisão do novo *Kuranttaler* em 24 *Groschen* e em outros, em 36 *Groschen*. O *Groschen* de menor valor, adotado na Baixa Saxônia (inclusive Brunsvique) e Westfália, tinha desde o século XVI a imagem de

Maria no anverso e era por isso conhecido como **Mariengroschen**. Para distinguir-se dele, o *Groschen* maior ficou conhecido como **Gute Groschen** ("Groschen bom"). Em Lübeck, o Thaler Courant foi dividido em 48 *Schillings*, cada um equivalente a 6 *Pfennige*.

Padrão de Leipzig

Denominação	Valor em Pfennig	Peso em gramas	Valor em ñ c. 1694 Viena	Leipzig
Moedas de prata 88,9%				
Reichsspeziesthaler	384	29,23	691	553
Moedas de prata 99,3% (Brunsvique)				
Thaler Courant	288	19,62	518	415
24 *Mariengroschen*	192	13,08	346	276
12 *Mariengroschen*	96	6,54	173	138
6 *Mariengroschen*	48	3,27	86	69
Moedas de prata 94,4% (Saxônia)				
Thaler Courant	288	20,63	518	415
Gulden ou florim (2/3 *Thaler Courant*)	192	13,76	346	276
Meio *Gulden* ou 1/3 *Thaler Courant*	96	6,88	173	138
Quarto de *Gulden* ou 1/6 *Thaler Courant*,	48	3,44	86	69
Moedas de prata 75% (Brandemburgo-Prússia)				
Thaler Courant	288	25,98	518	415
Gulden ou florim (2/3 *Thaler Courant*)	192	17,32	346	276
Meio *Gulden*, 1/3 *Thaler Courant* ou 8 *Groschen*	96	8,66	173	138
Quarto de *Gulden*, 1/6 *Thaler Courant*, ou 4 *Groschen*	48	4,33	86	69
Moedas de bolhão (Brunsvique)				
3 *Mariengroschen* (50%)	24	3,15	43	35
2 *Mariengroschen* (50%)	16	2,10	29	23
Mariengroschen (36,11%)	8	1,44	14	12
6 *Pfennig* (25%)	6	1,50	10,8	8,6
4 *Pfennig* (25%)	4	1,00	7,2	5,8

3 Pfennig (25%)	3	0,75	5,4	4,3
Pfennig (18,75%)	1	0,33	1,8	1,4
Moedas de bolhão (Saxônia e Brandemburgo-Prússia)				
Doppelgroschen (43,75%)	24	3,60	43	35
Gute Groschen (39,24%)	12	1,99	22	17
Sechser (34,02%)	6	1,10	10,8	8,6
Dreier (21,53%)	3	0,87	5,4	4,3
Pfennig (17,71%)	1	0,35	1,8	1,4

Em 1713, o imperador Carlos VI promulgou o édito conhecido como "Pragmática Sanção", para permitir que as possessões dos Habsburgos pudessem ser herdadas por uma mulher, contrariando a tradição germânica. Em 1740, efetivamente as legou à filha Maria Teresa (r. 1740-1780). A legitimidade da sucessão foi contestada por outros pretendentes, inclusive o duque da Baviera, e o novo rei da Prússia, Frederico II (r. 1740-1786), aproveitou-se da aparente fraqueza da rainha para invadir e anexar a Silésia. Iniciou-se a Guerra da Sucessão Austríaca, na qual intervieram também os Países-Baixos, a França, a Espanha, a Grã-Bretanha e a Rússia. Ao fim da guerra, em 1748, Maria Teresa foi confirmada herdeira e seu marido Francisco I (e depois o filho José II) Imperador, mas a Áustria perdeu a Silésia para a Prússia e Parma para a Espanha. A Prússia foi reconhecida como grande potência militar europeia e o restante do século XVIII foi marcado pela rivalidade entre Prússia e Áustria, embora ambos participassem, juntamente com a Rússia, da partilha da Polônia.

O Reichsthaler prussiano e o Conventionsthaler austríaco (1750-1800)

A rivalidade entre os dois maiores Estados alemães resultou no fim do antigo Reichsthaler e na divisão dos padrões monetários do Sacro Império.

A Prússia e seus satélites adotaram em 1750 um novo *Reichsthaler* ou "táler imperial" com o mesmo nome da antiga moeda do Sacro Império Romano em desafio à corte imperial da Áustria, mas com peso de apenas

22,272 gramas de prata a 75% ou 16,7 gramas de prata pura, de modo que continha 14 táleres por marco de prata pura. Esse *Reichsthaler* equivalia a 1½ *Gulden*, 24 *Gutegroschen* ou 288 *Pfennige*. A pistola ou **Frederick d'or** (**Friedrichsdor** em alemão), também chamada **August d'or** ("augusto de ouro"), continha 6,682 gramas de ouro a 90,6% (21 quilates e 3/4) equivalia teoricamente a 5 táleres prussianos, mas na prática seu valor dependia da flutuação dos preços relativos da prata e do ouro, assim como o ducado, cunhado para o comércio exterior.

Denominação	Valor em Pfenning	Peso em gramas	Valor em ñ c. 1760
Moedas de ouro 90,6% (*)			
2 *Friedrichsdor*	2.880	13,364	4.500
Friedrichsdor ou pistola	1.440	6,682	2.250
1/2 *Friedrichsdor*	720	3,341	1.125
Moedas de ouro 97,9%			
Ducado (para comércio exterior)	768	3,452	1.200
Moedas de prata 75%			
Reichsthaler	288	22,272	450
1/2 *Thaler*	144	11,136	225
1/4 *Thaler*	72	5,568	112,5
Moedas de prata 66,7%			
Gulden (1796)	192	16,704	300
1/3 *Thaler* (8 *Groschen*)	96	8,352	150
Moedas de prata 52,1%			
1/6 *Thaler* (4 *Groschen*)	48	5,345	75
Moedas de bolhão 43,7%			
1/12 *Thaler* (*Doppelgroschen*)	24	3,34	37,5
Moedas de bolhão			
1/24 *Thaler* (*Groschen* ou *Gutegroschen*)	12	2,07	18,8
1/48 *Thaler* (*Schilling*)	6	0,97	9,4
3 *Pfenninge* (*Dreier* ou *Ternar*)	3	0,78	4,7
Pfenning	1	0,65	1,6

(*) reduzido para 90,3% (21 quilates e 2/3) em 1770

Após a dedução dos custos do pão (1½ libra por dia) e uniforme, um soldado prussiano recebia um *Reichsthaler* e oito *Groschen* por mês. A peça de 8 *Groschen* ficou particularmente conhecida durante a Guerra dos Sete Anos (1756-1763) por corresponder ao soldo semanal líquido de um soldado prussiano. Um oficial subalterno ganhava 9 a 13 táleres por mês e um capitão (comandante de companhia), cerca de 30 táleres. Uma refeição com bebida custava 2 *Groschen* (36 ñ).

O financiamento da guerra resultou em mais um ciclo de quebra de padrões monetários, chamado às vezes *Dritter Kipperzeit* ("terceiro tempo de cerceio"). Frederico II fez cunhar moedas de 3, 6 e principalmente 8 *Groschen* com teor de prata reduzido; teve a ajuda de Veitel Heine Ephraim, banqueiro judeu da corte, e por isso as moedas foram chamadas "efraimitas" (*Ephraimiten*). A prática foi estendida ao *Tympf* (moeda polonesa), aos 8 *Groschen* da Saxônia e à moeda de 1/6 *Thaler* e ao *Friedrichsdor*. Depois que a fraude foi descoberta, as moedas "efraimitas" de 8 *Groschen* passaram a valer apenas 3 *Groschen* e os *Friedrichsdor* "efraimitas" passaram a 3 *Thaler*, 21 *Groschen* e 6 *Pfenninge* (1.122 *Pfenninge*, ou 77,9% do valor nominal).

Alguns dos estados que adotavam o *Reichsthaler* como unidade adotavam outras subdivisões. Um *Reichsthaler* equivalia a 36 *Mariengroschen* (12 ñ cada um) na Baixa Saxônia e Westfália, a 48 **Marck** (9 ñ) em Aquisgrano (*Aachen*), a 54 **Stuber** (8 ñ) na Frísia Oriental, a 60 *Stuber* (7,2 ñ) em Wied, Kleve e outros estados, a 72 *Kreuzer* (6 ñ) em Wied, a 288 **Schwaren** (1,5 ñ) em vários estados e a 480 **Duit** (0,9 ñ) em Kleve.

A Áustria desvalorizou o *Kreuzer* para fazer frente às despesas da guerra, de modo que um *Reichsthaler* passou a valer 133⅓ *Kreuzer*. Áustria e Baviera adotaram por convenção de 1753 uma nova moeda denominada *Konventionstaler* (**Conventionsthaler**, na grafia da época) com 28,0668 gramas de prata a 83,33%, ou 10 táleres por marco de prata pura e valor de 120 *Kreuzer* reduzidos, adotada também por outros Estados do Círculo Bávaro, Saxônia e sul da Alemanha. Portanto, um *Conventionsthaler* austríaco equivalia a 1,4 *Reichsthalers* prussianos.

Conventionsthalers cunhados pela Áustria no século 18, com a efígie da imperatriz Maria Teresa, tornaram-se uma moeda de ampla circulação internacional, principalmente no Oriente Médio e África do Norte. Foram chamados de *riyal* em árabe e *bir*, na Etiópia, onde complementaram ou substituíram os pesos da decadente Espanha.

A moeda de uso mais geral na contabilidade e como referência de preços era, porém, o **Gulden** ou florim (representado por fl.), equivalente a meio *Conventionsthaler*, que se tornou a moeda padrão da Áustria e do sul da Alemanha.

O valor do ducado, anteriormente fixado em 240 Kreuzer ou dois táleres, foi reajustado devido à variação dos preços relativos do ouro e da prata. Em 1750, passou a 250 Kreuzer (4 *Gulden* e 10 *Kreuzer*) e em 1786, a 270 *Kreuzer* (4½ *Gulden*)

Na Baviera, o *Conventionsthaler* dividia-se em 2 *Gulden*, 36 *Batzen*, 144 *Kreuzer*, 576 *Pfennig* e 1.152 *Heller*. Além do ducado, a Baviera cunhava o *Maximilian d'or*, moeda do tipo "pistola" de 6,65 gramas de ouro 90%, com valor de 500 *Kreuzer* bávaros, ou cerca de 2.080 ñ.

Denominação	Valor em Kreuzer	Peso em gramas	Valor em ñ c. 1760
Moedas de ouro 98,6%			
6 ducados	1.500	20,95	7.500
5 ducados	1.250	17,45	6.250
2 ducados	500	6,98	2.500
ducado	250	3,49	1.250
1/4 ducado	62,5	0,87	313
Moedas de prata 83,33%			
Conventionsthaler	120	28,07	600
1/2 *Thaler* = *Gulden* (Florim)	60	14,03	300
1/4 *Thaler* (30 *Kreuzer*)	30	7,02	150
Moedas de prata 58,3%			
20 *Kreuzer*	20	6,68	100
Moedas de prata 50%			
17 *Kreuzer*	17	6,12	85
Moedas de prata 54,2%			
10 *Kreuzer*	10	3,89	50
Moedas de bolhão			
7 *Kreuzer* (42%)	7	3,24	35
5 *Kreuzer* (43,8%)	5	2,33	25
3 *Kreuzer* (34,4%)	3	1,7	15
Kreuzer	1	0,87	5
Moedas de cobre			
1/2 *Kreuzer*	½	5,7	2,5
Pfennig	¼	2,4	1,25
Heller	1/8	1,1	0,625

Em 1788, o poder aquisitivo do florim havia caído para 240 ñ, o *Kreuzer* para 4 ñ e o ducado valia 1.080 ñ. Nesse ano, Wolfgang Amadeus Mozart recebeu 100 ducados (108.000 ñ) por executar seu Concerto da Coroação para o príncipe-eleitor da Saxônia em Praga.

Em 1786, ao participar de um concurso promovido pelo imperador José II, Mozart ficou em segundo lugar com a ópera cômica *Der Schauspieldirektor* (O empresário teatral) e ganhou 50 ducados. O primeiro lugar foi de Antonio Salieri, que ganhou 100 ducados com *Prima la musica e poi le parole* (Primeiro a música e depois as palavras). Cento e cinquenta ducados foi a soma paga por um desconhecido misterioso pelo *Réquiem em Ré Menor* de 1791, que Mozart não chegou a terminar antes de falecer, mas foi completado por seu discípulo Franz Xaver Süssmayr. Mozart teve muitos problemas com dívidas e senhorios e pedia dinheiro emprestado a amigos, mas, ao contrário do que dão a entender muitos biógrafos, não vivia na pobreza: a renda média *documentada* de Mozart nos anos 1783-1791 foi de 1.711 florins anuais, e estima-se que o total foi de 3 mil a 4 mil florins anuais, cerca de 840 mil ñ por ano ou 2,3 mil ñ por dia. A renda incluía entrada em seus concertos (a assinatura da temporada custava 4 ducados) e aulas de música (6 ducados por 12 lições, uma por dia). Um professor do secundário ganhava nessa época 300 florins anuais (72 mil ñ, 200 ñ por dia), um ajudante de pedreiro 15 *Kreuzer* por dia (60 ñ), um ajudante de telhador, 18 *Kreuzer* (72 ñ). Uma libra de pão de centeio custava em média 2,32 *Kreuzer* (16,5 ñ/kg).

Alguns Estados do norte da Alemanha conservaram sistemas baseados em um *Banco-Thaler*, derivado do antigo *Speciesthaler*, notadamente Schleswig-Holstein (dependência da Dinamarca, que usava o *Speciesdaler*). Nas cidades livres hanseáticas de Hamburgo e Lübeck, onde o *Speciesthaler* se dividia em 60 *Schilling*, 120 *Sechsling*, 240 *Dreiling* e 720 *Pfennig*, um Bankmark ou marco bancário, moeda contábil, equivalia a um terço do *Speciesthaler* ou 20 *Schillings*, mas um marco corrente (moeda cunhada) valia 16 *Schillings*.

Sistema monetário de Hamburgo e Lübeck

Denominação	Valor em Schilling	Peso em gramas	Valor em ñ c. 1760 (*)
Moedas de conta			
Speziesbankthaler	60		643
Marco Bank (Bankmark)	20		214
Pfennig	1/12		0,89
Moedas de ouro 98,6%			
4 ducados	448	17,45	4.800
2 ducados	224	13,28	2.400
ducado	112	3,49	1.200
Moedas de prata 75%			
32 Schilling (2 Mark)	32	18,32	343
16 Schilling (Marco Courant)	16	9,16	171
Moedas de prata 62,5%			
8 Schilling (1/2 Mark)	8	5,50	86
Moedas de prata 56,2%			
4 Schilling	4	3,05	43
Moedas de bolhão			
Schilling (37,5%)	1	1,08	10,71
Sechsling (25%)	½	0,76	5,36
Dreiling (18,7%)	¼	0,51	2,68

(*) a preços de Viena

Com o nome de *Kronenthaler* ("táler da coroa"), uma moeda quase equivalente ao *Speziesthaler* também foi usado nos Países-Baixos austríacos (atual Bélgica) a partir de 1755 para substituir os antigos *Ducaton* e *Patagon*, e mais tarde foi adotada por outros Estados alemães como moeda para o comércio exterior.

Sistema monetário dos Países-Baixos austríacos

Denominação	Valor em Sols/Stuivers	Peso em gramas	Valor em ñ c. 1760 Viena	Antuérpia
Moeda de conta				
Florin	20		240	200
Stuiver, sol ou patard	1		12	10
Moedas de ouro 91,9%				
2 souverains d'or	306	11,06	3.672	3.060
Souverain d'or	153	5,53	1.836	1.530
Moedas de prata 87,3%				
Ducaton (até 1754)	60	33,20	720	600
Kronenthaler (1755 em diante)	54	29,44	648	540
Patagon (até 1754)	48	28,10	576	480
1/2 Ducaton	30	16,60	360	300
1/2 Kronenthaler	27	14,72	324	270
1/4 Ducaton	15	8,30	180	150
1/4 Kronenthaler	13,5	7,36	162	135
1/8 Ducaton	7,5	4,15	90	75
Moedas de prata 58%				
2 Escalins (Schellings)	12	9,9	144	120
Escalin (Schelling)	6	4,9	72	60
Moedas de bolhão				
20 liards = 20 oordem = 5 sols = 5 stuivers	5	4,6	60	50
14 liards	3,5	2,7	42	35
10 liards	2,5	2,4	30	25
Moedas de cobre				
2 liards = 2 oordem	0,5	7,5	6	5
liard = oord	0,25	3,75	3	2,5

Na cidade livre de Bremen e em Oldemburgo, usava-se um *Thaler* de 25,98 gramas de prata a 75% (12 por marco de prata pura), dividido em 72 *Grote* ou 288 *Schwaren*.

No bispado de Wurtzburgo (*Würtzburg*), na atual Baviera, a moeda era o *Gutergulden*, que valia 0,625 *Konventionthaler*, 28 *Shillinger*, 60 *Kreuzer*, 84 *Drier* ou *Kortling* e 240 *Viertel*.

Países-Baixos holandeses

Os Países-Baixos, formados por 17 províncias e com capital em Bruxelas, foram o centro econômico do ducado da Borgonha, cujos governantes aspiraram, até a morte em 1477 de Carlos, o Temerário, a transformar suas terras em um reino independente. O casamento de sua herdeira com Maximiliano I uniu a região aos domínios dos Habsburgos. Em 1506, foi herdada pelo futuro imperador Carlos V e em 1512, juntamente com o Franco-Condado, formou o Círculo Borgonhês do Sacro Império Romano.

Desde 1434, as quatro províncias mais importantes, Flandres, Brabante, Hainaut e Holanda, formavam uma união monetária conhecida como *Vierlander*, "Quatro Terras", baseada no grosso (*gros* em francês, *groot* em holandês), originalmente equivalente ao *penny* inglês. Na região, as expressões "soldo" e "libra", como moeda de conta, se referiam a somas de 12 e 240 grossos, respectivamente, e não a dinheiros torneses (da França e Hainaut) flamengos (do Flandres), brabantinos (do Brabante) ou holandeses, antes usados como padrões monetários. O *double gros* (grosso duplo), chamado popularmente **stuiver** ("pedaço"), *plak* ("placa"), *patard* (de *patac*, moeda medieval do sul da França) ou *briquet* ("*tijolinho*"), que era a moeda mais importante no uso geral, fora equivalente ao antigo soldo de 12 dinheiros torneses, e por isso também era chamado **sol** (soldo) em francês. Enquanto o grosso e moedas maiores passaram a ser comuns à região, as frações eram denominadas nas moedas antigas. O grosso valia 24 **mites** ou **mijten** (meios dinheiros) do Flandres, 36 mites do Brabante, 8 dinheiros ou *pennings* da Holanda e 6 dinheiros de Hainaut.

Denominação	Valor em gros	Peso em gramas	Valor em ñ c. 1506 (Antuérpia)
Moedas de conta			
libra de grossos	240		7.680
soldo de grossos ou escalin	12		384
mite de Flandres	1/24		1,33
mite de Brabante	1/36		0,89
Moedas de ouro 97%			
toison d'or (97%)	100	4,51	3.200
Moedas de ouro 63,9%			
florin Philippus (63,9%)	50	3,32	1.600
1/2 florin Philippus (63,9%)	25	1,66	800
Moedas de prata			
toison d'argent ou zilveren Vlies (91,7%)	6	3,41	192
double patard/sol/briquet/stuiver/ stuiver (67%)	4	3,07	128
Moedas de bolhão			
patard/sol/briquet/plak/stuiver/ stuiver (33%)	2	3,07	64
grosso, gros ou groot (27,1%)	1	1,83	32
½ gros (22,2%)	½	1,00	16
9 mites de Brabante = 6 mites de Flandres = duit (2 pennings) (15,3%)	¼	0,78	8
6 mites de Brabante = 4 mites de Flandres (4,17%)	1/6	1,52	5,33
penning (Holanda)	1/8	1,20	4
3 mites de Brabante = 2 mites de Flandres = courte ou corten = penning (2,63%)	1/12	1,09	2,67
mite (Holanda)	1/16	0,60	2

Obs.: também circulavam moedas antigas e de outros países e regiões

A era de Carlos V (1515-1555)

Em 1515, Carlos herdou a Espanha, mudou-se com sua corte para Toledo e deixou os Países-Baixos nas mãos de governadores, frequentemente castelhanos, que entraram em choque com a nobreza local ao ignorar suas tradições. Em 1519, herdou também a Áustria e a coroa do Sacro Império, o que reduziu ainda mais suas atenções à terra natal. Em 1521, levou à região a Inquisição, criando ainda mais atritos com populações simpáticas ao protestantismo, principalmente os mercadores de Antuérpia. Entretanto, o rei nascera e se criara nessas terras e, apesar de protestar, a elite neerlandesa o reconhecia e respeitava.

Por uma série de reformas monetárias de 1519 a 1527, o *patard* ou *stuiver* substituiu o grosso ou *gros* como unidade monetária, com o novo florim *Carolus* de 20 *stuivers*, originalmente uma pequena moeda de ouro, como múltiplo. Além disso, por seu envolvimento econômico, político e militar com outras regiões, Carlos I da Espanha – Carlos V do Sacro Império – usou e cunhou nos Países-Baixos moedas segundo o padrão espanhol (*réal d'Espagne*), imperial (florim ou *gulden*) e francês (*escu* ou *couronne*).

A metade do grosso (*gros* em francês, **groot** em holandês) era denominada **oord**, *oortje* ou *oortke*, literalmente "lugar" ou "canto", alusão à divisão da moeda em quatro cantos por uma cruz. O quarto do grosso era **duit**, "corte", alusão a antigos pedaços de metal cortados usados como moeda, **negenmanneken** ("nove homenzinhos") pelo valor equivalente a 9 mites do Brabante, ou **gigot** ("coxa"). O oitavo do grosso era na Holanda **penning** e, em outras partes dos Países-Baixos, **moirken** ("moura", pela cor escura) ou *demi gigot*. A moeda de 3 mites do Brabante era **courte** ("curta") ou *korten*, pela figura de uma cruz de braços curtos.

A abundância de prata trazida das colônias espanholas nas Américas estimulou a cunhagem de moedas de prata de maior tamanho, inclusive o **Vlieger** ("voadora", pela figura da águia imperial) ou **Klabbelaer** ("diliceradora", por suas garras) de 4 *patards*, de 1536, seguido pelo florim **Carolus** de prata, de 1543, equivalente ao florim *Carolus* de ouro.

Denominação	Valor em patards	Peso em gramas	Valor em ñ c. 1544 (Antuérpia)
Moedas de conta			
libra de grossos	120		3.840
libra do Brabante	80		2.560
soldo de grossos ou escalin	6		192
mite do Flandres	1/48		0,67
mite do Brabante	1/72		0,44
Moedas de ouro			
grand réal d'Autriche (97%)	180	14,90	5.760
1/2 réal d'Autriche (97%)	90	7,45	2.880
noble d'or / gouden nobel (97,9%)	72½	6,83	2.320
réal d'or (97%)	60	5,34	1.920
toison d'or (97%)	53	4,49	1.696
escu d'or ou coronne (82,1%)	36	3,43	1.152
1/2 réal d'or (97%)	30	2,67	960
Pieter d'or / gouden Peeter (de Louvain) (97,9%)	26	3,41	832
florim Philippus (63,9%)	25	3,30	800
florim Carolus ou gouden florijn (58,3%)	20	2,93	640
Moedas de prata			
florim Carolus d'argent ou Karolus gulden (83%)	20	22,85	640
Vlieger ou Klabbelaer (61,8%)	4	6,12	128
réal d'Espagne (93,1%)	3¼	3,43	104
double Carolus d'argent ou réal d'argent (93,4%)	3	3,06	96
toison d'argent (83%)	3	3,40	96
double griffon (93%)	2¾	3,60	88
double briquet à deux lions (83%)	2¼	2,91	72
double patard/dobbel stuiver (67%)	2	1,72	64
1/2 réal d'Espagne (93,1%)	1 5/8	3,07	52
1/4 réal d'Espagne (93,1%)	13/16	0,86	26
Moedas de bolhão			
Carolus d'argent ou 1/2 réal d'argent (45,8%)	1½	3,13	48

patard /sol d'argent / stuiver (30,9%)	1	3,07	32
grosso ou groot (27,4%)	½	1,98	16
meio grosso, oortke ou oord (22%)	¼	1,15	8
¼ grosso, gigot, negenmanneken, 9 mites de Brabante, 6 mites de Flandres ou duit (14,2%)	1/8	0,78	4
6 mites de Brabante = 4 mites de Flandres = double courte	1/12	1,50	2,67
penning (Holanda) ou moirken	1/16	1,20	2
3 mites de Brabante = 2 mites de Flandres = courte (2,4%)	1/24	1,10	1,33
blanche courte (5,2%)	1/24	0,54	1,33
mite (Holanda)	1/32	0,60	1
Moedas de cobre (a partir de 1539)			
3 mites de Brabante = 2 mites de Flandres = courte	1/24	1,91	1,33

Em 1551, Carlos V tentou unificar o sistema monetário do Sacro Império Romano, no qual se incluíam os Países-Baixos, criando um *Reichsgulden* de prata de 31,18 g de prata 88,2%, equivalente a 72 *Kreuzer* ou um *Reichsgoldgulden* de ouro. O *Reichsgulden* valeria 28 *sous*, *stuivers* ou *patards* dos Países-Baixos e 23½ *stuivers* um *Gulden* de Frankfurt de 60 Kreuzer, um *stuiver* valeria 8 *Penningen*. Entretanto, esse sistema não teve aceitação.

Filipe II e o domínio espanhol (1555-1588)

Em 1555, Carlos abdicou e deixou os Países-Baixos e, meses depois (1556), a Espanha ao filho Filipe II. Criado em Castela, o novo rei não falava holandês nem francês, nem tinha ligação com a região além de uma visita em companhia do pai ao ser apresentado como herdeiro, em 1549. Não contava com a mesma lealdade dos súditos, cuja insatisfação foi ficando mais patente.

A partir de 1557, Filipe II começou a cunhar moedas em seu próprio nome. O florim *Carolus* de prata tornou-se *Florin royal d'argent* de 20 *patards* ou *stuivers* e o florim *Carolus* de ouro passou a se chamar *Florin royal d'or*, com o valor de 22 *patards*. O *réal d'or* era então negociado a 70 *patards*, embora teoricamente continuasse a valer 60.

Ao lado do meio *réal d'or*, foi cunhado também um meio real de prata conhecido como *daldre Philippus*, *Philipsdaalder* ou *escu Philippe*. Foram também cunhadas suas metades, quintos, décimos, vigésimos e quadragésimos.

Em 1566, o Sacro Império Romano, no qual reinava Maximiliano II, primo e cunhado de Filipe II, efetuou uma reforma monetária que definia como padrão o *Reichsthaler* ("táler imperial" de 29,23 gramas de prata a 88,9%) de 68 *Kreuzer* e o *Reichsgoldgulden* ("florim de ouro imperial" de 3,248 gramas a 77%) de 75 *Kreuzer*. Nos Países-Baixos, a primeira moeda tornou-se em francês *daldre de Bourgogne* e em holandês *rijksdaalder* (rixdáler em português), *Bourgondische kruis-rijksdaalder* (rixdáler da cruz de Borgonha) ou *kruisdaalder* (táler da cruz). Conhecida em inglês como *cross dollar*, circulou com o valor de 32 *patards* (teoricamente 27½) acompanhada de meios e quartos de *rijksdaalder*. A segunda foi chamada *florin de Bourgogne*, com o valor de 34 *patards* (teoricamente 29). Ambas foram cunhadas com pesos e títulos ligeiramente diferentes dos originais.

Denominação	Valor em patards	Peso em gramas	Valor em ñ c. 1572 (Antuérpia)
Moedas de conta			
libra de grossos	120		2.400
libra do Brabante	80		1.600
soldo de grossos ou escalin	6		120
mite do Flandres	1/48		0,42
mite do Brabante	1/72		0,28
Moedas de ouro			
réal d'or (97%)	70	5,34	1.400
escu d'or ou *coronne* (82,1%)	41	3,43	820
1/2 *réal d'or* (97%)	35	2,67	700
florim de Bourgogne (75,9%)	34	3,28	680
florim royal d'or ou *gouden florijn* (58,3%)	22	2,93	440
Moedas de prata			
daldre Philippus ou *Philipsdaalder* (83%)	35	34,28	700
daldre de Bourgogne, *rijksdaalder* ou *kruisdaalder* (89,2%)	32	29,37	640

florim royal d'argent ou Karolus gulden (83%)	20	22,85	400
1/2 Philipsdaalder	17½	17,14	350
1/2 rijksdaalder	16	14,69	320
1/4 rijksdaalder	8	7,34	160
1/5 Philipsdaalder	7	6,86	140
Vlieger ou Klabbelaer (61,8%)	4	6,15	80
1/10 Philipsdaalder	3½	3,43	70
double patard/dobbel stuiver (67%)	2	3,07	40
Moedas de bolhão			
1/20 Philipsdaalder (41,7%)	1¾	3,42	35
patard /sol d'argent / stuiver (30,9%)	1	3,07	20
1/40 Philipsdaalder (41,7%)	7/8	1,71	17,5
grosso ou groot (27,4%)	½	1,98	10
meio grosso, oortke ou oord (22%)	¼	1,15	5
quarto de grosso, 9 mites, gigot, negenmanneken ou duit (14,2%)	1/8	0,78	2,5
Moedas de cobre			
6 mites de Brabante = 4 mites de Flandres = double courte	1/12	3,82	1,67
penning (Holanda) ou moirken	1/16	n/d	1,25
3 mites de Brabante = 2 mites de Flandres = courte	1/24	1,91	0,83
mite (Holanda)	1/32	n/d	0,625

Sob o governo de Filipe II, a insatisfação, até então contida, se manifestou cada vez mais abertamente e uma rebelião começou em 1566 por ataques iconoclastas de calvinistas a mosteiros e igrejas católicas, que começaram pelo sul e depois se estenderam ao norte. Foram reprimidos pelo Duque de Alba, enviado por Filipe II em 1567.

O Duque de Alba perseguiu os apoiadores da rebelião, entre eles Guilherme, o Taciturno, príncipe de Orange (pequeno principado independente dentro da França, perto de Avinhão) e governador de três das províncias dos Países-Baixos: Holanda, Zelândia e Utrecht. Guilherme refugiou-se no condado de Nassau (na atual Renânia-Palatinado), pertencente à sua família. Lá organizou um exército de mercenários, que, sob o comando do seu irmão Luís de Nassau, invadiu os Países-Baixos em 1568 e iniciou a chamada Guerra dos

Oitenta Anos. Esse primeiro contingente foi vencido em meses, mas a luta continuou. Em 1577 Guilherme tomou Bruxelas. Em 1579, quatro províncias do Norte – duas das quais, Holanda e Zelândia, se declararam oficialmente protestantes – assinaram o tratado da União de Utrecht, que em 1581 proclamou sua independência da Espanha. Os espanhóis, que haviam retirado parte de suas forças para assegurar a posse de Portugal em 1580, retornaram e, sob o comando do Duque de Parma, retomaram o Flandres e o Brabante; em 1585, também reconquistaram Antuérpia.

Durante a guerra, as moedas de ouro e algumas moedas de prata foram reavaliadas tanto nas províncias controladas pela Espanha quanto nas rebeldes. Nos Países-Baixos espanhóis, houve as seguintes reavaliações oficiais:

Moeda	1527-57 (efetivo)	1557-72 (teórico)	1557-72 (efetivo)	1572-74	1574-77	1577-84
Moedas de ouro						
réal d'or (97%)	60	60	70	72	74	80
escu d'or ou coronne (82,1%)	36	36	41	43	45	48
1/2 réal d'or (97%)	30	30	35	36	37	40
florim de Bourgogne (75,9%)	29	29	34	35	36	38½
florim royal d'or ou gouden florijn (58,3%)	20	20	22	n/d	n/d	n/d
Moedas de prata						
daldre Philippus ou Philipsdaalder (83%)	30	30	35	35	36	37½
daldre de Bourgogne, kruisdaalder ou rijksdaalder (89,2%)	27½	27½	32	32	32	34
Conteúdo em prata pura do stuiver (gramas)	0,952	0,952	0,816	0,816	0,793	0,762

O Século de Ouro dos Países-Baixos (1584-1702)

No início da luta, o protestantismo havia sido minoritário e concentrado no sul, mas a violência da guerra e os massacres espanhóis nos territórios retomados puseram os calvinistas em fuga para o norte independente – Antuérpia, por exemplo, caiu de 100 mil para 42 mil habitantes, Ghent e Bruges perderam três quartos da população – e estimularam os rompimentos com o catolicismo no norte. Desse modo, as províncias rebeladas do norte passaram a ser majoritariamente protestantes (a começar por Holanda e Zelândia, onde ser calvinista passou a ser condição para ocupar cargos públicos, embora o judaísmo fosse tolerado) e as ocupadas pelos espanhóis (atual Bélgica), católicas.

Os revoltosos pretendiam entregar o trono a François, Duque de Anjou, que chegou em 1582, mas esse irmão do rei Henrique III da França fracassou em tomar Antuérpia, e, em 1583, desistiu da empreitada. Em 1584 Guilherme de Orange foi assassinado, e seu filho Maurício, aos 18 anos, era considerado jovem demais para assumir o comando. Elizabeth I enviou seu favorito, o Duque de Leicester, para auxiliar e comandar os revoltosos. Estes lhe deram o título de governador-geral e implicitamente ofereceram a coroa à rainha da Inglaterra. Ela, porém, que pretendia chegar a um acordo com o rei da Espanha, recusou e desautorizou Leicester, que perdeu prestígio junto aos holandeses e retornou em 1586, deixando o comando efetivo com o príncipe Maurício (tio do João Maurício de Nassau que seria governador no Brasil).

Ante a relutância dos monarcas da Europa em apoiar sua causa contra a Espanha, os rebeldes organizaram em 1588 a confederação chamada Províncias Unidas dos Países-Baixos (em latim *Foederatae Belgii Provinciae*, "Províncias Federadas da Bélgica", então sinônimo de Países-Baixos) ou "República das Sete Províncias". A rigor eram oito: Frísia, Groningen, Gueldres, Holanda, Overijssel, Utrecht, Zelândia e Drenthe, mas a última, a mais pobre, não contribuía financeiramente para a União e não tinha voto nos Estados Gerais. Por outro lado, a província da Holanda, de longe a mais rica e populosa, cobria 58,3% do orçamento. O presidente da Assembleia da Holanda ("Defensor da Terra" até 1619, depois "Pensionário"), era tratado pela diplomacia estrangeira como "Grande Pensionário" e o chefe do governo civil em Haia. Por isso, o conjunto também foi chamado popularmente de Holanda, assim como o Reino Unido ainda hoje é chamado de Inglaterra. Neste texto, chamamos o todo de Países-Baixos holandeses, em contraste com os Países-Baixos espanhóis (austríacos a partir de 1699), que mais tarde se tornariam o país hoje conhecido como Bélgica.

O príncipe de Orange era regente ou estatuder (do holandês *stadhouder*) das províncias, capitão-geral do exército e almirante-geral da marinha de forma vitalícia (na prática, hereditária) e liderava a nobreza, mas o Grande Pensionário da Holanda liderava o Conselho de Estado e o governo em tempo de paz. As províncias eram soberanas em todas as questões, exceto o comando militar e a cobrança de tarifas externas. Era apoiado por mercadores ricos, principalmente os de Amsterdã, cidade responsável por metade da contribuição da Holanda à confederação. Fizeram do país o primeiro Estado burguês e a primeira nação capitalista.

A fundação da Companhia Neerlandesa das Índias Orientais (*Verenigde Oostindische Compagnie* ou VOC) e a criação da Bolsa de Amsterdã para negociar suas ações e títulos em 1602 estão entre os marcos iniciais da globalização capitalista. Surgiam ao mesmo tempo a primeira bolsa de valores e a primeira empresa com ações negociadas em bolsa, com capital de 6.424.588 florins (1,6 bilhão de ñ), dez vezes maior que o da rival inglesa fundada em 1600. Foi subscrito inicialmente por 1.143 acionistas, cujo investimento mínimo foi de 3 mil florins (750 mil ñ). O maior foi o de Isaac Le Maire, refugiado de Antuérpia, com 85 mil florins (21,25 milhões de ñ). Houve mercados de títulos (principalmente de dívidas estatais) desde o século XIV em Veneza, Gênova, Florença e cidades hanseáticas, mas o volume, liquidez e liberdade especulativa da nova bolsa eram inéditos. Embora o capitalismo manufatureiro e comercial neerlandês fosse superado pela revolução industrial britânica no século XVIII, Amsterdã foi o centro mundial do capitalismo financeiro até as guerras napoleônicas.

Em 1605 a VOC tomou Amboina, nas ilhas Molucas, aos portugueses, e em 1619 fundou Batávia, futura Jacarta, na ilha de Java, que se tornaria seu quartel-general. Em 1614 iniciou a colonização da América do Norte, no atual estado de Nova York, e em 1620 começou a ocupar as Antilhas. Em 1621 foi fundada a Companhia Neerlandesa das Índias Ocidentais (*West-Indische Compagnie* ou WIC) para tentar repetir o seu sucesso. No auge, em 1669, a VOC teria mais de 150 navios mercantes, 40 navios de guerra, 50 mil empregados e um exército privado de 10 mil mercenários. Pagava anualmente 40% de dividendos sobre o capital.

As despesas de guerra foram financiadas em boa parte pela quebra da moeda e por altas taxas de senhoriagem. O *Karolus gulden* de 20 *stuivers* da era de Carlos V, que continha 0,952 gramas de prata pura por *stuiver*, passou a valer 30 *stuivers* em 1581 (0,635 grama por stuiver) e 35 *stuivers* em 1610 (0,544 grama o *stuiver*), embora um **gulden** ou florim de conta de 20 *stuivers* (chamado *guilder* em inglês), representado por *f*, continuasse a ser usado na contabilidade.

Em 1578, os Estados-Gerais decidiram cunhar moedas de cobre (em vez de bolhão) de um *duit*, um *oord* e um *penning*, com a figura da "virgem da Holanda" e as armas do país. Em 1577, foi cunhada uma peça de ouro chamada **staten kroon**, "coroa dos Estados", com o valor inicial de 2 florins. A partir de 1583, a Holanda começou a cunhar para o comércio exterior, principalmente com a Rússia, um ducado com o valor inicial de 65 *stuivers*, aumentado para 68 em 1586, 74 em 1603, 76 em 1606, 80 em 1610, 81 em 1615, 82 em 1619, 85 em 1622, 90 em 1638 e 95 em 1645. Nas províncias de Gelderland, Friesland e Overijssel foi também cunhado o **gouden rijder** ("cavaleiro de ouro"), de 10 gramas de ouro a 94,1%, que originalmente valia seis florins de conta ou uma libra flamenga de 120 *stuivers*. Esse valor passou a 202 em 1606, 212 em 1610, 216 em 1615, 226 em 1622, 240 em 1638 e 252 em 1645.

A partir de 1575, foi cunhado o **táler do leão** *(leeuwendaalder,* de 27,68 gramas de prata 75%), conhecido em inglês como **lion dollar**. Além de diminuir o peso e o teor de prata do *kruisdaalder*, as províncias rebeladas substituíram a cruz de Borgonha por um leão (*leeuw*), símbolo da Holanda e das Províncias Unidas. Tinha um valor nominal original de 34 *stuivers*, apesar de seu conteúdo em prata equivaler a 29 *stuivers*. A diferença era embolsada pela União para cobrir as despesas de guerra. Foi reavaliado em 36 *stuivers* em 1586, 38 em 1603, 40 em 1615 e 42 em 1659. Foi cunhado até 1697 na Holanda e até 1701 em Overijssel. Amplamente usado no comércio exterior, foi apelidado em árabe *abu kelb*, "pai do cão", pois o estilizado leão holandês parecia a seus olhos um cachorro. Deu origem ao nome da moderna moeda romena, o *leu*.

O **nederlandsche rijksdaalder**, cunhado com o busto do líder nacional Guilherme, o Taciturno no lugar do rei Filipe II a partir de

1583, com o valor inicial de 42 *stuivers*, foi reavaliado pelos Estados-Gerais em 45 *stuivers* em 1586, 47 em 1606, 50 em 1619 e 52 em 1621. Continuou a ser cunhado até 1693 na Holanda e até 1700 em Utrecht.

Outras grandes moedas de prata cunhadas nos Países-Baixos holandeses durante a guerra de independência incluíram o **Philipsdaalder**, de 1576 a 1581; o **Bourgondische Kruisrijksdaalder**, de 1580 a 1594; o **Arendsrijksdaalder** ("rixdáler da águia", pela figura da águia imperial) de 29,03 gramas a 85,5%, de 1577 a 1654; o **Statendaalder** de 30,47 gramas a 75%, em 1578; o **Daalder** de 30 *stuivers* de 29,03 gramas a 88,5%, cunhado pela cidade de Zaltbommel em 1582; o **Friese Zilveren Rijderdaalder** de 29,03 gramas a 88,5%, cunhado na Frísia de 1582 a 1585; o **Wapenrijksdaalder** de 29,03 gramas a 88,5% cunhado por Utrecht em 1584; e o **Arenddaalder** ("táler da águia" de 30 *stuivers*).

A partir de 1601, a Frísia cunhou *guldens* alemães (moedas de 60 *Kreuzer*) para exportação, que juntamente com suas metades e quartos foram imitadas por outras províncias e circularam nos Países-Baixos. Inicialmente valiam 27 *stuivers* e, a partir de 1608, 28 *stuivers*. O *gulden* alemão não equivalia em valor nem ao antigo florim de Carlos V ainda em circulação (*Karolus gulden*), nem ao florim neerlandês de conta de 20 *stuivers*, mas essas peças ficaram conhecidas como *zilveren florijn*, "florins de prata". A moeda frísia original tinha 17,3 gramas de prata 76,5% e as de outras províncias eram de 19,22 gramas de prata 67,3%.

A estas se acrescentam moedas cunhadas por ordem do Duque de Leicester: o **rozenobel** (Rose Noble) de ouro segundo o modelo inglês, o **Leicester Reaal** de 34,27 gramas de prata a 83,3%, em 1586 e o **Unie Rijksdaalder**, de 29,24 gramas a 88,9%, de 1586 a 1603. Em 1606, os Estados-Gerais começaram a disciplinar a confusão monetária com uma lei de cunhagem que fixou equivalências entre moedas e tentou banir (sem resultado) o uso de peças estrangeiras, principalmente espanholas. Em pagamentos de 100 florins (24 mil ñ) ou mais, não seria obrigatório aceitar moedas de *schelling* ou menores para mais do que 10% do valor total.

Denominação	Valor em stuivers	Peso em gramas	Valor em ñ c. 1606 (Amsterdã)
Moedas de conta			
pond (libra flamenga)	120		1.440
gulden (florim de conta)	20		240
schelling (soldo de grossos)	6		72
Moedas de ouro			
gouden rijder (89,4%)	202	10,00	2.424
rozenobel (97%)	167	7,69	2.004
gouden reaal (réal d'or) (97%)	110	5,34	1.320
½ gouden rijder (89,4%)	101	5,00	1.212
nederlandschen dukaat (ducado neerlandês) (96,7%)	76	3,52	912
nederlandsche kroon (escu d'or ou coronne) (82,1%)	70	3,43	840
gelderschen rijder (84%)	65	3,41	780
gouden gulden (Reichsgoldgulden) (77%)	55	3,25	660
staten kroon ou dubbele Nederlandsche Gulden (80,5%)	54	3,02	648
florim Carolus ou gouden florijn (58,3%)	37	2,93	444
Moedas de prata			
Philipsdaalder / Leicester reaal (83%)	52	34,28	624
kruisdaalder (89,2%)	47	29,37	564
rijksdaalder (Reichsthaler do Sacro Império) (88,9%)	47	29,23	564
nederlandsche rijksdaalder (87,5%)	47	29,03	564
realen van achten (peso espanhol) (93,1%)	47	27,44	564
statendaalder (75%)	42	30,47	504
zilveren gelderschen / vrieschen rijder (83%)	42	27,11	504
leeuwendaalder ou hollandsche daalder (75%)	38	27,68	456
Karolus gulden (83%)	35	22,85	420
daalder de Gelderland ou Utrecht (74%)	34	24,61	408
arenddaalder (75%)	30	20,67	360
gulden da Frísia (74,3%)	27	17,30	324
zilveren florijn (67,3%)	27	19,22	324

roosschelling (58,3%)	6	5,27	72
realen van Spanje (real espanhol) (93,1%)	5	3,43	60
dubbele stuiver ou dubbeltje (58,3%)	2	1,72	24
stuiver antigo, de Carlos V e Filipe II (30,9%)	1½	3,07	18
stuiver (58,3%)	1	0,86	12
Moedas de cobre			
groot	½	11,72	6
oord	¼	5,86	3
duit	1/8	2,92	1,5
penning	1/16	1,46	0,75

Desde 1597, Amsterdã adaptara para seu uso as *Antwerpse Costuymen* (leis comerciais de Antuérpia), que desde meados do século XVI haviam inovado com a cessão, endosso e desconto das letras de câmbio (*wisselbrief* ou *wissel* em holandês) em cadeias ilimitadas. Entretanto, isso aumentava o risco de inadimplência a cada endosso. Em 1609 o governo municipal proibiu a prática e criou o *Amsterdamsche Wisselbank* ou Banco (de Câmbio) de Amsterdã, que funcionava no próprio palácio municipal. A partir de então, só letras de 600 florins (144 mil ñ) ou mais podiam ser endossadas; isso só podia ser feito uma vez e para o banco, que as pagava, recebia depósitos de moeda nacional ou estrangeira e fazia transferências entre contas. Isso forçou os comerciantes de Amsterdã (e muitos estrangeiros) a abrirem contas. Outras cidades, como Delft, Middelburg e Roterdã, seguiram o exemplo, mas o Banco de Amsterdã foi de longe o mais importante.

Os depositantes pagavam uma taxa na forma de um ágio para comprar o "dinheiro do banco" ou *bankgeld*, moeda puramente escritural, com moeda corrente, chamada *courantgeld*. Uma soma de 60 *stuivers* de *courantgeld*, por exemplo, comprava 57 *stuivers* de *bankgeld*, ou "*stuivers banco*". As peças eram enviadas à Casa da Moeda para serem fundidas e recunhadas como moedas cambiais, usadas em regiões como o Oriente e a Rússia. Estas moedas cambiais (*negotiepenningen*), cujo valor dependi estritamente do conteúdo metálico, se distinguiam da moeda circulante (*standpenningen*), cujo teor metálico podia ser inferior ao valor nominal.

Ao contrário do posterior Banco da Inglaterra, o Banco de

Amsterdã não era um emprestador de última instância, função cumprida nas crises do século XVIII por instituições criadas *ad hoc* e liquidadas após cumprir sua missão. Inicialmente, também não tinha a função de banco de emissão, realizada por pequenas operações privadas chamadas *kassiers* (caixas) que aceitavam *courantgeld* em depósito e emitiam notas promissórias para pagamentos domésticos, que funcionavam como papel-moeda. Só em 1683 os recibos de moeda estrangeira e metais preciosos do Banco de Amsterdã se tornaram moeda fiduciária. Os *kassiers* frequentemente emitiam notas em valores superiores aos depósitos, mas o Banco de Amsterdã não se envolvia oficialmente nessa prática, a não ser concedendo empréstimos à própria cidade e à VOC, na forma de adiantamentos em dinheiro. Como ambas as instituições eram sólidas, isso só veio a ser um problema na Quarta Guerra Anglo-Holandesa, quando a renda esperada não se concretizou e gerou uma crise de liquidez para o banco e os seus devedores.

Amsterdã também instituiu em 1598 (três anos antes da Inglaterra) uma *Kamer van Assurantie en Avarij* (Câmara Seguros Marítimos) inspirada no exemplo de Antuérpia. A partir de 1612 os *Assuradeuren* (corretores de seguros) tinham seu próprio canto na bolsa de Amsterdã. Em 1626, a bolsa oferecia cotações para dez destinos diferentes, e um século mais tarde, para 21. Outro negócio importante foi o comércio de divisas. Amsterdã atraiu um negócio em letras de câmbio que iam muito além das necessidades locais. Comerciantes de países do Mediterrâneo mantinham contas em Amsterdã, por meio das quais negociavam com clientes da Europa do Norte. Mesmo os comerciantes de Londres confiavam no mercado cambial de Amsterdã, especialmente para o comércio com a Rússia, pelo menos até 1763. Em suma, a maioria das práticas bancárias modernas já estavam presentes e de lá foram exportadas para outros países – notadamente Suécia, Inglaterra e cidades comerciais alemãs –, mas não foram institucionalizadas a nível nacional devido à natureza confederal da República. Por isso, só em 1814 os Países-Baixos teriam um banco central formal.

Ainda em 1609, os Países-Baixos assinaram em Antuérpia uma trégua com a Espanha que durou doze anos. Ao fim da trégua, retomaram a guerra colonial. Conquistaram temporariamente aos portugueses o nordeste do Brasil de 1630 a 1654 e Angola de 1641 a 1648, e, definitivamente, o Ceilão, as atuais Malásia e Indonésia e a

Fortaleza de São Jorge da Mina (atual Gana) a partir de 1636, além de colonizar a África do Sul a partir de 1652.

Esse período foi o apogeu econômico e cultural dos Países-Baixos. A prosperidade e a relativa liberdade de religião e pensamento estimularam mentes como o astrônomo Christiaan Huygens, o inventor do microscópio Anton van Leeuwenhoek, o jurista Hugo Grotius e o filósofo Baruch Spinoza. Vários grandes pensadores de outras nações ali encontraram refúgio das perseguições religiosas, inclusive René Descartes, Pierre Bayle e John Locke, ou pelo menos escolheram o país para publicar suas obras sem censura, como Thomas Hobbes. Pintores como Rembrandt van Rijn, Johannes Vermeer, Jacob van Ruisdael e Frans Hals encontraram um propício mercado burguês que permitiu a diversificação e valorização da arte para além dos temas patrocinados pela Igreja e aristocracia. Retratos de plebeus, cenas do quotidiano, paisagens e naturezas-mortas puderam competir em qualidade e valor com as tradicionais cenas históricas, mitológicas, hagiográficas e bíblicas.

O período também viu surgir e explodir a primeira bolha especulativa da história do capitalismo, a *Tulpenmanie*, "mania das tulipas". Originárias da Turquia, elas foram cultivadas na Holanda a partir de 1593 e, apesar de florescerem apenas por uma semana em abril ou maio, rapidamente tornaram-se muito queridas e populares. Os bulbos que geravam as flores mais extravagantes e multicoloridas, batizadas com nomes como "Almirante van der Eijck", "Alexandre, o Grande", "Cipião", "General dos generais" e "Almirante dos almirantes", eram ambicionados por colecionadores e especuladores. Como só se veio a comprovar no século XX, esse efeito era produzido por um vírus do mosaico específico da tulipa.

Os bulbos só podiam ser desenterrados e fisicamente comercializados na fase latente, de junho a setembro, mas no resto do ano negociavam-se contratos futuros, assinados perante um notário para comprar tulipas no final da temporada. A venda a descoberto (sem se possuir uma tulipa física) foi proibida por um decreto de 1610, mas a prática continuou.

A partir de 1634, as importações de tulipas pela França estimularam o mercado e a especulação. As tulipas chegaram a ser o quarto produto de exportação dos Países-Baixos, depois do gim, dos arenques e do queijo. Em novembro de 1636, até mesmo bulbos de tulipas comuns (sem vírus) atingiam preços de centenas de florins.

Nesse ano, surgiu um mercado de futuros formal: os comerciantes reuniam-se em "colégios", em tavernas que funcionavam como bolsas. Os compradores pagavam uma taxa de 2,5% de "dinheiro de vinho", até um máximo de três florins por operação. Os holandeses chamavam essa negociação de contratos de *windhandel* ("comércio de vento") porque nenhum bulbo trocava fisicamente de mãos.

O auge da mania foi o inverno de 1636-37, quando alguns bulbos foram revendidos dez vezes por dia. Em 5 de fevereiro de 1637, porém, os preços começaram a cair abruptamente depois que compradores deixaram de aparecer em um leilão de rotina em Haarlem, no auge de um surto de peste negra. Os preços médios, que tinham aumentado 20 vezes desde novembro de 1636, caíram 95% em três meses, deixando um punhado de falências em seu rastro. Como os contratos a descoberto não tinham respaldo legal, não havia como fazê-los executar na justiça.

Preços bem documentados incluem 100 florins (17.000 ñ) por um bulbo *Gel en Rot van Leijen* de 48 gramas em novembro de 1636 e 90 (15.300 ñ) por um *Almirante De Man* do mesmo peso, uma média de 0,09 a 0,1 florins por *aas* (0,048 grama), ou 318 a 354 ñ por grama. Em fevereiro de 1637, bulbos da variedade *Switser*, relativamente barata, foram vendidos a 1.840 florins a libra (494 gramas), ou 517 ñ a grama. Em maio, um exemplar de *Gel en Rot van Leijen* foi vendido a 22 florins (3.740 ñ) e o corretor mencionou que, no auge da bolha, haviam sido prometidos 400 florins pela mesma tulipa (68.000 ñ).

Panfletos de anos posteriores mencionam a venda de um bulbo de *Semper Augustus* por um terreno de 49 mil m² avaliado em 6 mil florins (1,02 milhão de ñ, 20 ñ por metro quadrado) e de um *Viceroy* por uma cesta de mercadorias de 2,5 mil florins, abaixo discriminada:

Item	florins	ñ	equivalência	ñ/unidade moderna
Duas cargas de trigo	448	76.160	4.229 kg	18
Quatro cargas de cevada	558	94.860	8.007 kg	12
Quatro bois gordos	480	81.600	4 unidades	20.400
Oito porcos gordos	240	40.800	8 unidades	5.100
12 ovelhas gordas	120	20.400	12 unidades	1.700
Duas barricas de vinho	70	11.900	409 l	29
Quatro tonéis de cerveja	32	5.440	3.270 l	2

Duas toneladas de manteiga	192	32.640	2.032 kg	16
Mil libras de queijo	120	20.400	454 kg	45
Uma cama completa	100	17.000	conjunto	17.000
Um conjunto de roupas	80	13.600	conjunto	13.600
Uma taça de prata	60	10.200	unidade	10.200
Total	**2.500**	**425.000**	**unidade**	**425.000**

Nesse período, um operário especializado ganhava 150 florins anuais (25.500 ñ, uma média de 70 ñ por dia).

Em 1648, o Tratado de Westfália encerrou tanto a Guerra dos Trinta Anos, na qual os Países-Baixos se envolveram, quanto a Guerra dos Oitenta Anos com a Espanha, que finalmente reconheceu sua independência, tanto da coroa espanhola quanto do Sacro Império. O tratado incluiu no território neerlandês algumas províncias católicas. Estas foram administradas como territórios não autônomos, administrados pelo governo central, mas a prática do catolicismo foi tolerada, embora missionários católicos em áreas protestantes fossem ocasionalmente presos ou assediados.

Em 1650, o *estatuder* Guilherme II morreu e deixou um bebê nascido oito dias depois como herdeiro. As lideranças republicanas da burguesia mercantil, insatisfeitas com a política militarista da Casa de Orange, aproveitaram a oportunidade para declarar o cargo vago, assumir o poder de maneira mais completa, relegar a segundo plano os militares e a nobreza orangistas e reduzir os gastos militares. De 1653 a 1672, o governante de fato foi o Grande Pensionário da Holanda, Johan de Witt, que comandou as forças navais dos Países-Baixos na primeira (1652-1654) e segunda (1665-1667) guerras anglo-holandesas, motivadas pela disputa do comércio com as colônias inglesas nas Américas, na qual os ingleses quiseram manter o monopólio e suas tarifas e os neerlandeses impor o livre comércio.

Derrotado na primeira dessas guerras, os Países-Baixos foram forçados a aceitar o monopólio inglês no comércio com suas colônias. Em razão da prioridade desse conflito, deixaram de socorrer seus colonos no Brasil e o perderam para os portugueses em 1654. Mesmo socorrida por uma injeção de capital de 1,5 milhão de florins (240 milhões de ñ) da VOC em 1647, a Companhia das Índias Ocidentais quase quebrou, mas sobreviveu algum tempo exportando escravos das atuais Gana e Benin, em quantidade maior que portugueses e ingleses somados. Após sua falência final em 1674, uma Nova Companhia das Índias Ocidentais foi formada com um capital de 6 milhões de florins (1 bilhão de ñ) e continuou o tráfico. Na segunda guerra, os Países-Baixos, aliados à França e Dinamarca, conseguiram se impor aos ingleses. Perderam Nova Amsterdã (que, sob domínio inglês, se tornou Nova York), mas conquistaram o Suriname, então mais lucrativo. Por isso se recusaram a desfazer a troca, expulsaram os ingleses das Ilhas Molucas e ampliaram suas redes comerciais.

Durante a era de Johan de Witt, em 1659, os Países-Baixos, com falta de moedas de prata de grande porte, começaram a cunhar o **ducatão (*dukaton* ou *zilveren rijder*,** em inglês *ducatoon* ou *silver rider)*, com o valor de 63 *stuivers*. Era derivado do *ducatone* de Milão cunhado por Carlos V em 1551 e depois adotado por outros Estados italianos, pelo Franco-Condado e em 1618 pelo Brabante; foi cunhado até 1793. Também em 1659 começou-se a cunhar o **ducado de prata (*zilveren dukat*),** de 28,25 gramas a 87,3% e no valor de 48 *stuivers*, imitação do Patacon ou *kruisdaalder* dos Países-Baixos espanhóis. Quase equivalente ao rixdáler, foi chamado em inglês *leg dollar*, pela figura de um soldado com uma das pernas coberta por um escudo. Após o desaparecimento do *rijksdaalder* original com a figura de Guilherme, os ducados de prata passaram a ser chamados *rijksdaalders* e foram cunhados até 1795.

Denominação	Valor em stuivers	Peso em gramas	Valor em ñ c. 1660 (Amsterdã)
Moedas de conta			
pond (libra flamenga)	120		960
gulden (florim de conta)	20		160
schelling (soldo de grossos)	6		48
Moedas de ouro			
gouden rijder (89,4%)	252	10,00	2.016
½ *gouden rijder* (89,4%)	126	5,00	1.212
nederlandschen dukaat (ducado neerlandês) (96,7%)	95	3,52	912
Moedas de prata			
dukaton do Brabante (93,9%)	63	32,63	504

dukaton ou zilveren rijder (93,75%)	63	32,57	504
nederlandsche rijksdaalder (87,5%)	52	29,03	416
kruisdaalder, kruisrijksdaalder ou patacon (87,1%)	50	28,26	400
zilveren dukat (86,8%)	50	28,08	400
leeuwendaalder ou hollandsche daalder (75%)	42	27,68	336
zilveren florijn (67,3%)	28	19,22	224
scheepjesschelling (58,3%)	6	4,95	48
dubbele stuiver ou dubbeltje (58,3%)	2	1,65	16
stuiver (58,3%)	1	0,83	8
Moedas de cobre			
oord (Zelândia)	1/4	4,24	2
duit	1/8	2,12	1

A maré virou contra os neerlandeses no ano de 1672, chamado *Rampjaar* ("ano do desastre"em holandês). Ameaçados pelo crescimento do poder naval das Províncias Unidas, França e Inglaterra – apoiados pela Suécia e pelos estados alemães de Münster e Colônia –, fizeram contra os Países-Baixos uma aliança que De Witt sempre descartara como impossível. A situação desesperadora levou de volta ao poder os orangistas, e o jovem Guilherme III foi posto no comando em fevereiro. Com suas forças terrestres reduzidas e sem condições de resistir à invasão por terra, em junho os neerlandeses romperam as eclusas e inundaram seu próprio país para deter as tropas francesas. Em julho, Guilherme III foi eleito *estatuder*, substituindo De Witt, que fora ferido em um atentado e afastado em junho. No mês seguinte, populares incitados por Guilherme e os orangistas lincharam Johan de Witt e seu irmão Cornelius e fizeram seus corpos em pedaços, alguns dos quais devoraram. Os assassinos foram protegidos e recompensados pelo príncipe.

Em 1673, Espanha, Áustria, Brandemburgo-Prússia e o ducado da Lorena entraram na guerra ao lado dos Países Baixos, e no ano seguinte franceses e ingleses se desentenderam. Estes últimos abandonaram a aliança em 1674, e em 1677 consagraram uma nova aliança com os Países-Baixos por meio do casamento de sua herdeira Mary de York com Guilherme III. Em 1678, Luís XIV, isolado, aceitou uma paz que lhe permitiu tomar o Franco-Condado à Espanha e deixou os Países-Baixos intactos, mas enfraquecidos como poder naval, dependentes da aliança com a Inglaterra e com as finanças em frangalhos.

Isso criou uma divergência entre as políticas monetárias das províncias, ainda independentes nesse aspecto. Assim como outras províncias voltadas para o comércio marítimo, a Holanda insistiu em manter o conteúdo de prata das moedas para não perder a confiança de seus clientes e fornecedores no exterior, e o consagrou em 1681 com a transformação do florim ou *gulden* de 20 *stuivers* (símbolo monetário *f*), até então mera moeda de conta, em peça física de 10,55 gramas de prata a 91,1%, de maneira a conter exatamente 200 *azen* ou 9,614 gramas de prata pura. Outras províncias, porém, promoveram a quebra da sua moeda para recuperar suas contas depauperadas, e se gerou um impasse político a nível da confederação.

Em 1686, a Holanda proibiu o uso das moedas de peso reduzido de outras províncias e ameaçou proibir seu embarque nos seus portos marítimos. O príncipe Guilherme III, receoso de o impasse dificultar o pagamento de soldados e marinheiros, interveio em favor da Holanda para pressionar por uma reforma monetária. Em 1692, a confederação aceitou um novo padrão monetário, baseado no florim da Holanda. As moedas cunhadas por outros padrões tiveram de ser contramarcadas com os novos valores ou retiradas de circulação. Novos modelos foram introduzidos em 1694 e os antigos foram pouco a pouco retirados.

Enquanto isso, em 1688, o rei inglês Jaime II, convertido ao catolicismo, batizou o filho recém-nascido como católico e deflagrou a rebelião da nobreza anglicana, que convidou Guilherme III a assumir o trono. Receoso da transformação da Inglaterra em potência católica e aliada da França, ele aceitou a proposta. A invasão foi bem-sucedida, e o golpe, acompanhado por garantias do rei ao Parlamento, ficou conhecido como a Revolução Gloriosa. Guilherme III passou a reinar em Londres e morreu sem filhos em 1702. Na Inglaterra, foi sucedido pela cunhada Ana. Nos Países-Baixos, o sobrinho João Guilherme Friso de Nassau herdou a chefia da Casa de Orange, mas não o cargo de *estatuder*, novamente declarado vago.

Os Países-Baixos no século XVIII (1702-1810)

No século XVIII, com a concorrência do crescente poderio naval da Inglaterra (Reino da Grã-Bretanha a partir de 1707), de sua revolução Industrial e de seus salários bem mais baixos, os Países-Baixos perderam a primazia no comércio mundial e com isso o status de grande potência. Os setores manufatureiro e comercial encolheram e suas rotas comerciais passaram a depender da boa vontade dos britânicos. Formou-se uma camada de rentistas que manteve Amsterdã na liderança do mercado mundial de capitais pelo investimento no exterior, principalmente na dívida pública e infraestrutura britânicas, mas a influência dessa classe foi determinante na deterioração do poder militar, pois pressionou pelo corte de gastos para garantir o pagamento da dívida pública da Holanda (310 milhões de florins em 1713) e da confederação (68 milhões), que geravam uma receita anual de 14 milhões.

O país voltou a ser governado pelos Grandes Pensionários, mas em 1745 envolveu-se na Guerra da Sucessão Austríaca, ao lado da Áustria e da Grã-Bretanha, contra a Prússia e a França. Esta derrotou as forças dos Países-Baixos, e em 1747 ocupou parte do seu território. Os neerlandeses, atemorizados, recordaram o desastre de 1672 e apoiaram os orangistas, que em 1748 impuseram a eleição do herdeiro Guilherme IV como *estatuder*. A guerra terminou nesse ano sem maiores perdas para os Países-Baixos, e o cargo se tornou autocrático e hereditário.

Em 1749, o valor do *gouden rijder* e de sua metade foram fixados em 14 e 7 florins respectivamente. Os ducados e demais moedas de ouro foram declaradas moedas cambiais e passaram a flutuar de acordo com o mercado, assim como as moedas de prata não definidas como múltiplos ou frações do florim, inclusive o ducatão e o rixdáler ou ducado de prata.

O *estatuder* morreu em 1751, e o poder passou a regentes da nobreza orangista em nome do seu filho de três anos. Este assumiu como Guilherme V em 1766, enquanto o país deslizava gradualmente para a mediocridade e deixava deteriorar-se suas forças armadas.

Denominação	Valor em stuivers	Peso em gramas	Valor em ñ c. 1760 (Amsterdã)
Moedas de conta			
pond (libra flamenga)	120		960
gulden (florim de conta)	20		160
schelling (soldo de grossos)	6		48
Moedas de ouro			
gouden rijder ou 14 florins (89,4%)	280	10,00	2.240
2 ducados (98,6%)	210	6,98	1.680
½ gouden rijder ou 7 florins (89,4%)	140	5,00	1.212
ducado (98,6%)	105	3,49	840
Moedas de prata			
dukaton ou zilveren rijder (93,75%)	63	32,57	504
3 florins (91,1%)	60	31,65	480
zilveren dukat ou rijksdaalder (86,8%)	50	28,08	400
½ dukaton (93,75%)	31,5	16,29	252
daalder (1½ florim)	30	15,83	240
½ zilveren dukat (86,8%)	25	14,04	200
gulden ou florim (91,1%)	20	10,55	160
½ florim ou 10 stuivers (91,1%)	10	5,28	80
scheepjesschelling (58,3%)	6	4,95	48
¼ florim (91,1%)	5	2,64	40
dubbele stuiver ou dubbeltje (58,3%)	2	1,72	16
stuiver (58,3%)	1	0,86	8
Moedas de cobre			
duit	1/8	3,24	1

Em 1776, a Guerra da Independência dos Estados Unidos dividiu o país. Os orangistas apoiavam a Grã-Bretanha, na qual reinava Jorge III, primo de Guilherme V, mas a oposição favorecia a França. Os revolucionários bloquearam as tentativas do governo de se aliar aos britânicos e romperam o embargo por estes declarado em nome do livre comércio. Em 1780, Londres declarou a guerra, travada sem entusiasmo pelos orangistas e financeiramente desastrosa para os Países-Baixos. A paz de 1784 os obrigou a ceder sua colônia de Negapatam na Índia e abrir o comércio nas Índias Orientais aos britânicos. As duas Companhias das Índias tiveram suas finanças destroçadas pela guerra. A Nova Companhia das Índias Ocidentais e suas colônias passaram às mãos do governo em 1791 e a Companhia das Índias Orientais teve o mesmo destino em 1799. O *estatuder* foi responsabilizado pela derrota e seus poderes reduzidos pela oposição "patriota" burguesa, mas em 1787 uma intervenção da Prússia e Grã-Bretanha o restaurou e exilou seus opositores.

Vale notar que, em 1780, dois terços dos 350 milhões de florins emprestados por holandeses ao exterior, que geravam uma receita anual de 16 milhões, estavam aplicados na dívida pública britânica. Depois da guerra, os investimentos no exterior aumentaram ainda mais, a um ritmo de mais de 20 milhões de florins por ano. Em 1795, eram estimados entre 650 milhões e um bilhão de florins.

Nesse ano, a oposição "patriota" retornou no rastro das tropas revolucionárias da França, dissolveu os Estados-Gerais e criou uma República Batava unitária no lugar da antiga confederação. Guilherme V fugiu para a Grã-Bretanha e lhe entregou as colônias. Guiana, Ceilão e o Cabo da Boa Esperança se tornariam definitivamente britânicos, mas as Índias Orientais (atual Indonésia) seriam depois devolvidas. Em 1806, Napoleão fez da República um Reino da Holanda governado pelo irmão Luís Bonaparte, e em 1810 a anexou ao Império Francês. A República Batava e o Reino da Holanda cunharam as moedas abaixo relacionadas:

Denominação	Valor em stuivers	Peso em gramas	Valor em ñ c. 1810 (Amsterdã)
Moedas de ouro			
20 *gulden* (91,7%)	400	13,65	1.600
2 ducados (98,6%)	220	6,98	880
10 *gulden* (91,7%)	200	6,83	800
ducado (98,6%)	110	3,49	440
Moedas de prata			
dukaton ou *zilveren rijder* (93,75%)	63	32,78	252
3 florins (91,2%)	60	31,65	240
zilveren dukat ou *rijksdaalder* (86,8%)	50	28,25	200
2½ florins ou 50 *stuivers* (91,2%)	50	26,45	200
½ *dukaton* (93,75%)	31,5	16,39	126

gulden ou florim (91,2%)	20	10,58	80
½ florim ou 10 *stuivers* (91,2%)	10	5,29	40
dubbele stuiver ou *dubbeltje* (55,8%)	2	1,60	8
Moedas de cobre			
2½ *stuivers* (1/8 *livre*)	2,5	6,00	10

SUÉCIA

De 1397 a 1523, com algumas interrupções, os países nórdicos estiveram reunidos sob uma só coroa na chamada União de Kalmar, dominada pela Dinamarca e com capital em Copenhague. O sistema monetário, tipicamente medieval, constituía-se de pequenas moedas de bolhão para uso interno e moedas de ouro para o comércio exterior, principalmente com a Liga Hanseática.

Primeiro século de independência (1523-1623)

A nobreza sueca rebelou-se várias vezes contra o domínio dinamarquês. Em 1523, com apoio da cidade hanseática de Lübeck, teve sucesso. Seu líder, Gustavo Vasa (Gustav Eriksson para seus contemporâneos), foi eleito rei Gustavo I (r. 1523-1560). Quando o papa se recusou a nomear para Estocolmo o arcebispo por ele desejado no lugar do antecessor pró-Dinamarca, o rei e a igreja sueca aderiram ao luteranismo.

Gustavo I cunhou durante a luta pela independência e logo depois moedas de *guyllen* (**florim** ou *Gulden*) de 25,9 gramas, öre (1/8 de marco) e örtug (1/24 de marco).

Denominação	Valor em penningar (1523)	Peso em gramas	Valor em ñ 1523
Moeda de conta			
mark	192		768
penning	1		4

Moedas de prata			
gyllen	288	25,86	1.152
1/2 gyllen	144	12,93	576
1/4 gyllen	72	7,30	288
Moedas de bolhão			
öre (46,9%)	24	4,39	96
örtug (46,9%)	8	1,46	32
fyrk = 1/2 örtug (34,4%)	4	0,94	16

Além das moedas regulares, fizeram-se durante a guerra de independência moedas quadradas emergenciais chamadas *klippingar* (singular *klipping*), cortadas de tiras de bolhão estampadas para acelerar a produção nos valores de ¼ *gyllen*, 18 *penningar* e 16, 15, 12, 8, 4 e 2 öre.

Em 1534, Gustavo I criou um sistema monetário mais completo, baseado no *Thaler* alemão, chamado em sueco **daler** e dividido em três marcos. Cada marco se dividia em 8 öre, 24 örtugar e 192 **penningar**. Inicialmente o *daler* continha 29,44 gramas de prata a 95,3% ou 28,06 gramas de prata pura, reduzidos em 1537 para 27,62 gramas.

Denominação	Valor em penningar 1535	Peso em gramas	Valor em ñ 1535
Moedas de conta			
mark	192		384
öre	24		48
örtug	8		16
penning	1		2
Moedas de prata (95,3%)			
daler	576	29,44	1.152
1/2 daler	288	14,72	576
1/4 daler	144	7,36	288
Moedas de prata (62,5%)			
2 mark = 16 öre	384	27,20	768
1 mark = 8 öre	192	13,60	384
1/2 mark = 4 öre	96	6,58	192
1/4 mark = 2 öre	48	3,29	96

Em 1542 o *daler* foi novamente reduzido para 29,25 gramas a 87,5%, quase igual ao *Joachimsthaler* já popular no Sacro Império Romano. O marco foi reduzido ainda mais, de modo que o daler passou a valer no mercado quatro marcos em vez de três.

Denominação	Valor em penningar 1554	Peso em gramas	Valor em ñ 1554
Moedas de conta			
mark	192		192
öre	24		24
örtug	8		8
Moedas de prata (87,5%)			
daler	768	29,25	768
1/2 daler	384	14,63	384
1/4 daler	192	7,31	192
Moedas de prata (50%)			
2 mark = 16 öre	384	24,08	384
1 mark = 8 öre	192	12,04	192
1/2 mark = 4 öre	96	6,02	96
1/4 mark = 2 öre	48	3,01	48
Moedas de bolhão (12,5%)			
4 penningar	4	0,98	4
2 penningar	2	0,49	2
1 penning	1	0,25	1

O rei, contrariado, suspendeu a cunhagem para reduzir a quantidade de moeda em circulação e fazer o marco subir de volta ao valor oficial de um terço de *daler*, e obteve sucesso parcial. De 1555 a 1560, o valor do *daler* variou em torno de 3,5 marcos.

Moedas de ouro foram cunhadas a partir de 1568 na forma do **ungersk gyllen** (florim húngaro) com conteúdo de 4,1245 gramas de ouro puro, equivalente a 1,67 *daler*, e do **krongyllen** (florim da coroa) de 1,25 *daler* e 3,0395 gramas de ouro, o que corresponde a uma relação ouro/prata de 10,3 a 10,5. Circularam também moedas de ouro estrangeiras: o *rosenobel* inglês (4 *dalers*), o *angel* inglês ou *engelot* (2,25 *dalers*), a *couronne* francesa ou *crona* (1,25 *daler*), o ducado (1,4 a 1,7 *daler*), o duplo ducado (3,25 *dalers*), o *rhensk* *gyllen* ou florim do Reno (0,75 a 1 *daler*) e o *portugalös* ou português (moeda portuguesa de dez cruzados ou sua imitação cunhada em Hamburgo) de 12 a 15 *dalers*.

Nos reinados de Érico XIV (r.1560-1568) e João III (1568-1592), as pressões dos gastos militares provocaram dois ciclos de degradação da moeda, em 1561-76 e 1590-93. Ambos incluíram produção em massa de *klippingar* como moeda corrente, enquanto o *daler* de prata permaneceu intocado, por ser usado no comércio exterior. O tratado de Stettin de 1570, ao obrigar a Suécia a pagar 150 mil *riksdalers* (115 milhões de ñ) pelo resgate do castelo de Älvsborg, tomado pelos dinamarqueses, empobreceu o país e reduziu suas reservas de prata.

Como de hábito, o valor das moedas degradadas caiu para o valor de metal intrínseco após algum tempo. O *daler* de conta, conhecido como **svensk daler** (táler sueco) ou **räknedaler** (táler de conta), foi estabilizado em quatro marcos, mas o *daler* de prata físico, distinguido como **slag daler** (táler batido, quer dizer, cunhado), passou a valer 4,5 marcos em 1563, 6,5 em 1567, 7,5 em 1568, 10 em 1570, 20 em 1572, 32 em 1574 (de modo que um marco de *klippingar* valia apenas um öre de moedas de prata regulares) e 26 em 1576.

Nesse último ano, foram postas em circulação moedas divisionárias de melhor qualidade em substituição das degradadas e o *slag daler* voltou a valer oficialmente 4 marcos (4,25 segundo o preço de mercado até 1585, depois 4,5). Outra crise fiscal, provocada por uma guerra com a Rússia, levou-o a 10 marcos de *klippingar* em 1592 e 18 em 1593.

João III emitiu moedas de ouro de 5, 10 e 20 ducados (equivalentes a ½, 1 e 2 **portugalös**, ou 2,4 e 8 *rosenobles*) no início de seu reinado. Em 1589-92, além do *krongyllen*, cunhou moedas de ouro de 3,6, 12, 24 e 48 marcos.

Em 1594, no reinado de Sigismundo III (r. 1592-1599) nova emissão estabilizou o *slag daler* em uma nova cotação, desta vez oficial, de 4,5 marcos. A partir de então, a moeda de prata passou a ser chamado de *riksdaler*, por analogia com o *Reichsthaler* imperial. Em termos de conteúdo metálico, seu valor deveria equivaler a 6 marcos, mas o governo de Carlos IX (que depôs Sigismundo em 1599, foi coroado em 1604 e reinou até 1611) teve sucesso em impor um valor fiduciário à moeda degradada até 1607. Só em 1611 a cotação de mercado do *riksdaler* passou de fato a 6 marcos.

Em 1603 e 1606-26, foram cunhadas moedas de ouro em marcos na forma de *klippingar* quadrados de 5, 8 e 10 marcos, bem como moedas convencionais de 6 e 16 marcos e de 6 e 10 ducados. As moedas de ouro de 1606-1624 tinham um teor de ouro de 0,303 gramas por marco, as de 1610-1611 de 0,285 gramas por marco e as de 1626 de 0,273 gramas por marco. Como o marco continha então 4,05 gramas de prata pura, isso implica uma relação ouro-prata de 13,4 a 14,2 em 1606-24 e 14,8 em 1626. Uma peculiaridade dos *klippingar* de ouro (e de algumas outras moedas suecas desse período) é a representação no reverso de "Deus" na forma do nome divino IHVH em letras hebraicas, rodeadas de chamas.

Três metais e cinco ou mais moedas (1624-1719)

O rei Gustavo II Adolfo (r. 1611-1632) herdou três guerras ao subir ao trono: contra a Dinamarca, Polônia e Rússia. As duas primeiras terminaram com ganhos territoriais para a Suécia em 1617 e 1629, respectivamente, mas a primeira foi concluída em 1613 com um tratado de paz que o obrigou a novamente pagar um resgate pelo castelo de Älvsborg, desta vez de um milhão de táleres alemães (cerca de 600 milhões de ñ), pagos até 1619.

Os gastos militares, o resgate de Älvsborg e o comércio com a Holanda drenaram as reservas de prata e puseram em risco os planos do rei de fazer da Suécia uma grande potência militar. Por outro lado, o reino tinha desde o século X as maiores e mais numerosas minas de cobre da Europa. Competente e ousado tanto como comandante militar quanto como administrador, Gustavo Adolfo decidiu usar a abundância de cobre como matéria-prima para seus canhões e para criar um sistema monetário próprio com o qual pagar seus soldados, sem depender de metais preciosos estrangeiros. Pôr grandes quantidades de cobre em circulação como dinheiro e usá-lo para estimular a indústria armamentista nacional também contribuía para reduzir a oferta de cobre no mercado externo e fazer subir seu preço. O rei implantou ainda sistemas mais modernos e eficientes de recrutamento e arrecadação de impostos para viabilizar sua intervenção na Guerra dos 30 Anos, tentar estabelecer a hegemonia dos protestantes e da Suécia no Sacro Império Romano e eventualmente coroar-se imperador.

Na Baixa Idade Média, moedas de bolhão com mais de 90% de cobre e menos de 10% de prata foram comuns, mas peças de cobre eram quase inexistentes, salvo como "contos", *jetons* ou fichas criadas por particulares, igrejas ou municípios para facilitar o troco. Para a mentalidade da época, moedas legítimas tinham de conter pelo menos um pouco de metal precioso. No início da Idade Moderna, moedas de cobre oficiais com valor puramente fiduciário se tornaram aceitáveis para representar pequenos valores no lugar de moedas de bolhão, que seriam demasiado pequenas ou difíceis de distinguir do cobre puro.

As moedas de cobre cunhadas na Suécia a partir de 1624, porém, tinham valor intrínseco e não fiduciário, ou seja, continham cobre em quantidade correspondente ao seu valor nominal. Assim como os antigos asses da Roma republicana da Antiguidade, não eram pequenas fichas, mas peças substanciais, pois teriam de pesar 57,5 vezes mais que uma moeda de prata pura do mesmo valor. Inicialmente produzidas como *klippingar* de ¼ öre a 2 öre e com peso de 28,3 gramas por öre, passaram a ser cunhadas como moedas redondas em 1627, em valores de um *fyrk* (1/4 öre), ½ öre e 1 öre de mesmo peso, equivalentes às moedas de igual denominação em prata. Entretanto, a grande quantidade de moedas de cobre postas em circulação para pagar a aventura militar de Gustavo Adolfo na Guerra dos 30 Anos – 4,6 milhões de dáleres de cobre – derrubou seu valor relativo. O *riksdaler* passou de 6½ marcos de cobre em 1626 para 10 em 1628 e 14 em 1630, o que correspondia a uma relação prata/cobre de 124 para 1.

Morto em batalha contra as tropas imperiais dos Habsburgos em novembro de 1632, Gustavo Adolfo foi sucedido pela filha Cristina no domínio da Suécia, das atuais Finlândia e Estônia e partes da Letônia e Rússia. Durante o reinado da filha, a Suécia continuou a ter um papel importante na Guerra dos 30 Anos. Com a Paz de Westfália de 1648, ganhou 5 milhões de *riksdalers* e expandiu seu território com partes do norte da Alemanha, além de criar uma colônia no atual estado de Delaware (então Nova Suécia) e feitorias na África (na atual Gana).

Culta e independente, Cristina recusou-se a se casar. Inadvertidamente causou em 1650 a morte de René Descartes, maior filósofo de seu tempo, ao convidá-lo à sua corte. Segundo o relato tradicional, ele morreu de pneumonia depois de acordar de madrugada em pleno inverno sueco para dar aulas à rainha às cinco da manhã, quando estava acostumado a ficar na cama até o meio-dia. Hoje se suspeita de que o padre católico lhe deu uma hóstia com arsênico por recear que suas teorias desencorajassem a conversão da rainha ao catolicismo.

Em 1633, o valor oficial das moedas de cobre foi reduzido em 50% em relação às de prata. Passaram a existir dois sistemas monetários paralelos: um em *silvermynt*, abreviado s.m., e outro em *kopparmynt*, abreviado s.k. Tanto o *daler silvermynt* (d.s.m.) quanto o *daler kopparmynt* (d.k.m.) se dividiam em 4 marcos e 32 *öre* do respectivo sistema. A relação foi de 1 d.s.m = 2 d.s.k. de 1633 a 1643, quando o *kopparmynt* foi desvalorizado em 20% e passou a ser de 1 d.s.m = 2,5 d.s.k. Em 1665, houve mais uma desvalorização, de 16,7%, de modo que a relação passou a 1 d.s.m = 3 d.s.k. e assim permaneceu até 1776.

Silvermynt significa "dinheiro de prata" e *kopparmynt* "dinheiro de cobre", mas na realidade esses eram nomes convencionais para dois sistemas monetários e contábeis separados, cujas peças não eram necessariamente desses metais. As velhas moedas e *klippingar* de cobre de Gustavo Adolfo foram a base monetária original do *kopparmynt* e suas moedas de prata as do *silvermynt*, mas já em 1633 começaram a ser cunhadas novas peças de cobre, maiores, denominadas em *silvermynt*. Quando o pagamento era feito em moedas de prata reais, usava-se a expressão "*silvermynt* em espécie" ou *vitt mynt* ("dinheiro branco").

A partir de 1644, a Suécia passou a emitir em cobre não apenas *öre*, mas também dáleres, constituídos de grossas placas estampadas com o ano e valor nominal no centro e nos cantos. Enquanto as moedas de cobre de tamanho menor eram chamadas *slantar*, essas gigantes foram chamadas *plåtmynt*, "dinheiro de placas" e foram produzidas nos valores de 8 e 10 dáleres *silvermynt*, retangulares, e ½, 1, 2, 3, 4 e 5 dáleres, quadradas. A primeira foi a peça de 10 dáleres que, fundida de 1644 a 1646 com 63 x 32 x 0,7 cm e 19,72 kg (relação prata/cobre de 117), foi a maior moeda metálica jamais produzida para circulação. A partir de 1649, passaram a pesar 1.812 gramas por dáler (relação de 107,5), reduzidos para 1.510 em 1660 (relação de 97), 1.134 em 1709 (relação de 59) e 756 em 1715 (relação de 88). A peça de 8 dáleres, fundida até 1682, pesava inicialmente 14,6 kg e media 63 x 28 x 0,6 cm.

Em 1720, um diplomata dinamarquês escreveu a um compatriota sobre as moedas suecas:

> Um daler é do tamanho de uma página in quarto [cerca de 23 x 29 cm] (...) muitos levam o dinheiro nas costas, os outros sobre as cabeças, e grandes somas são carregadas em carroças. Quatro riksdalers seriam um castigo terrível para mim se eu tivesse que carregá-los por cem passos; por aqui, não há como ser ladrão. Eu hei de levar um desses dalers para você se não me pesar demais; eu o estou escondendo debaixo da cama.

Tanto prata quanto cobre circulavam amplamente e se alternavam como base oficial da principal unidade monetária. Foi o cobre em 1624-1633, a prata em 1633-1644, o cobre em 1644-1664, a prata em 1664-1674, o cobre em 1674-1681, a prata em 1681-1709, o cobre em 1709-1766 e a prata em 1766-1776. Quando o cobre subia, tendia a sair de circulação e a prata ocupava o lugar de padrão; quando caía, verificava-se o movimento oposto, sem que nenhum desaparecesse. A despeito das tentativas dos sucessivos governos de fixar a relação entre os diferentes tipos de moedas, as taxas de câmbio entre elas flutuaram diariamente, e as taxas oficiais, como mostra a tabela abaixo, serviram apenas como referência.

Período	riksdaler / marco k.m. taxa oficial	riksdaler / marco k.m. taxa de mercado	ducado / riksdaler taxa oficial	ducado / riksdaler taxa de mercado	carolin / öre s.m. ou courant taxa oficial	carolin / öre s.m. ou courant taxa de mercado	öre s.m. ou courant / öre k.m. taxa oficial	öre s.m. ou courant / öre k.m. taxa de mercado
1624-1633	6,5	6,5 a 17,5	-	-	-	-	1	n/d
1633-1643	12	12 a 17,5	-	-	-	-	2	n/d
1643-1665	15	15 a 21,75	-	-	16	16	2,5	2,5 a 3
1665-1681	19,5	21 a 27,3	1,923	1,92 a 2,06	16	16,5 a 20,8	3	3 a 3,5
1681-1686	24	22,6 a 27,3	2	1,91 a 2,08	18,67	18,67 a 20	3	3 a 3,1
1686-1716	24	24 a 27,1	2	1,88 a 2,29	20	n/d	3	n/d
1716-1719	36	26 a 140	2	1,99 a 2,03	25	n/d	3	n/d
1719-1745	36	34 a 43	2	1,97 a 2,06	25	25 a 31	3	3 a 3,4
1745-1776	36	38 a 108	2	1,84 a 2,04	25	29,5 a 57,5	3	3,1 a 6,5

Relação oficial entre moedas suecas e poder aquisitivo aproximado

Data	Valor nominal oficial em öre kopparmynt									Poder aquisitivo em ñ								
	ouro	prata	prata	silvermynt			kopparmynt		ouro	prata	prata	silvermynt			kopparmynt		
	ducado	riksdaler	carolin	daler	mark	öre	daler	mark	ducado	riksdaler	carolin	daler	mark	öre	daler	mark	öre
12/1/1593	–	36	–	32	8	1	32	8	–	565	–	502	126	15,7	502	126	15,7
7/9/1619	–	52	–	32	8	1	32	8	–	478	–	294	73	9,2	294	73	9,2
1624	–	52	–	32	8	1	32	8	–	435	–	268	67	8,4	268	67	8,4
16/8/1633	–	96	–	64	16	2	32	8	–	394	–	263	66	8,2	131	33	4,1
24/3/1643	–	120	40	80	20	2,5	32	8	–	420	140	280	70	8,8	112	28	3,5
7/10/1665	300	156	48	96	24	3	32	8	712	370	114	228	57	7,1	76	19	2,4
19/3/1681	384	192	56	96	24	3	32	8	815	408	119	204	51	6,4	68	17	2,1
15/5/1686	384	192	60	96	24	3	32	8	825	371	116	185	46	5,8	62	15	1,9
23/1/1716	(*) 576	(*) 288	75	96	24	3	32	8	772	417	109	139	35	4,3	46	12	1,4
29/12/1718	576	288	75	96	24	3	32	8	781	422	110	141	35	4,4	47	12	1,5

(*) valorização extra-oficial
Obs.: poder aquisitivo estimado com base em preços de Londres

Preços em 1644: 10 *dalers sylvermynt* (2.800 ñ) podiam comprar:

- 33 dias de trabalho não especializado (cerca de 85 ñ por dia)
- 30 kg de manteiga (cerca de 93 ñ por kg)
- 5 hectolitros de grãos = 345 kg (cerca de 8 ñ por kg)

Moedas suecas na época da rainha Cristina

Denominação	Valor em öre k.m. 1650	Peso em gramas	Valor em ñ 1650
Moedas de conta			
Ducado	240		720
daler silvermynt	80		240
daler kopparmynt	32		96
Moedas de ouro			
5 ducados	1.200	17,5	3.600
Moedas de prata (86,4%)			
4 riksdaler	480	117,00	1.440
2 riksdaler	240	58,50	720
1½ riksdaler	180	43,88	540
1 riksdaler	120	29,25	360
½ riksdaler	60	14,63	180
¼ riksdaler	30	7,31	90
Moedas de prata (75%)			
4 mark silvermynt	80	20,80	240
2 mark silvermynt	40	10,40	120
1 mark silvermynt = 8 öre silvermynt	20	5,20	60
Moedas de bolhão (37,5%)			
1 öre silvermynt	2,5	1,30	8
Moedas de cobre silvermynt (de Catarina)			
8 dalers silvermynt	640	14.496	1.920
4 dalers silvermynt	320	7.248	960
2 dalers silvermynt	160	3.624	480
1 daler silvermynt	80	1.812	240
1 öre silvermynt	2,5	51,5	7,5
¼ öre silvermynt (fyrk)	0,625	12,9	1,9
Moedas de cobre kopparmynt (de Gustavo Adolfo)			
2 öre kopparmynt	2	56,6	6,0
1 öre kopparmynt	1	28,3	3,0
½ ore kopparmynt	0,5	14,1	1,5
¼ öre kopparmynt (fyrk)	0,25	7,1	0,75

Em 1654, a rainha Cristina abdicou sob pressão da elite tradicional, descontente com medidas arbitrárias (inclusive a decapitação do cronista da corte Arnold Johan Messenius, por criticar a ela e seu primeiro-ministro Axel Oxenstierna) e excesso de gastos. Seu governo criou 491 novos títulos de nobreza e presenteou os titulares com bens da coroa que rendiam 1,2 milhão de *riksdalers* anuais (432 milhões de ñ). Após abdicar em favor de seu primo Carlos X Gustavo, ela tornou-se católica e foi viver na Itália como uma protegida do Papa e uma mecenas. Um dos primeiros atos de Carlos X (r. 1654-1660) foi retomar um quarto das terras distribuídas aos favoritos de Cristina.

Carlos X iniciou na Suécia a chamada "era carolina", continuada pelo filho Carlos XI (r. 1660-1697) e pelo neto Carlos XII (r. 1697-1718). Seu reinado foi quase todo dominado por uma guerra na qual a Suécia enfrentou a Polônia-Lituânia, a Dinamarca, a Áustria, os Países-Baixos e a Prússia (embora a última tenha brevemente passado para o lado sueco em 1656-57). Apesar de não contar com nenhum grande aliado, a Suécia saiu vitoriosa e tomou grande parte do que era então Dinamarca, apesar de perder a colônia americana para os holandeses.

Em 1657, o mercador holandês Johan Palmstruch criou o Banco de Estocolmo segundo o modelo de Amsterdã, e grandes quantidades de placas de cobre foram lá depositadas. Em 1661, com a redução do dáler *silvermynt* de 1.812 para 1.510 gramas de cobre, o banco aparou as placas antigas para fazer placas novas, com ganho de 20%. No mesmo ano, começou a emitir o primeiro papel-moeda do Ocidente, as chamadas *Kreditivsedlar* ("notas de crédito"), em parte pela escassez de moeda metálica e em parte porque o peso das moedas de cobre tornava o papel-moeda muito conveniente. As primeiras notas foram emitidas em valores redondos de 5 a 1.000 dáleres *kopparmynt* (480 a 96.000 ñ), 10 a 1.000 dáleres *silvermynt* (2.400 a 240.000 ñ) e 50 a 1.000 *riksdalers* (18.000 a 360.000 ñ). Essas notas chegaram a ser negociadas com um pequeno ágio em relação às moedas metálicas, mas, pela emissão excessiva (chegaram a 2,7 milhões de dáleres *kopparmynt*, 10% a 20% da moeda em circulação), começaram a sofrer deságio de 8% a 10%. Como o banco as resgatava ao valor nominal, houve uma corrida para convertê-las de novo em moeda metálica, e em 1664 o banco quebrou. O Parlamento o liquidou, resgatou as notas pelo valor integral e, em 1668, criou em seu lugar o estatal Riksbank, primeiro banco central da história.

A guerra teve como consequência a quebra das moedas em bolhão pela redução do conteúdo em prata. A partir dos anos 1660, as moedas de prata denominadas em marcos começaram a ser negociadas com prêmio em relação às denominadas em öre. Em 1681, o prêmio se oficializou de forma a instituir uma nova moeda. Como as moedas de dois marcos cunhadas por Carlos X e sucessores eram chamadas *carolins*, o *silvermynt* dividiu-se em dois sistemas monetários: *carolin* para as moedas de prata em marcos e *courant* para as de bolhão em öre. Dois *carolins* faziam um *daler carolin* e três *carolins*, um *riksdaler carolin*. Assim, de meados do século XVII até 1776, a Suécia teve pelo menos cinco sistemas monetários baseados em três metais diferentes, ouro, prata e cobre, sem contar as moedas estrangeiras:

1. *Dukat* (ducado) de ouro e seus múltiplos e frações, cujo valor oscilava, conforme a relação entre ouro e prata, em torno de dois *riksdaler* por ducado. Eram usados principalmente no comércio exterior.

2. *Riksdaler* de prata a 87,8% e seus múltiplos e frações, também destinados ao comércio exterior.

3. *Daler carolin* ou *Svensk daler* ("dáler sueco"), moeda de conta de 2 *carolins* ou 4 marcos *carolin*, cunhados em prata 69,4% ou 92,2%.

4. *Daler courant* ou *Daler silvermynt*, moeda de conta de 32 öre *courant*, subdividido em:

> *4. 1 Daler courant* em moedas de bolhão 44,4% ou 25%, negociadas com ágio em relação às placas de cobre sem que este chegasse a ganhar caráter oficial.
>
> *4. 2 Daler silvermynt* em placas de cobre (*plåtmynt*) denominadas em *daler silvermynt* com peso correspondente ao valor.
>
> *4. 3 Daler silvermynt* em moedas de cobre denominadas em *öre silvermynt*, cujo peso se tornou progressivamente inferior ao seu valor, portanto cada vez mais fiduciárias.

5. *Daler kopparmynt*, moeda de conta constituída de 32 öre *kopparmynt*, de peso inicialmente correspondente ao valor, depois fiduciária.

Preços em 1666: 100 *dalers silvermynt* (22.800 ñ) podiam comprar:

- 340 dias de trabalho não especializado (cerca de 67 ñ por dia)
- 360 kg de manteiga (cerca de 63 ñ por kg)
- 9 bois (cerca de 2.500 ñ por cabeça)
- 47 hectolitros de grãos = 3.200 kg (cerca de 7 ñ por kg)

Moedas suecas na época de Carlos XI

Denominação	Valor em öre k.m. 1686	Peso em gramas	Valor em ñ 1686
Moedas de conta			
riksdaler carolin (= 3 carolins)	180		360
riksdaler courant/silvermynt	144		288
daler carolin ou svensk daler (= 2 carolins)	120		240
daler courant/silvermynt	96		192
daler kopparmynt	32		64
Moedas de ouro (97,6%)			
3 ducados	1.152	10,44	2.304
ducado	384	3,48	768
1/4 ducado	96	0,87	192
Moedas de prata (87,8%)			
1 riksdaler	192	29,27	384
Moedas de prata (92,2%)			
8 mark (= 4 carolins = 2 daler carolin)	240	31,35	480
Moedas de prata (69,4%)			
4 mark (= 2 carolins = daler carolin)	120	20,80	240
2 mark (= 1 carolin)	60	10,40	120
1 mark (= ½ carolin)	30	5,20	60
Moedas de bolhão (44,4%)			
5 öre silvermynt (= ½ mark = ¼ carolin)	15	3,51	30
Moedas de bolhão (25%)			
1 öre silvermynt	3	1,23	6
Moedas de cobre silvermynt			
8 dalers silvermynt	768	12.080	1.536
5 dalers silvermynt	480	7.550	960
4 dalers silvermynt	384	6.040	768
3 dalers silvermynt	288	4.530	576
2 dalers silvermynt	192	3.020	384

1 daler silvermynt	96	1.510	192
1/2 daler silvermynt	48	755	96
1 öre silvermynt	3	40,50	6
1/6 öre silvermynt	0,5	6,75	1
Moedas de cobre kopparmynt			
2½ öre kopparmynt	2,5	44,25	5
2 öre kopparmynt	2	35,40	4
1 öre kopparmynt	1	17,70	2
½ ore kopparmynt	0,5	8,85	1

Conteúdo do marco de prata em prata pura

período	ramas de prata	Poder aquisitivo do conteúdo de prata em ñ a preços de Londres (*)	
		Início do período	Fim do período
1534-1535	8,854	384	395
1536-1540	8,2272	382	366
1541-1561	6,0176	251	202
1562	5,8296	192	192
1563-1568	4,1371	134	131
1568-1571	2,0568 a 3,0852	98	67
1571-1575	1,0284	34	28
1576-1589	6,0176	157	135
1590-1591	2,9971	71	70
1591-1592	0,6473 a 1,1753	28	15
1593	4,2311	93	93
1593	6,399	141	141
1594-1603	6,0522	131	123
1604-1633	4,0503	84	62
1634-1638	3,9003	62	59
1639-1649	4,1297	63	51
1649-1663	3,9003	48	54
1664-1776	3,6114	50	41

(*) Em certos períodos, o valor fiduciário das moedas lhes proporcionou poder aquisitivo maior que o indicado.

Esse período constitui uma interessante exceção à lei de Gresham, segundo a qual a circulação de moedas inferiores leva ao entesouramento ou exportação de moedas de qualidade superior e as expulsa da circulação. A explicação proposta é que os sistemas se mantiveram paralelos e semi-independentes. Dívidas feitas em um tipo de moeda tinham de ser pagas na mesma moeda contábil e tanto o Banco de Estocolmo quanto o Riksbank precisaram de liquidez em todos os tipos de moeda. O dinheiro existia em diferentes formas, sem que uma delas se tornasse uma moeda para todos os propósitos. Nenhuma podia ser totalmente expulsa do mercado, pois cada uma tinha uma esfera de circulação na qual era insubstituível.

A Suécia continuava então a ser vista como uma grande potência europeia. Uma das manifestações mais curiosas do ufanismo sueco desse período partiu do médico e erudito Olavo Rudbeck, reitor da Universidade de Uppsala, que em 1679 publicou uma obra chamada *Atlantica*, com a qual pretendia provar que a Suécia era o berço da História. O frontispício do livro mostra um arrogante Rudbeck a dissecar o mapa da Europa e revelar, sob a superfície da Suécia, a "ilha dos Deuses" (Atlântida e, ao mesmo tempo, a terra dos hiperbóreos da mitologia grega) exatamente em Uppsala, para espanto de sábios, filósofos e historiadores da Antiguidade, entre eles o próprio Platão, criador do mito da Atlântida. Esse episódio deu origem à tese da "Atlântida nórdica", inspiradora no século XX da "Sociedade de Thule", uma das vertentes ideológicas do mito ariano que originou o nazismo.

Entretanto, em 1680 se deu a "Grande Redução", pela qual a Coroa, com apoio da burguesia, pequena nobreza e campesinato, retomou a maior parte das terras distribuídas a grandes senhores. As novas reduções transferiram da aristocracia para o rei 1,95 milhão de dáleres *silvermynt* anuais (390 milhões de ñ), 700 mil dos quais da Suécia e Finlândia, 550 mil da Livônia e 700 mil de outras possessões.

O descontentamento da nobreza germânica da Livônia, herdeira dos Cavaleiros Teutônicos, pela expropriação a levou a procurar o apoio do Tsar Pedro I, o Grande e do duque Augusto II da Saxônia, depois rei da Polônia-Lituânia. Isso levou à Grande Guerra do Norte de 1700-1721, com a qual a Rússia se afirmou como império e a Suécia deixou de ser uma grande potência.

As placas de cobre, cuja circulação se reduzira nos anos 1690, voltaram a ser produzidas em grande quantidade, com peso menor (1.134 gramas por dáler), a partir de 1710. Com a elevação relativa do preço do cobre, as placas foram contramarcadas para serem revalorizadas em 50% em 1715 (756 gramas por dáler) e se restabelecer a paridade com seu conteúdo metálico.

Por dizer a Carlos XII aquilo que ele queria ouvir – que a Suécia não estava esgotada e ainda podia vencer a guerra – o Barão Georg Heinrich von Görtz, alemão do ducado de Holstein, tornou-se em 1716 seu primeiro-ministro e assumiu o comando da diplomacia e das finanças. Seu esforço para financiar a guerra levou à emissão de grandes quantidades de moedas fiduciárias de cobre, chamadas *nödmynt* ("dinheiro de emergência") ou *mynttecken* ("dinheiro-ficha"), moedas de cobre de 3,6, 4,5 ou 7,2 gramas, metal equivalente a 0,5% a 1% de seu valor nominal de um dáler *silvermynt* ou 32 öre (cerca de 140 ñ). Para impor sua aceitação, um decreto de 1717 proibiu o uso dos *carolins* e tornou obrigatória sua troca por moeda fiduciária. Em seu lugar foram cunhados os *Görtz carolins*, com menor conteúdo de prata e valor nominal de 16 öre (em vez dos 25 öre dos *carolins* originais). Também foi emitido papel-moeda (*myntsedlar*) na forma de títulos públicos sem direito a juros, em 1716 de 25 dáleres *silvermynt* (3.500 ñ) e no ano seguinte de 5 e 10 *riksdalers* (2.100 e 4.200 ñ).

O rei abusou, porém, do sistema monetário ao emitir uma quantidade excessiva de moeda fiduciária (25 milhões de dáleres, em vez dos dois milhões planejados pelo primeiro-ministro) e inflacionar a moeda fiduciária. O prêmio das moedas intrínsecas em relação às fiduciárias foi de 4% a 14% do segundo semestre de 1716 a setembro de 1718, mas saltou para 20% a 80% em outubro. E Carlos XII, por acreditar ser capaz de vencer a todos, não tirou proveito da diplomacia de Görtz, que queria a paz com a Rússia para enfrentar os demais inimigos em posição mais vantajosa. Com a repentina morte do rei em novembro de 1718, por uma bala que não se sabe se veio do inimigo ou de um traidor, o primeiro-ministro perdeu seu protetor e tornou-se bode expiatório da crise financeira e militar. Foi preso e em fevereiro, decapitado.

Em abril, decretou-se a remonetização dos antigos *carolins* e a troca de cada daler *silvermynt* fiduciário de 32 öre, cujo valor de mercado caíra para 38% a 39% do valor nominal no caso das moedas de cobre e ainda mais no papel-moeda, por uma moeda fiduciária de 2 öre (9 ñ) chamada *Hoppet* ("Esperança") e uma nota de 14 öre (61 ñ) a ser resgatada quando o governo julgasse possível. As moedas que não fossem trocadas até junho por falta de oportunidade para ir ao banco em Estocolmo passaram a valer 2 öre, mas houve uma segunda oportunidade em 1723, depois da qual só foram trocadas por moedas de 1 öre. Quanto às notas, a maioria (85%) foi resgatada, mas só muito depois, até 1760.

Carlos XII, solteiro, foi sucedido pela irmã, Ulrica Leonor, em meio a uma situação desastrosa e sem ter a confiança da aristocracia. Embora distribuísse títulos de nobreza para tentar ganhar aliados e sustentar o absolutismo, foi forçada a aceitar uma monarquia constitucional e abdicar em favor do marido alemão Frederico I (r. 1720-1751), landegrave de Hesse-Kassel, ao qual coube negociar a paz e entregar aos russos a Estônia, Livônia, Íngria e parte da Finlândia, e à Prússia parte da Pomerânia. A Suécia fora reduzida a uma potência de segunda classe, mas nesse período – chamado pelos historiadores suecos de "Era da Liberdade", no qual o Parlamento deteve o poder de fato e os reis foram meras figuras de proa –, o país desfrutou de desenvolvimento econômico e cultural, com destaque para a invenção da taxonomia pelo naturalista Carlos Lineu.

Em 1741, o parlamento sueco tentou recuperar os territórios perdidos para a Rússia com nova guerra. Com a derrota, a tsarina Isabel impôs a anexação de mais uma parte da Finlândia e a eleição para sucessor de Frederico – que não tivera filhos da falecida Ulrica –, de Adolfo Frederico (r. 1751-1771), tio em segundo grau e regente de Carlos Pedro, duque de Holstein, neto de Pedro o Grande e herdeiro da Rússia. Em 1757-1762, a participação na Guerra dos Sete Anos fracassou na tentativa de recuperar a Pomerânia.

No campo monetário, viu-se a aceitação de uma nova forma de papel-moeda, as *transportsedlar* ("notas transferíveis"), notas endossáveis, inicialmente conversíveis em placas de cobre no Riksbank, tipicamente em valores de 50 a 200 dáleres silvermynt. A partir de 1726 foram aceitas no pagamento de impostos. Seu montante cresceu de 12 mil dáleres *silvermynt* em 1722 para um milhão em 1730 e 5,3 milhões em 1740 e eram inicialmente negociadas com um prêmio de 1,5% a 2% em relação às placas de cobre (6% a 7% se estas tivessem que ser transportadas para o interior).

A guerra com a Rússia exigiu, porém, a emissão em massa de notas, que chegaram a 9,5 milhões em 1743. O risco de drenagem das reservas do Riksbank levou o governo a torná-las inconversíveis e sem endosso em 1745, situação que durou até 1776. Foram emitidas notas de 6, 9, 12, 24 e 36 dáleres *kopparmynt*. O Riksbank só as trocava por pequenas moedas de cobre (*slantar*) cujo conteúdo se reduzira a um terço, tornando-as na prática fiduciárias. Como várias moedas metálicas continuaram a circular ao lado das notas, formou-se mais um padrão monetário.

O papel-moeda, complementado por *slantar*, tornou-se a maior parte da oferta monetária, enquanto *carolins*, öre *courant* e placas de cobre foram negociados com ágios crescentes. Em 1762-1763, o riksdaler chegou a valer mais de 100 dáleres *kopparmynt*.

Em 1765-1766, com a expulsão do partido Hat (militarista) do governo, começou-se a preparar um retorno ao padrão prata e a tentar restaurar a antiga paridade de 36 marks *kopparmynt* ou 3 dáleres *silvermynt* por *riksdaler*. Grandes quantidades de papel-moeda foram retiradas de circulação, provocando uma severa deflação, mas, com o retorno dos Hats em 1769, essa política foi parcialmente revertida, embora se continuasse a cunhar grandes quantidades de *riksdalers* com vistas ao retorno a um padrão único.

Em 1771, Adolfo Frederico foi sucedido pelo filho Gustavo III (r. 1771-1792), que no ano seguinte tomou o governo ao parlamento, golpe de Estado com o qual se iniciou uma era de "despotismo esclarecido".

Moedas suecas na "Era da Liberdade"

Denominação	Valor legal em öre k.m. 1750	Valor de mercado em öre k.m. junho/1750	Peso em gramas	Valor em ñ 1750
Moedas de conta				
riksdaler carolin	225	297		339,6
daler carolin ou svenska daler	150	198		226,4
daler courant	96	112		127,9
daler silvermynt	96	96		109,6
daler kopparmynt	32	32		36,5
Moedas de ouro (97,6%)				
10 ducados	5.760	7.240	34,80	8.265,8
ducado	576	724	3,48	826,6
1/2 ducado	288	362	1,74	413,3
1/4 ducado	144	181	0,87	206,6
Moedas de prata (87,8%)				
2 riksdaler	576	744	58,54	849,4
1 1/2 riksdaler	432	558	43,90	637,1
1 riksdaler	288	372	29,27	424,7

1/2 riksdaler	144	186	14,63	212,4
1/4 riksdaler	72	93	7,32	106,2
Moedas de prata (69,4%)				
4 mark (= 2 carolin)	150	198	20,80	226,1
2 mark (= 1 carolin)	75	99	10,40	113,0
1 mark (= 1/2 carolin)	37,5	49,5	5,20	56,5
Moedas de bolhão (44,4%)				
10 öre courant	30	35	7,02	40,0
5 öre courant	15	17,5	3,51	20,0
Moedas de bolhão (19,4%)				
2 öre courant	6	7	2,40	8,0
1 öre courant	3	3,5	1,20	4,0
Moedas de cobre silvermynt				
4 dalers silvermynt	384	384	3.024	438,4
2 dalers silvermynt	192	192	1.512	219,2
1 daler silvermynt	96	96	756	109,6
1/2 daler silvermynt	48	48	378	54,8
2 öre silvermynt	6	6	28,30	6,9
1 öre silvermynt	3	3	14,15	3,4
1/2 öre silvermynt	1,5	1,5	7,08	1,7
Papel-moeda em kopparmynt				
36 dalers kopparmynt	1.152	1.152	–	1.315,2
24 dalers kopparmynt	768	768	–	876,8
12 dalers kopparmynt	384	384	–	438,4
9 dalers kopparmynt	288	288	–	328,8
6 dalers kopparmynt	192	192	–	219,2
Moedas de cobre kopparmynt				
1 öre kopparmynt	1	1	4,70	1,1

A Suécia absolutista (1776-1809)

Em 1776, Gustavo III promoveu uma grande reforma cunhagem que aboliu a divisão medieval em marcos, öre e *penningar*, o multimetalismo do cobre e prata e a contagem em *kopparmynt*, *silvermynt*, *courant*, *ore* e *carolins* em favor de uma moeda única e um monometalismo baseado no *riksdaler* como única unidade de conta (à parte o ducado). Um *riksdaler* passou a se dividir em 48 **skillings** e um *skilling* em 12 **runstycken** ("peças redondas", nome antes dado aos öre kopparmynt).

As moedas antigas deixaram de ser meios legais de pagamento a partir de 1777 e foram trocadas por moedas e notas fiduciários em *riksdaler*, embora notas em dáleres *kopparmynt* continuassem a circular por alguns anos. As antigas moedas de prata foram trocadas por seu valor nominal, ou seja, um *riksdaler* por 3 dáleres courant ou 1,92 dáler *carolin*. As notas do Riksbank e as *slantar* tiveram o valor nominal reduzido em 50% como já era prática no mercado, ou seja, 1 *riksdaler* foi trocado por 6 dáleres *silvermynt* ou 72 marcos *kopparmynt*. Entretanto, o valor metálico de 6 dáleres *silvermynt* de placas de cobre tornara-se superior ao *riksdaler*, e em 07 de outubro de 1777 decidiu-se que um *riksdaler* seria trocado por 4 dáleres *silvermynt* em placas de cobre.

Apesar da reforma monetária, as moedas fracionárias continuaram de início a ser denominadas em dáler *silvermynt* (um terço de *riksdaler*), öre silvermynt (1/96 de *riksdaler* ou 1/192, conforme fossem de prata real ou de cobre) e öre kopparmynt (1/576 *kopparmynt*). Apenas em 1802 foram cunhadas moedas denominadas em *skillingar* (equivalente a 2 öre silvermynt) e *runstyck* (de 2,4 gramas).

A estabilidade do novo sistema baseado apenas na prata não durou muito. Em 1788, o cada vez mais impopular Gustavo III forjou um falso ataque russo (por suecos com uniformes falsos) para iniciar uma guerra e obrigar a oposição a apoiá-lo. A guerra, que durou dois anos, não causou novas perdas territoriais, mas obrigou a Suécia a mais uma vez inflacionar a moeda, na forma de emissão de títulos de dívida emitidos pelo *Riksgäldskontoret* ("escritório da dívida pública") e por isso chamados *riksgälds*, que circulavam ao lado dos *riksdalers* em papel-moeda do Riksbank, chamados *riksdaler banco*. O ágio do *riksdaler* em relação ao *riksgäld*, que girou em torno de 10% de 1791 a 1797, subiu ao longo de 1798 e 1799 até cerca de 50%, até que em 1803 foi oficializada a relação de 1,5 *riksgäld* para um *riksdaler*.

Gustavo III, assassinado em 1792 por um dos muitos inimigos na nobreza, foi sucedido pelo filho Gustavo IV Adolfo. Este envolveu-se em 1805 na guerra contra Napoleão, que resultou na perda da Pomerânia para a França em 1807 e da Finlândia para a Rússia em 1808. O fracasso o obrigou a abdicar em favor do tio Carlos XIII, que aceitou uma Constituição liberal.

Denominação	Valor em runstycken 1780	Peso em gramas	Valor em ñ 1780
Moedas de conta			
daler silvermynt (prata)	192		96
daler silvermynt (placas de cobre)	144		72
daler silvermynt (papel/moedas de cobre)	96		48
daler kopparmynt	32		16
skilling	12		6
runstyck	1		0,5
Papel-moeda em riksdalers			
3 *riksdalers*	1.728		864
2 *riksdalers*	1.152		576
Moedas de ouro			
ducado	1.128	3,48	564
Moedas de prata (86,4%)			
1 *riksdaler*	576	29,25	288
2/3 *riksdaler*	384	19,50	192
1/3 *riksdaler* (= *daler silvermynt*)	192	9,75	96
Moedas de prata (69,1%)			
1/6 *riksdaler* (=16 *öre silvermynt*)	96	6,19	48
Moedas de prata (50,7%)			
1/12 *riksdaler* (= 8 *öre silvermynt*)	48	4,21	24
Moedas de bolhão (38,2%)			
1/24 *riksdaler* (= 4 *öre silvermynt*)	24	2,77	12
Papel-moeda em kopparmynt			
12 *dalers kopparmynt*	192		96
9 *dalers kopparmynt*	144		72
6 *dalers kopparmynt*	96		48
Moedas de cobre			
2 *öre silvermynt*	6	28,30	3
1 *öre silvermynt*	3	14,15	1,5
1 *öre kopparmynt* (=*runstyck*)	1	4,70	0,5

ITÁLIA

Para a Itália – que do início das Cruzadas à Renascença fora a região mais rica, urbanizada e economicamente desenvolvida da Europa, seu centro religioso e um foco de inovações culturais, políticas e financeiras –, a Idade Moderna foi um período de relativa decadência, embora ainda produzisse alguns grandes pensadores e continuasse a ser uma referência artística e musical.

O centro econômico do continente se deslocou do Mediterrâneo para o Atlântico, primeiro para Portugal e Espanha, depois para os Países-Baixos, a França e a Inglaterra. Houve 44 Estados italianos no início da Idade Moderna e 31 no século XVIII, mas a maioria esteve sob o domínio de potências estrangeiras, principalmente a França, a Espanha e a Áustria.

Embora o Sacro Império Romano continuasse a considerar o noroeste da atual Itália como vassalo até 1797, na prática a invasão francesa de Milão em 1499 e a subsequente disputa pela hegemonia entre a França e a Espanha cortaram o vínculo entre os imperadores em Viena e a península, salvo pela era de Carlos V e pelos ducados reconquistados pelos Habsburgos austríacos no século XVIII, após a Guerra da Sucessão Espanhola (Mântua em 1708-1797, Milão em 1714-1797, Parma em 1735-1748, Toscana em 1737-1801).

Daremos aqui uma noção dos sistemas monetários de algumas das cidades mais importantes: Veneza, Milão, Gênova, Florença, Roma, Nápoles e Turim.

Veneza

Em 1453, a conquista do que restava do Império Bizantino pelos turcos resultou na perda de parte das possessões venezianas no Egeu, inclusive a ilha de Eubeia (então chamada Negroponte), Argos, Lemnos e Üsküdar (Scutari) e das rotas comerciais antes mantidas através de Constantinopla. A isso se somou a perda do controle do comércio europeu de especiarias com a descoberta do caminho marítimo para a Índia pelo português Vasco da Gama, em 1499.

Em 1500, Veneza ainda era a terceira maior cidade da Europa (depois de Paris e Constantinopla) e talvez a mais rica, mas se viu relegada a segundo plano na disputa pelo domínio do Mediterrâneo entre o Império Espanhol e o Império Otomano. A Batalha de Lepanto de 1571, na qual Veneza se aliou à Espanha e ao Papa, afastou o perigo turco, mas não impediu a perda de Chipre para os otomanos e a continuação da decadência da cidade, cuja população caiu de 175 mil para 124 mil de 1575 a 1581.

As moedas cunhadas por Veneza no final do século XV inicialmente seguiram os padrões do final da Idade Média, aos quais se acrescentaram novas moedas de prata de maior tamanho, seguindo a tendência da época. Em 1472, o doge Nicolò Tron fez cunhar uma moeda de 6,52 gramas de prata 94,8% e valor nominal de 240 dinheiros com seu próprio retrato, em estilo realista; essa foi uma inovação logo imitada em outras partes da Europa, mas não seguida em Veneza, que a considerou sintoma de um culto à personalidade e retornou, com os doges seguintes, à tradicional imagem de São Marcos.

O doge Nicolò Marcello (r. 1473-1474) fez cunhar uma meia lira de 3,26 gramas, conhecida como "Marcello". A moeda de 6,52 gramas, ao voltar a ser cunhada pelo doge Giovanni Mocenigo (r. 1478-1485), passou a ser conhecida como "**Mocenigo**", pois, com o aviltamento dos denari tradicionais, seu valor nominal passara a ser superior a uma libra. Cunhadas até 1550 e 1575, respectivamente, essas moedas substituíram o antigo grosso, que durante o auge medieval de Veneza (quando também era conhecida como "ducado de prata") fora a moeda mais importante do seu comércio e ainda era usado como uma moeda de conta de 62 dinheiros, dividida em 12 *grossetti*.

A partir de 1521, Veneza cunhou moedas-medalhas de prata ou de ouro conhecidas como *oselle* (singular ***osella***, "ave" em dialeto veneziano, *uccello* em italiano padrão). Por tradição, o doge anualmente presenteava os nobres do Grande Conselho com cinco patos selvagens. Nesse ano, com a caça inviabilizada pela Guerra Italiana de 1521-1526, o doge os substituiu por moedas de prata com o peso de 1½ *Mocenigo* com Cristo no trono abençoando o Doge, que, ajoelhado, recebia a bandeira de São Marcos. Essas moedas-medalhas substituíram definitivamente os patos. A partir de meados do século XVII foram cunhadas também *oselle* de ouro de 2, 4, 6 e 8 cequins e, na segunda metade do século XVIII, *oselle de doppio peso* de 18,6 gramas de prata.

Em 1538, Veneza começou a cunhar, ao lado dos tradicionais ducados, escudos de ouro segundo o padrão espanhol e uma pequena moeda de prata chamada **gazeta** (*gaxeta* em dialeto veneziano, *gazzetta* em italiano padrão, diminutivo de *gazza*, "pega", espécie de pássaro). Esse era o preço (então cerca de 12 ñ) da folha de aviso (*foglio avvisi*) de 4 a 8 páginas publicada semanalmente a partir de 1536 pelo governo de Veneza com as notícias oficiais sobre o andamento da crise com o Império Otomano. Por isso, a publicação também ficou conhecida com o nome de "gazeta". O primeiro jornal francês, publicado em 1631, veio a se chamar *Gazette de France* e desde então, muitos outros jornais do mundo foram batizados com o nome de "gazeta".

Depois de 1543, o antigo ducado de ouro, cujo valor foi temporariamente fixado em 152 soldos, passou a ser mais conhecido como **cequim** (*zecchino*, do nome italiano de casa da moeda, *zecca*), pois o nome de "ducado" passou a ser associado ao antigo valor oficial do cequim, que desde 1472 era de 24 grossos, 288 *grossetti*, 124 soldos ou 1.488 dinheiros e continuava válido para os contratos antigos. Em 1562, esse ducado de conta passou a ser representado também por um ducado de prata de 32,6 gramas.

Em 1572, para comemorar a vitória em Lepanto, que ocorrera no dia de Santa Justina (7 de outubro), o doge Alvise I Mocenigo (r. 1570-1577) fez cunhar várias moedas de prata conhecidas como **Justinas** (***Giustine***), por terem no anverso a imagem do doge ajoelhado para receber de São Marcos uma bandeira e no reverso a santa. Foram cunhadas nos valores de 40, 80, 124 (*Giustina minore*) e 160 soldos (*Giustina maggiore*), esta de 36,388 gramas de prata 94,8%. O antigo ducado, cujo valor subira a 140 soldos pelo aviltamento da moeda de bolhão, passou a ser conhecido como "escudo da cruz" e a "Justina menor", de 28,2 gramas, passou a receber o nome de ducado, pois equivalia agora aos 1.488 dinheiros do ducado de conta. Todas essas moedas tinham seu valor em soldos expresso no exergo em algarismos arábicos.

Denominação	Valor em d	Peso em gramas	Valor em ñ c. 1574 (*)
Moedas de conta (de prata ou bolhão)			
lira	240		96
grosso	62		25
soldo	12		4,8
grossetto	5,17		2,1
denaro ou *baggatino*	1		0,4
Moedas de ouro 99,9%			
cequim (*zecchino*, antigo *ducato*)	2.160	3,49	864
½ cequim	1.080	1,75	432
¼ cequim	540	0,87	216
Moedas de ouro 91,67%			
doppia	3.840	6,76	1.536
scudo d'oro	1.920	3,38	768
½ *scudo d'oro*	960	1,69	384
Moedas de prata 94,8%			
scudo da 8 lire (*Giustina maggiore*, 160 *soldi*)	1.920	36,39	768
scudo della croce da 7 lire (140 *soldi*)	1.680	31,84	672
ducato (*Giustina minore*, 124 *soldi*)	1.488	28,20	595
mezzo scudo da 4 lire	960	18,19	384
mezzo ducato	744	14,10	298
quarto di scudo da 2 lire	480	9,10	192
ottavo di scudo da 1 lira	240	4,55	96
sedicesimo di scudo da 10 soldi	120	2,27	48
trentaduesimo di scudo da 5 soldi	60	1,14	24
gazzetta da 2 soldi	24	0,45	9,6
Moedas de prata 72,2%			
8 soldi	96	2,40	38
6 soldi	72	1,80	29
4 soldi	48	1,20	19
Moedas de bolhão			
doppio quatrino	8	1,34	3,2
quatrino	4	0,67	1,6
mezzo quatrino o doppio bagattino	2	0,33	0,8

(*) supõe poder aquisitivo da prata semelhante ao de Milão ou Florença

No século XVII, Veneza teve de disputar com Nápoles, governada pela Espanha, o controle do Adriático e se envolver na política italiana como nunca desde a Idade Média, ao mesmo tempo que suas últimas possessões no Mediterrâneo oriental voltaram a ser atacadas pelos otomanos, que lhe tomaram Creta (então Cândia) em 1669. Em compensação, em 1685 os venezianos tomaram o Peloponeso (então Moreia) aos turcos.

No início desse século, de 1609 a 1631, foi cunhado o "**cequim de prata**" (*zecchino d'argento*) de valor equivalente ao cequim de ouro (então 10 libras ou 200 soldos) e peso legal de 45,47 gramas. Foram também cunhados meios, quartos e oitavos de cequim de prata.

Na época do doge Domenico Contarini (r. 1659-1674), o aviltamento das moedas de bolhão resultou em aumento do valor nominal do escudo de 140 soldos e do ducado ou Justina de 124 soldos. Considerava-se conveniente, porém, que houvesse uma moeda com o valor nominal de um ducado de conta de 124 soldos. Assim, uma nova moeda de prata desse valor, de 23,4 gramas de prata 82,6%, foi cunhada com o nome de "ducado", e o antigo ducado com Santa Justina passou a ser conhecido como "**ducatão**" (*ducatone*). Apesar dessas mudanças, o escudo de 140 soldos e o ducado ou Justina de 124 soldos continuaram a ser cunhados com as mesmas inscrições e o mesmo valor facial do século XVI no exergo.

Em 1714, o Império Otomano retomou o Peloponeso e também conquistou aos venezianos suas últimas ilhas no mar Egeu. Além disso, perdeu espaço no comércio italiano com a abertura de novos portos: Livorno na Toscana, Ancona nos Estados Pontifícios e Trieste nos domínios habsburgos. O primeiro a fez perder a hegemonia do comércio com a Grã-Bretanha, o segundo, com o Oriente e o terceiro, com o Sacro Império Romano. Mesmo cidades do interior de seu território, como Verona, começaram a fazer seu comércio através de Livorno ou Gênova. Em 1797, com sua frota e exército reduzidos a níveis simbólicos e incapaz de se defender, a República de Veneza foi extinta. Seu território foi dividido entre a Áustria e a República Cisalpina, satélite da França napoleônica.

As moedas do século XVIII foram cunhadas em uma grande variedade de valores, procurando atender às necessidades de diferentes rotas comerciais e esferas de circulação e também para presentear figuras eminentes em uma era de fragilidade política. Muitas moedas de valores diferentes foram produzidas com os mesmos cunhos e diferem apenas no peso e espessura.

O escudo de 140 soldos e o ducado ou Justina de 124 soldos continuaram a ser cunhados com o valor facial do século XVI no exergo, embora o aviltamento da moeda de bolhão tivesse elevado seu valor nominal para 248 e 220 soldos, respectivamente. O próprio ducado do século XVII agora valia 160 soldos. Para distingui-lo do ducado de conta, que continuava a ser de 124 soldos, era chamado de "ducado efetivo".

Aos modelos dos séculos anteriores, foi acrescentado em 1755 o *talaro* (nome em dialeto veneziano, *tallero* em italiano padrão), moeda veneziana equivalente ao *Conventionsthaler* austríaco, para o comércio com o Império Otomano ("Levante" ou Oriente) e Bálcãs, onde essa moeda ganhara ampla aceitação. A efígie na moeda veneziana era idêntica à da imperatriz Maria Teresa nas moedas austríacas, mas era denominada "República de Veneza".

Denominação	Valor em d	Peso em gramas	Valor em ñ c. 1790 (*)
Moedas de conta			
ducado de conta	1.488		186
lira	240		30
grosso	62		7,75
soldo ou *marchetto*	12		1,50
Grossetto	5,17		0,65
denaro ou *baggatino*	1		0,125
Moedas de ouro 99,9%			
105 cequins	554.400	366,87	69.300
100 cequins	528.000	349,40	66.000
60 cequins	316.800	209,64	39.600
55 cequins	290.400	192,17	36.300
50 cequins	264.000	174,70	33.000
40 cequins	211.200	139,76	26.400
30 cequins	158.400	104,82	19.800
25 cequins	132.000	87,35	16.500
24 cequins	126.720	83,86	15.840
20 cequins	105.600	69,88	13.200
18 cequins	95.040	62,89	11.880

16 cequins	84.480	55,90	10.560
14 cequins	73.920	48,92	9.240
12 cequins	63.360	41,93	7.920
10 cequins	52.800	34,94	6.600
9 cequins	47.520	31,45	5.940
8 cequins (**)	42.240	27,95	5.280
6 cequins (**)	31.680	20,96	3.960
5 cequins	26.400	17,47	3.300
4 cequins (**)	21.120	13,98	2.640
3 cequins	15.840	10,48	1.980
2 cequins (**)	10.560	6,99	1.320
cequim (*zecchino*)	5.280	3,49	660
½ cequim	2.640	1,75	330
¼ cequim	1.320	0,87	165
Moedas de ouro 91,67%			
doppia ou pistola	9.120	6,76	1.140
1/2 *doppia* ou *scudo*	4.560	3,38	570
1/4 *doppia* ou 1/2 *scudo*	2.280	1,69	285
Moedas de prata 94,8%			
scudo di doppio peso	5.952	63,66	744
ducatone di doppio peso	5.280	56,21	660
scudo della croce	2.976	31,83	372
ducatone (Giustina)	2.640	28,10	330
osella di doppio peso	1.872	19,62	234
1/2 scudo	1.488	15,91	186
1/2 ducatone	1.320	14,05	165
osella	936	9,81	117
1/4 scudo	744	7,96	93
1/4 ducatone	660	7,03	83
1/8 scudo	372	3,98	47
1/8 ducatone	330	3,51	41
Moedas de prata 83,5%			
tallero di peso doppio	4.800	57,12	600
tallero per il Levante	2.400	28,56	300
1/2 tallero	1.200	14,28	150
1/4 tallero	600	7,14	75
1/8 tallero	300	3,57	38

Moedas de prata 82,64%			
ducato di peso triplo	5.760	70,20	720
ducato di doppio peso	3.840	46,80	480
ducato effettivo	1.920	23,40	240
1/2 ducato	960	11,70	120
1/4 ducato	480	5,85	60
Moedas de bolhão 39%			
30 soldi ou lirazza	360	7,44	45
15 soldi	180	3,75	23
10 soldi	120	2,48	15
5 soldi ou trairo	60	1,24	7,5
Moedas de bolhão 3,1%			
soldo da 12 bagattini	12	2,04	1,50
bezzo da 6 bagattini	6	1,02	0,75

(*) supõe poder aquisitivo da prata semelhante ao de Milão ou Florença
(**) valores também cunhados na forma de oselle de ouro

Milão

Milão havia sido governada desde 1450 pela família Sforza, que com sua reforma monetária de 1474 introduziu o *grossone* ou *testone* ("cabeção", pela cabeça do duque Galeazzo Maria Sforza no anverso), tostão em português, moeda de prata com o peso inédito de 9,77 gramas de prata 96,4%, que abriu caminho para as moedas típicas da Idade Moderna, de maior tamanho e com retratos realistas. A tendência fora iniciada pela lira de 1472 do doge Nicolò Tron, algo menor, mas o caráter republicano do Estado veneziano logo repeliu a novidade, que no ducado de Milão se consolidou.

Em 1494, o Duque Ludovico Sforza, regente de Milão em nome do sobrinho desde 1481 e patrono de Leonardo da Vinci e de algumas de suas obras mais famosas desde o ano seguinte, pediu ajuda ao rei Carlos VIII da França contra a aliança do papa Alexandre VI com o rei Alfonso de Nápoles e permitiu a suas tropas entrarem na cidade a caminho de Nápoles. Entretanto, os franceses pretenderam apoderar-se da própria Milão. Para afastá-los, Ludovico buscou uma aliança com o imperador Maximiliano I e ofereceu-lhe a sobrinha em casamento. O sobrinho morreu em condições suspeitas e logo em seguida Ludovico proclamou-se duque.

Em 1498, Luís XII, que participara da expedição francesa quatro anos antes, subiu ao trono e resolveu apoderar-se do ducado. Reivindicou a sucessão em nome de sua mãe, descendente da família Visconti, antecessora dos Sforza no governo de Milão, e o invadiu em 1499. Ludovico pediu socorro a Maximiliano I e retornou em 1500 com um exército de mercenários suíços. Estes se recusaram, porém, a lutar com seus colegas e compatriotas a serviço da França, traíram Ludovico e o entregaram a Luís XII, que o manteve prisioneiro até a morte. Com isso, não só Milão perdeu sua independência como a maior parte da Itália se tornou um campo de batalha entre os franceses e os Habsburgos.

Luís XII tentou ampliar suas conquistas na Itália com novas guerras, mas o Papa articulou contra ele uma "liga sagrada" com outros Estados italianos, o Sacro Império, a Espanha e a Inglaterra. Assim, os franceses foram expulsos de Milão em 1512. Retornaram, porém, em 1515, agora aliados a Veneza e governados por Francisco I. Este conseguiu se impor em Milão ao papa e ao imperador, mas, em 1519, a eleição de Carlos V de Habsburgo para o trono imperial fez Francisco I mover uma nova guerra, que o levou a perder Milão para o imperador em 1525. Ao abdicar em 1556, Carlos V deixou o ducado, juntamente com suas demais possessões italianas, para o filho Filipe II, unindo-o à coroa espanhola até 1700.

Os franceses não haviam introduzido grandes mudanças no sistema monetário herdado dos Sforza, mas Carlos V e seus sucessores introduziram o escudo de ouro castelhano no lugar dos antigos ducados milaneses (equivalentes aos cequins venezianos) e criaram uma nova grande moeda de prata, inicialmente do mesmo valor, chamada escudo de prata ou **ducatão** (*ducatone*), com o valor de 100 soldos. Era uma das maiores até então cunhadas na Europa, na qual se inspiraram peças semelhantes em Veneza, Gênova, Florença, Placência, Mântua, Savoia e mais tarde nos Países-Baixos (*dukaton*).

Denominação	Valor em d	Peso em gramas	Valor em ñ c. 1556
Moedas de conta (de prata)			
florim de conta	384	–	256
libra (lira)	240	–	160
soldo	12	–	8
Moedas de ouro 91,7%			
doppia da tre	7.200	20,28	4.800
quadrupla ou *doppia da due*	4.800	13,52	3.200
doppia	2.400	6,76	1.600
scudo d'oro	1.200	3,38	800
Moedas de prata 90,91%			
scudo d'argento ou *ducatone*	1.200	37,4	800
mezzo scudo	600	18,7	400
burigozzo	384	12,0	256
quarto di scudo ou *testone*	300	9,4	200
mezzo testone	150	4,7	100
10 soldos	120	3,7	80
8 soldos e 3 dinheiros	99	3,1	66
5 soldos	60	1,9	40
Moedas de bolhão			
parpagliola	30	3,0	20
quindicino	15	1,5	10
soldo ou *soldino*	12	1,2	8
sesino	6	1,3	4
trillino	3	1,1	2
denaro	1	0,4	0,67

Em 1700, a extinção dos Habsburgos espanhóis deflagrou a Guerra da Sucessão Espanhola entre os franceses e os Habsburgos austríacos, com o envolvimento de várias outras potências europeias. Ao seu final, em 1713, a Áustria apoderou-se da maioria das possessões espanholas na Itália, inclusive Milão. Até 1775, porém, as moedas continuaram a ser cunhadas de acordo com o padrão estabelecido pelos espanhóis durante o século XVII, baseado no escudo e dobra de ouro e no *filippo* ou Filipe de prata, versão milanesa da peça de oito ou peso castelhano, cujo oitavo era equivalente ao real castelhano.

No sistema bancário, usou-se até o fim do século XVIII o **scudo di cambio** ou *scudo imperiale* como unidade de conta, equivalente a 5 liras imperiais ou 5 liras e 17 soldos correntes.

Denominação	Valor em d	Peso em gramas	Valor em ñ c. 1775
Moedas de conta			
scudo imperiale	1.404		426
lira imperiale	280,8		85,2
Moedas de ouro 98,6%			
cequim (*zecchino*)	3.360	3,49	840
Moedas de ouro 91%			
2 doppie	11.760	13,52	2.940
doppia	5.880	6,76	1.470
scudo d'oro	2.940	3,38	735
Moedas de prata 95,8%			
2 filippe	3.600	55,56	900
filippo	1.800	27,78	450
1/2 filippo	900	13,89	225
60 soldi	720	11,11	180
1/4 filippo	450	6,95	113
20 soldi (lira ou *berlinga*)	240	3,70	60
1/8 filippo	225	3,47	56
Moedas de bolhão			
5 soldos	60	2,90	15
parpagliola	30	1,45	8
Moedas de cobre			
6 quattrini	24	10,50	6,0
soldo ou *soldino*	12	7,82	3,0
1/2 soldo	6	4,02	1,5
quattrino	4	2,00	1,0
sestino	2	1,37	0,5

Em 1776, uma reforma monetária suprimiu os filipes, substituídos por um escudo de prata de seis liras ou berlingas (1.440

dinheiros), contendo 23,1 gramas de prata 89,6%, acompanhada por uma nova série de moedas de prata baixa, de 5 a 30 soldos. Também foi ligeiramente reduzida a dobra, que passou a pesar 6,30 gramas de ouro 91% e nesse novo padrão reduzido era avaliada a 25 liras, também algo reduzidas.

Em 1786, foi introduzido o *crocione*, moeda de prata equivalente ao *Kronenthaler* dos Países-Baixos austríacos (29,44 gramas de prata 87,3%) e também chamada *scudo di fiandra* ("escudo da Flandres"), equivalente a 7,5 liras ou 1.800 dinheiros. A dobra foi substituída pelo *sovrano* ou *sovrana di fiandra*, moeda de 11,33 gramas de ouro 90% equivalente à moeda de *2 souverains d'or* dos Países-Baixos austríacos, a 5 2/3 *crocione* e a 10.200 dinheiros.

Em 1796, o norte da Itália foi invadido por Napoleão, que criou em parte da região a República Cisalpina, com capital em Milão, transformou-a em 1802 em República Italiana e em 1805 em Reino da Itália sob sua coroa. Inicialmente, o novo Estado continuou a usar e cunhar dinheiros, liras e escudos de seis liras pelo padrão de Milão, mas em 1808 adotou uma lira idêntica em peso e composição ao franco francês, com uma divisão centesimal. Foram cunhadas moedas de ouro de 20 e 40 liras, moedas de prata de 5, 10 e 15 soldos (um soldo = 5 *centesimi*) e de uma e 5 liras, moedas de bolhão de 10 *centesimi* e moedas de cobre de 1, 3 e 5 *centesimi*.

Gênova

Derrotada por Veneza, Gênova foi expulsa do comércio do Mediterrâneo Oriental no final do século XIV. Encontraria, porém, outro papel como centro financeiro a partir da fundação em 1408 da *Casa delle compere e dei banchi di San Giorgio* ("Casa de comércio e bancos de São Jorge"), primeiro banco dirigido como sociedade privada e não negócio familiar, com ações no valor de 100 liras. Os dirigentes, saídos das famílias mais poderosas da cidade, foram frequentemente os mesmos da República, e os negócios da instituição e do Estado se confundiam a ponto de o banco governar possessões e colônias de Gênova no Mediterrâneo.

A partir de 1458, a república foi alternadamente tomada e dominada por franceses e milaneses até 1499. De 1488 a 1494, sob o domínio do milanês Ludovico Sforza, Gênova cunhou suas primeiras grandes moedas de prata, todas com o teor de 95,8%: em 1490 o *grossone* ou *testone* (tostão) de 15 soldos e 10,116 gramas (cerca de 375 ñ) e em 1493 a lira genovesa (de 20 soldos), também chamada *grossone* ou *testone*, de 13,488 gramas (peso legal). Foram ainda cunhadas moedas de ½, 2, 3 e 4 tostões, esta última (40,46 gramas em teoria, 39,4 na prática) também chamada ducado de prata e equivalente ao cequim ou ducado de ouro de 3,5 gramas. Por fim, foi cunhada uma moeda de 2 liras.

Em 1499, a França conquistou Milão e Gênova. Nesse período, sob o reinado de Luís XII, foram cunhados quartos de tostão e escudos de ouro e de prata segundo o modelo do *escu* francês, 3,5 gramas de ouro 93,2%. O escudo de prata pesava 37,78 gramas e o tostão 9,44 gramas.

Entretanto, a nobreza genovesa liderada pelo almirante Andrea Doria aliou-se a Carlos V contra os franceses e recuperou definitivamente a cidade. Em 1528 o Banco di San Giorgio fez seu primeiro grande empréstimo ao imperador. Foram cunhadas **dobras** (*doppie*) de 6,76 gramas de ouro 92,2% (reduzido a 6,72 gramas e 91,1% em 1541). Uma moeda de 4 soldos chamada *cavallotto* (pela figura de São Jorge a cavalo), de 3,4 gramas de prata 50%, substituiu os grossos de 5 soldos de origem medieval. Pelas quebras da lira genovesa e oscilações dos preços relativos do ouro e da prata, o preço do escudo de ouro em dinheiros variou:

ano	dinheiros
1506	744
1521	792
1526	810
1528-1546	828
1547	832
1553	840
1555	843
1559	882
1562	902
1563	906
1572	960
1575	963
1581	990

1586	1.004
1587	1.014
1591	1.020
1592	1.056
1596	1.080
1599	1.095

Em 1557, Filipe II, que acabava de suceder a Carlos V na Espanha, suspendeu os pagamentos de sua dívida. Isso provocou uma crise entre os banqueiros alemães e acabou com a hegemonia dos Fugger de Augsburgo, sucessores dos Médici de Florença como maiores banqueiros da Europa. Nesse momento de caos, só o Banco de São Jorge (cujo capital chegara a 38 milhões de liras ou 6,08 bilhões de ñ em 1550) pôde dar crédito aos espanhóis. A partir de então os genoveses se tornaram os principais financiadores de Carlos V e da Espanha, além de sócios influentes e discretos na defesa e administração de seu império. O historiador Fernand Braudel chama o período 1557-1627 de "a Idade dos Genoveses". Os carregamentos de prata das Américas apenas faziam escala em Sevilha antes de a maior parte do metal ser levada a Gênova para financiar aventuras comerciais por todo o mundo.

Denominação	Valor em d	Peso em gramas	Valor em ñ c. 1595 (*)
Moedas de ouro 91,15%			
25 *doppie* (**)	52.800	168,05	35.200
15 *doppie* (**)	31.680	100,83	21.120
12,5 *doppie* (**)	26.400	84,03	17.600
10 *doppie* (**)	21.120	67,22	14.080
5 *doppie*	10.560	33,61	7.040
2,5 *doppie*	5.280	16,81	3.520
2 *doppie* ou *quadrupla*	4.224	13,44	2.816
doppia	2.112	6,72	1.408
scudo d'oro ou 1/2 *doppia*	1.056	3,36	704
1/2 *scudo* ou 1/4 *doppia*	528	1,68	352
1/8 *doppia*	264	0,84	176
Moedas de prata 95,83%			
10 *scudi* (**)	9.600	385,04	6.400

6 scudi (**)	5.760	231,02	3.840
5 scudi (**)	4.800	192,52	3.200
4 scudi (**)	3.840	154,02	2.560
2 scudi	1.920	77,01	1.280
1,5 scudi	1.440	57,76	960
scudo	960	38,50	640
1/2 scudo	480	19,25	320
1/4 scudo ou testone ou lira	240	9,63	160
1/8 scudo	120	4,81	80
1/16 scudo	60	2,41	40
Moedas de bolhão			
cavallotto (49,3%)	48	3,40	32
1/2 cavallotto (49,3%)	24	1,70	16
20 denari (33,3%)	20	2,10	13,3
soldino (33,3%)	12	1,26	8
8 denari (33,3%)	8	0,84	5,3
4 denari (16,7%)	4	0,84	2,7
minuto (4,1%)	1	0,42	0,67

(*) supõe poder aquisitivo da prata semelhante ao de Milão ou Florença

(**) esses múltiplos de escudos e dobras, moedas de prestígio, só foram cunhados no século XVII

A decadência espanhola arrastou, porém, a cidade. As dificuldades financeiras levaram a Espanha a suspender pagamentos em 1597 e 1607, o que deixou os banqueiros genoveses em dificuldades e forçou quebras das moedas de bolhão e da lira genovesa, que havia sido estável desde 1528. O escudo cunhado em 1593 com um valor nominal de 4 liras foi cotado a 4 liras e 8 soldos em 1602 e 4 liras e 10 soldos em 1607. A situação econômica da Espanha logo se agravaria ainda mais e forçaria a aceleração das quebras da lira genovesa.

Isso criaria sérios problemas para a confiabilidade internacional do Banco di San Giorgio se este não optasse por criar uma moeda paralela, a **lira di numerato** ("lira de numerário") ou **lira di cartulario** ("lira escritural") congelada na cotação de 4 liras e 10 soldos por escudo de prata, embora 4 liras escriturais fizessem um **scudo di cambio**. Assim, o investidor podia comprar liras escriturais em contas do banco à cotação corrente e confiar em que o equivalente em prata de seus depósitos e juros não seria afetado pelas futuras quebras da lira corrente genovesa, dita *lira fuori banco* ou "lira de fora do banco", de modo a aceitar taxas mais baixas

(2,5% ao ano). Além disso, em 1638, o governo genovês permitiu a "correção monetária"de contratos, testamentos, arrendamentos e outras rendas periódicas com base no escudo de prata, desde que o credor não tivesse aceitado pagamentos pelo valor nominal por pelo menos dez anos.

Ano	lira genovesa em gramas de prata pura	liras genovesas por escudo	liras de numerário por escudo	liras genovesas por lira de numerário	Poder aquisitivo em ñ Lira genovesa	Lira de numerário
1493	12,92	-	-	-	515	-
1555	9,70	-	-	-	217	-
1593	9,22	4,00	4,00	1,00	155	155
1602	8,20	4,50	4,50	1,00	158	158
1625	7,10	5,20	4,50	1,16	117	135
1630	6,53	5,65	4,50	1,26	108	136
1637	6,20	5,95	4,50	1,32	96	127
1641	6,15	6,00	4,50	1,33	106	142
1646	5,68	6,50	4,50	1,44	94	136
1653	5,43	6,80	4,50	1,51	96	145
1668	5,12	7,20	4,50	1,60	97	156
1675	4,86	7,60	4,50	1,69	90	152
1741	4,19	8,80	4,50	1,96	89	174
1755	3,84	9,60	4,50	2,13	80	172
1791	3,70	9,975	4,50	2,22	55	121

Em 1627, a Espanha decretou outra moratória e no ano seguinte teve sua frota do tesouro capturada por holandeses, golpe da qual não se recuperou. Novas moratórias se seguiriam em 1647, 1652, 1662 e 1666, enquanto as minas de prata das Américas começavam a se esgotar. Satélite de um império decadente e cheio de inimigos, a cidade-estado sofreu invasões e bombardeios nos séculos XVII e XVIII e perdeu as possessões marítimas que lhe restavam.

De 1666 a 1669, foi cunhada uma moeda de 2 gramas de bolhão a 25% chamada *luigino*, imitação do *petit louis* francês, para negociar com o Império Otomano. Em 1677, cunhou-se um *tallero* (táler) com a mesma finalidade. Além disso, em 1666, o Banco di San Giorgio emitiu moedas de 1, 2, 4 e 8 reais (**pezzo ou realone**, 27,358 gramas de prata 91,3%), para o comércio com a Espanha. O *scudo largo* de 1593, de 57 mm de diâmetro, passou a ser cunhado em 1725 como *scudo stretto*, com 45 mm, mantendo, porém, o mesmo peso e teor de prata.

Depois da Guerra da Sucessão Espanhola de 1700-1713, quando a própria Espanha se tornou um satélite da França, Gênova se mostrou incapaz de controlar sua última colônia, a Córsega. Em 1729, a ilha rebelou-se contra a cobrança de um imposto de dois *seini* (2/3 de libra ou 60 ñ) e Gênova pediu socorro, primeiro a tropas austríacas e depois aos franceses.

O marechal francês De Cursay, a serviço de Gênova, reprimiu os separatistas, mas também fundou uma Academia e outras iniciativas culturais para fomentar a cultura francesa na ilha. Isso enfureceu os genoveses, que exigiram sua saída em 1753. Dois anos depois, os corsos voltaram a se rebelar e proclamaram uma república independente, cuja Constituição, inspirada pelos iluministas franceses, foi pioneira em instituir o sufrágio universal, independentemente de nacionalidade de origem, religião, condição financeira ou sexo. Incapaz de restaurar seu domínio, Gênova vendeu o território à França em 1768 por 40 milhões de francos (2,88 bilhões de ñ) e os franceses esmagaram a rebelião. Isso ocorreu pouco antes do nascimento de Napoleão Bonaparte na Córsega. Em 1797, o general corso, no comando dos exércitos revolucionários da França, invadiu Gênova e a transformou na república da Ligúria, anexada em 1805 ao seu Império Francês.

Denominação	Valor em d	Peso em gramas	Valor em ñ c. 1750 (*)
Moeda escritural			
escudo de câmbio	2.048		688
lira de numerário	512		172
Moedas de ouro 99,9%			
cequim	3.360	3,49	1.120
½ cequim	1.680	1,75	560
Moedas de ouro 91,7%			
doppia	5.952	6,76	1.984
½ doppia	2.976	3,38	992
Moedas de prata 95,83%			
genovina ou scudo d'argento	2.304	38,50	768

Moedas de prata 83,3%			
2 *lire*	480	9,32	160
lira ou *madonnina*	240	4,61	80
½ lira	120	2,31	40
1/3 lira ou *seino*	80	1,15	27
Moedas de bolhão			
4 soldi ou *cavallotto* (19,8%)	48	3,88	16
2 soldi ou ½ *cavallotto* (19,8%)	24	1,94	8
8 *denari* (12,5%)	8	1,02	2,67
Moedas de cobre			
4 *denari*	4	2,22	1,33
3 *denari*	3	1,20	1
2 *denari*	2	0,93	0,67
denaro	1	0,72	0,33

(*) supõe poder aquisitivo da prata semelhante ao de Milão ou Florença

A partir de 1758, as dobras e cequins foram substituídas por uma série baseada em uma **genovina** de 100 liras e 28,15 gramas de ouro 91,7%, com frações de 50, 25 e 12½ liras. Em 1793, com a última reforma monetária e quebra da lira, passou-se a cunhar moedas de ouro de 96 (25,03 gramas de ouro 91,67%), 48, 24 e 12 liras e moedas de 8, 4, 2 e 1 lira (esta com 4,16 gramas de prata 88,9%). Com a anexação de 1805, o Banco di San Giorgio, cujo capital era então de 52 milhões de liras (2,3 bilhões de ñ), foi abolido e com ele, a lira de numerário.

Florença (depois grão-ducado da Toscana)

Em 1494, uma aliança entre o fanático pregador dominicano Savonarola e a elite florentina aproveitou-se da invasão pelo rei francês Carlos VIII para depor e exilar o chefe da família Médici, Piero II. Savonarola prometeu poder e glória à cidade se acatasse seus mandamentos, e seus partidários impuseram à cidade uma teocracia. Sua recusa a se aliar ao papa Alexandre VI contra os franceses e depois a acatar suas ordens levou, porém, à sua excomunhão em 1497. No ano seguinte, após o fracasso militar de Florença em retomar Pisa – independente desde a invasão francesa –, um surto de peste e a incapacidade do frade dominicano de providenciar os milagres prometidos, Savonarola foi preso e executado.

Restaurou-se de 1498 a 1512 uma república aristocrática que teve a seu serviço três dos maiores artistas da Renascença: Rafael Sanzio, Leonardo da Vinci e Michelangelo. Politicamente, a república foi marcada por suas relações turbulentas com o cardeal, duque e general César Bórgia, filho do papa Alexandre VI. Essas relações foram mediadas pelo secretário da chancelaria e da guerra Nicolau Maquiavel, responsável pela reconquista de Pisa.

O banco dos Médici, então o mais poderoso da Europa, faliu em 1498, mas a família ainda contava com seus laços com outras famílias poderosas e com a Cúria. Lorenzo casara sua filha com um filho do papa Inocêncio VIII, que em troca nomeou cardeal o irmão (então com 13 anos) de Piero II, futuro papa Leão X (r. 1513-1521). Outro filho de Lorenzo viria a ser o papa Clemente VII (r. 1523-1534). Com o apoio de Leão X, Lorenzo II, filho de Piero II, retornou a Florença e devolveu o poder à família. Maquiavel, exilado, escreveu *O Príncipe* e o dedicou a Lorenzo com a esperança de ser perdoado, embora suas ideias fossem inspiradas principalmente pela carreira de César Bórgia.

Em 1532, Alessandro de Médici recebeu de Clemente VII o título de duque de Florença e liquidou formalmente a república. A partir de 1533, suspendeu a cunhagem dos tradicionais florins (*fiorino d'oro*), substituídos por **escudos** (*scudo d'oro*) baseados no *escu* francês. Continuou-se, porém, a usar o florim de conta ou **fiorino affiorini**, usado desde o século XIV para expressar valores originalmente expressos em florins quando mudava a relação entre ouro e prata. A evolução do florim de conta está resumida abaixo:

ano	soldos	dinheiros	salário diário de pedreiro em soldos	valor aproximado do soldo em ñ
1252	20	240	n/d	60
1296	40	480	n/d	25
1300	50	600	3	20
1325	65	780	4	16
1350	65	780	10	16
1375	70	840	10	16
1400	75	900	10	16

1425	80	960	10	16
1450	85	1.020	10	16
1475	110	1.320	10	16
1500	140	1.680	10	12
1525	140	1.680	10	10
1550	140	1.680	12	7
1575	140	1.680	18	6
1600	140	1.680	20	4

Os Médici conquistaram Siena em 1555, e em 1569 Cosimo de Médici foi elevado por Pio V a grão-duque da Toscana. Em seu reinado, foi introduzida a cunhagem das primeiras liras florentinas de prata e das grandes peças de prata chamadas piastras, para complementar as moedas de ouro relativamente escassas. Também foram cunhadas algumas grandes piastras de ouro como moedas de prestígio. A moeda de 2/3 de lira foi apelidade **barile** ("barril") ou **gabellotto** por ser a taxa (gabela) cobrada por barril de vinho trazido a Florença. Também recebeu os nomes de **giulio** e **paolo** pela equivalência com moedas dos papas Júlio II e Paulo III e *battezzone* pela imagem do batismo de Jesus por São João Batista.

Denominação	Valor em d	Peso em gramas	Valor em ñ c. 1570
Moedas de conta			
florim de conta	1.680		840
libra (lira)	240		120
Soldo	12		6
Moedas de ouro 99%			
ducato (antigo florim)	2.000	3,49	1.000
Moedas de ouro 91,7%			
piastra d'oro da 10 scudi	18.000	33,60	9.000
½ piastra d'oro	9.000	16,80	4.500
scudo d'oro	1.800	3,36	900
½ scudo d'oro	900	1,68	450
Moedas de prata 95,83%			
piastra d'argento	1.680	32,56	840

½ piastra	840	16,28	420
stellino (*)	516	9,92	258
testone da 40 soldi o 3 barili	480	9,30	240
lira da 20 soldi ou cosimo	240	4,65	120
barile, gabellotto, giulio, paolo ou battezzone	160	3,10	80
½ barile	80	1,55	40
Moedas de bolhão			
crazia (33,3%)	20	1,04	10
quattrino (7,6%)	4	0,70	2
dinheiro ou picciolo (7,6%)	1	0,30	0,5

(*) **testone** genovês sobrecunhado em Florença em 1554. Tinha uma estrela para distingui-lo do testone florentino, mais leve

A partir de 1577, Francesco I e Ferdinando I de Médici fizeram de Livorno, até então mera aldeia de pescadores, o principal porto da Toscana em substituição ao porto de Pisa, assoreado havia décadas. Leis especiais fizeram da nova cidade um porto livre, no qual as mercadorias eram isentas de tarifas enquanto ali permanecessem, e lhe deram liberdade de religião, permitindo a cristãos orientais, protestantes, muçulmanos e judeus estabelecer-se e negociar livremente. O novo porto tomou a Veneza a maior parte do comércio com a Europa do Norte protestante e reteve essas rotas comerciais mesmo depois que as guerras religiosas da Contra-Reforma acabaram com suas leis de tolerância. Foi durante esse período, de 1585 a 1632, que Galileu Galilei conduziu suas experiências com mecânica e gravidade e as observações astronômicas que o levaram a defender o heliocentrismo e ser condenado pela Inquisição em 1633, embora tivesse sua vida poupada graças à proteção do grão-duque, em cuja embaixada, sediada em Roma, cumpriu parte de sua prisão domiciliar. Seu discípulo Evangelista Torricelli manteve a tradição científica de Florença até 1647 e inventou o barômetro.

Em 1737, com a morte de Gian Gastone, último herdeiro dos Médici, o grão-ducado foi herdado por seu primo em segundo grau Francisco I (Francesco III na Toscana), marido de Maria Teresa da Áustria, que com ela subiria ao trono do Sacro Império Romano em 1745. Os Habsburgos cunharam uma nova moeda de prata chamada *francescone* (de Francesco III) e retomaram a cunhagem dos florins, agora com o nome de cequim ou de ***ruspo***, "áspero". A moeda de 3 *ruspi* foi chamada ***ruspone***. Como moeda de conta bancária, os florentinos usavam um "escudo de ouro" imaginário de 7,5 libras, dividido em 20 soldos de ouro e 240 dinheiros de ouro e 184 dinheiros de ouro equivaliam a um peso ou peça de oito reais.

Denominação	Valor em d	Peso em gramas	Valor em ñ c. 1750
Moedas de conta			
escudo de ouro	1.800		600
peso ou peça de oito	1.380		460
soldo de ouro	90		30
dinheiro de ouro	7,5		2,5
lira	240		80
soldo	12		4
dinheiro (*denaro*)	1		0,33
Moedas de ouro 99,8%			
ruspone (3 cequins)	9.600	10,46	3.200
cequim (*zecchino*, antigo florim) ou *ruspo*	3.200	3,49	1.067
Moedas de ouro 97,9%			
unghero	2.880	3,49	960
Moedas de prata (91,67%)			
francescone ou 10 *paoli*	1.600	27,50	533
1/2 *francescone* ou *franceschino* ou 5 *paoli*	800	13,75	267
2 *paoli*	320	5,50	107
paolo ou *giulio*	160	2,75	53
1/2 *paolo*, 1/2 *giulio* ou grosso ou *speciosa*	80	1,38	27
Moedas de prata (83,33%)			
tallero per il levante	1.512	28,30	504
1/2 *tallero*	756	14,15	252
Moedas de bolhão			
10 *quattrini* ou 2 *crazie* (32,1%)	40	1,96	13
soldo (6,25%)	12	1,96	4
Moedas de cobre			
duetto ou 1/2 soldo	6	1,31	2
quattrino	4	0,65	1,33

A Toscana continuou a pertencer à casa dos Habsburgo até 1803, quando Napoleão a entregou ao deposto duque de Parma como reino da Etrúria. Em 1808, porém, o reino foi anexado ao Império Francês.

Roma (Estados Pontifícios)

Em 1434, a proclamação de uma República de Roma liderada pela família Colonna, descendente dos Tusculanos que haviam governado a cidade nos séculos X e XI, fez fugir o papa Eugênio IV (r. 1431-1447). Com a derrota da rebelião no ano seguinte, toda alusão à instituição do Senado romano foi proibida e as cunhagens laicas encerradas. Todas as moedas romanas subsequentes foram emitidas em nome dos papas e com a sua própria figura, ou a de santos; a Cúria assumiu o governo direto da capital. Isso não afetou as moedas cunhadas por outras cidades dos Estados Pontifícios, como Bolonha e Ravena, que continuaram a ser administradas por autoridades municipais e tinham casas da moeda próprias.

Durante o Renascimento, o papa se tornou um dos principais governantes da Itália e conseguiu impor seu domínio sobre os pequenos senhores que até então governavam, na prática, grande parte dos Estados Pontifícios. Alexandre VI (r. 1492-1503), com ajuda do filho César Bórgia, que representou para Maquiavel o ideal do governante astuto e pragmático, e Júlio II (r. 1503-1513), no comando dos seus próprios exércitos, dedicaram-se muito mais à guerra e à diplomacia para preservar e expandir seu território do que a questões de religião. Júlio II também iniciou a construção da Basílica de São Pedro e foi patrono de Bramante e Rafael, além de Michelangelo, que pintou para ele a Capela Sistina.

O quadro mudou, porém, com o início da rebelião protestante em 1517. A partir de Adriano VI (r. 1522-1523), a moralização dos costumes, a aliança com soberanos fiéis à Igreja e o combate aos protestantes e às heresias tornaram-se prioridades do papado. O movimento chamado da Contrarreforma dominou os pontificados de Paulo III, Paulo IV, Pio V e Sixto V, de 1534 a 1590 e teve seu auge no Concílio de Trento, de 1543 a 1563. O período de 1530 a 1630 foi o auge da Inquisição e da caça às bruxas, movimentos que somados deixaram dezenas de milhares de vítimas, tais como Giordano Bruno e perseguiram, torturaram ou calaram outras centenas de milhares, incluindo Galileu Galileu. Ambos perduraram, com menos intensidade, até o século XVIII e mesmo o início do XIX. A última "bruxa" legalmente executada em um país católico morreu em 1756 na Baviera, e a Inquisição espanhola liquidou o último "herege" em 1826.

Quanto ao sistema monetário, os Estados Pontifícios cunhavam no final da Idade Média moedas baseadas em modelos florentinos (grossos e florins) e venezianos (ducados). Em 1504, o papa Júlio II fez cunhar uma nova moeda de 160 dinheiros que ficou conhecida como *giulio*. Paulo III (1534-1549) alterou ligeiramente a moeda, cujo novo desenho foi chamado **paolo**. Desde então, os dois nomes foram usados concomitantemente, embora *giulio* fosse preferido para fins oficiais e *paolo* fosse um nome mais popular. Paulo III também fez cunhar o primeiro **testone** papal, com o valor de 3 *paoli* ou *giuli*.

Com a redução do peso, o grosso de 80 dinheiros passou a ser apelidado pelo diminutivo *grossetto* ou como **lustrino** ("lantejoula"). A moeda mais popular foi o **baiocco** de 4 *quattrini* ou 16 **dinheiros**, originalmente cunhado em Nápoles segundo o modelo do *bolognino* de 24 dinheiros bolonheses. Alguns atribuem a origem do nome a moedas merovíngias da atual cidade de Bayeux, com a inscrição *Baiocas Civitas* em latim, e outros à cor "baia" (avermelhada) do cobre. Parece mais provável que venha, porém, de um termo castelhano, francês ou dialetal variante de "baga" (frutinha), pois a distância temporal dos merovíngios é muito grande e a moeda já tinha esse nome desde o século XV, quando era de prata.

Em 1531, Clemente VII, seguindo a tendência de outros Estados italianos, adotou no lugar dos antigos florins os *escus* de origem francesa. A partir de 1588, Sisto V fez cunhar escudos de prata, originalmente com o mesmo valor de 920 dinheiros. O *baiocco* propriamente dito teve a cunhagem suspensa em 1592, após o rebaixamento da liga de bolhão por Sisto V torná-lo demasiado fácil de falsificar como moeda de cobre. No início do século XVII, o escudo de ouro valia 12 *paoli*, 120 *baiocchi* e 480 *quattrini*, e se tornou também uma moeda de conta bancária chamada *scudo di stampa d'oro*, dividida em 20 soldos de ouro e 240 dinheiros de ouro.

Após vários aviltamentos da moeda de bolhão, o *baiocco* voltou a ser cunhado como moeda de cobre em 1725 com o valor de 5 *quattrini*, e o valor nominal do escudo de prata se estabilizou em 10 *paoli*, 100 *baiocchi* ou 500 *quattrini*. Em 1738, foi suspensa a cunhagem do escudo de ouro e passou-se a cunhar o cequim, de 200 *baiocchi*, dividido em 4 *quatrini*. Entretanto, o escudo de ouro como moeda de conta continuou a ser usado até o fim do século XVIII. Uma letra de câmbio bancária de um *scudo di stampa d'oro* podia ser comprada em Roma por 1.523 meios *quattrini* e uma letra estrangeira podia ser paga por 1.525 meios *quattrini*. Em 1747, Bento XIV fez cunhar uma nova moeda de bolhão chamada *carlino* (nome tirado a uma moeda napolitana) com o valor de ¼ de testone A peça de 2 *carlini* foi chamada *papetto*, *prospero* ou *lambertini* (do nome verdadeiro do papa, Prospero Lambertini).

Denominação	Valor em quattrini	Peso em gramas	Valor em ñ c. 1750
Moedas de conta			
scudo di stampa d'oro	762,5		762,5
soldo de ouro	38,125		38,125
dinheiro de ouro	3,177		3,177
Moedas de ouro 99,8%			
2 cequins	2.000	6,99	2.000
cequim (*zecchino*)	1.000	3,49	1.000
1/2 cequim	500	1,75	500
quartino	250	0,87	250
Moedas de prata (91,67%)			
scudo	500	26,43	500
1/2 *scudo*	250	13,21	250
30 *baiocchi* (*testone*)	150	7,93	150
2 *paoli* ou *pappetto*	75	3,96	75
paolo ou *giulio*	50	2,64	50
carlino	37,5	1,98	37,5
grosso ou 1/2 *paolo*	25	1,32	25
1/2 grosso	12,5	0,66	12,5
Moedas de bolhão (muraiole)			
4 *baiocchi*	20	3,46	20
2 *baiocchi*	10	1,73	10
Moedas de cobre			
baiocco	5	12	5
1/2 *baiocco*	2,5	6	2,5
quattrino	1	3	1

O papa Pio V (r. 1775-1799) fez cunhar uma **dobra** (*doppia*) de ouro, no valor de 300 *baiocchi* e com 5,469 gramas de ouro 91,67%, acompanhada de uma meia dobra e de uma quádrupla de ouro, de 600 *baiocchi*. Também cunhou moedas de cobre de 60, 25, 12, 8, 4, 2, 5, 2½, 2, 1, e ½ *baiocco*. As moedas de bolhão de 2 e 4 *baiocchi* eram chamadas de ***muraiola***, a de cobre de 5 *baiocchi*, ***madonnina***, e a de cobre de 2½ *baiocchi*, ***sampietrino***.

A Revolução Francesa anexou Avinhão e o Condado Venaissino em 1791. Em 1796 seus exércitos revolucionários, sob o comando de Napoleão, anexaram o norte dos Estados Pontifícios à República Cisalpina. Dois anos depois, apesar de terem recebido 30 milhões de escudos (8,1 bilhões de ñ) do papa Pio VI para fazer a paz, os franceses invadiram a própria Roma, onde foi proclamada uma República Romana. Dois anos depois, Roma foi devolvida por Napoleão ao Papa Pio VII, mas em 1808 foi anexada ao Império Francês.

Nápoles (Reino da Sicília Citerior)

Em 1458, o rei Afonso V de Aragão legou a Sicília (oficialmente Sicília Ulterior) ao filho legítimo João II, e Nápoles (Sicília Citerior[12]) ao ilegítimo Fernando I (Ferrante, para os napolitanos). Com a morte deste em 1494, o rei Carlos VIII da França reivindicou o trono em nome de seu parentesco com os angevinos que haviam governado Nápoles até 1435 e invadiu a Itália através de Milão, iniciando uma longa disputa com a Espanha pelo domínio da península.

Os espanhóis, aliados ao papa Alexandre VI, saíram vitoriosos. Em 1501 Fernando II de Aragão e Castela (pelo casamento com Isabel) assumiu também o título de rei das Duas Sicílias, embora Nápoles e a Sicília propriamente dita continuassem a ser governados como domínios espanhóis separados, assim como a Sardenha, domínio de Aragão desde o século XIV.

---

12 Até o século XIII, o Reino da Sicília, com capital em Palermo, incluíra todo o sul da Itália. Em 1282 a rebelião das Vésperas Sicilianas derrubou a dinastina angevina em favor do reireis de Aragão. Os angevinos, refugiados em Nápoles, continuaram a reivindicar todo o antigo reino e chamar seu domínio de "Reino da Sicília". Passaram a existir "duas Sicílias", a Ulterior (insular) e a Citerior (continental).

Denominação	Valor em d	Peso em gramas	Valor em ñ c. 1580
Moedas de conta			
libra	240		120
soldo	12		6
Moedas de ouro 91,67%			
4 escudos	5.280	13,52	2.640
2 escudos	2.640	6,76	1.320
escudo	1.320	3,38	660
½ escudo	660	1,69	330
1/3 escudo	440	1,13	220
Moedas de prata			
ducado ou *pataccone*	1.200	29,64	600
½ ducado, patacca ou *cianfrone*	600	14,82	300
tarì	240	5,93	120
carlino	120	2,96	60
½ *carlino* ou *zanetta*	60	1,48	30
cinquina	30	0,74	15
grano d'argento	12	0,30	6
Moedas de cobre			
tornese	6	7,2	3
3 *cavalli*	3	5,4	2
2 *cavalli* ou *sestina*	2	3,6	1
cavallo	1	1,8	0,5

A moeda sofreu aviltamentos durante o século XVII, mas a situação política permaneceu inalterada (salvo pela breve República Napolitana de 1647-1648, rebelião aristocrática liderada por um descendente dos angevinos e apoiada pela França) até a Guerra da Sucessão Espanhola. Com o tratado de Utrecht de 1713, Nápoles e a Sardenha foram cedidas ao imperador Carlos VI e a Sicília ao Duque de Savoia, mas em 1720 este foi forçado a trocar a Sardenha pela Sicília e as "duas Sicílias" voltaram a se unir sob o domínio austríaco.

Em 1734, como resultado da Guerra da Sucessão Polonesa, os austríacos cederam as Sicílias ao duque Carlos de Parma, filho de Filipe V da Espanha. Em 1759, ao herdar a Espanha, Carlos abdicou da Sicília e de Nápoles em favor de seu filho mais novo, que reinou como Fernando III na Sicília e Fernando IV em Nápoles. Nesse período, para substituir o **ducado de prata** de 5 *tarì* de peso reduzido, foi cunhada a **piastra**, com o valor de 6 *tarì*.

Denominação	Valor em d	Peso em gramas	Valor em ñ c. 1760
Moedas de conta			
libra	240		80
soldo	12		4
dinheiro ou *cavallo*	1		0,33
Moedas de ouro 90,625%			
6 ducados	7.200	8,80	2.400
4 ducados	4.800	5,87	1.600
2 ducados	2.400	2,93	800
Moedas de prata 91,67%			
piastra	1.440	25,61	480
ducado	1.200	21,34	400
½ piastra ou 60 *grana*	720	12,81	240
½ ducado	600	10,67	200
tarì	240	4,27	80
carlino	120	2,13	40
1/2 *carlino* ou 5 *grani*	60	1,07	20
Moedas de cobre			
3 *tornesi* ou *pubblica*	18	9,00	6
grano	12	6,00	4
9 *cavalli*	9	4,50	3
tornese	6	3,00	2
4 *cavalli*	4	2,00	1,33
3 *cavalli*	3	1,50	1

Carlos III quis unificar as moedas de Nápoles e da Sicília em 1735, mas não teve sucesso. O *tarì* da Sicília pesava 2,13 gramas de prata 91,67%, de modo a valer ½ *tarì* ou um *carlino* napolitano (40 ñ). As denominações incluíam 3 *cavalli* e 1, 2, 3 e 5 *grani* de cobre; ½ *tarì* e 1, 2, 3, 4, 6 e 12 *tarì* de prata (esta última denominada piastra). Além disso, havia uma moeda de ouro 99,6% chamada **oncia** de 3,786 gramas, no valor de 30 *tarì*, e uma moeda de duas *oncie* ou 60 *tarì*.

Em 1785 o *tarì* napolitano foi levemente aviltado e passou a conter 4,588 gramas de prata 83,3%. O *tarì* siciliano foi proporcionalmente alterado para continuar a valer meio *tarì* napolitano e foi cunhada uma *oncia* de 69 gramas de prata 83,3% e 55 mm de diâmetro, depois 47 mm, uma das maiores moedas de prata já cunhadas para circulação.

Em 1799, Napoleão invadiu Nápoles e ali criou uma República Partenopeia, enquanto Fernando se refugiava na Sicília. Em 1806, a República foi transformada em Reino de Nápoles e entregue a José Bonaparte, irmão do imperador. Em 1808, José foi promovido a rei da Espanha e Nápoles entregue ao cunhado Joachim Murat.

Turim (ducado de Savoia, depois reino da Sardenha)

Humberto I foi feito rei de Savoia em 1003 pelo rei da Borgonha. Quando este morreu em 1032 sem deixar descendentes, apoiou o imperador Conrado II como seu sucessor, que em troca lhe permitiu ampliar seu território anexando condados e bispados vizinhos. Em 1050, a Savoia incorporou o condado de Turim por casamento e, em 1280, a própria cidade. Em 1388, chegou ao mar com a anexação de Nice e em 1416 foi elevado a ducado.

Em 1297, começou-se a cunhar o **grosso do Piemonte**, de 2,42 gramas de prata 70,8% (poder aquisitivo de cerca de 36 ñ na Toscana medieval), então dividido em 4 *quarti*, 8 *denari forti* (dinheiros fortes) e 16 *denari viennesi* (dinheiros do Viennois, na França, condado do qual a Savoia foi originalmente desmembrada). Valia então metade do *grosso tornese* que, usado na Savoia propriamente dita, valia 32 *denari viennesi*. Em 1352, cunhou-se o primeiro florim de ouro da Savoia, de 3,52 gramas de ouro 97,9%, no valor de 240 *denari viennesi* ou 15 grossos do Piemonte (540 ñ). Ao mesmo tempo, valia 76 *denari mauriziani* (de Saint-Maurice no Valais, atual Suíça), 152 *denari lausanesi*, 136 *denari ginevrini* e 12½ *grossi tornesi di picciol peso*. Até o início do século XVI, cada um dos feudos da Casa de Savoia tinha sua própria moeda e estas não eram necessariamente reajustadas de forma concomitante.

Mais tarde, com o aviltamento do florim, este passou a valer 12 grossos da Savoia e esse valor veio mais tarde a se congelar com o uso do florim como moeda de conta, independentemente do florim de ouro, cunhado até 1535.

No final do século XV, Savoia envolveu-se na disputa entre a

França e a Espanha pelo controle da Itália. Em 1536, o rei francês Francisco I ocupou o ducado com a intenção de anexá-lo. Entretanto, o duque Emanuel Felisberto lutou ao lado de Carlos V e Filipe II quando foi assinada a paz de 1559. Quatro anos depois, transferiu a capital de Chambéry, na Savoia propriamente dita, para Turim, no Piemonte, mais fácil de proteger dos franceses. Em 1562, reformou o sistema monetário, restabelecendo uma lira uniforme de 20 soldos, equivalentes aos grossos de Savoia, divididos em 12 dinheiros. O grosso do Piemonte passou a valer 6 dinheiros e o de Nice, 15 dinheiros. Quem não fizesse a contabilidade da nova moeda e insistisse nos *grossi* e *fiorini* tradicionais arriscava-se a uma multa de 200 liras.

Denominação	Valor em d	Peso em gramas	Valor em ñ c. 1575 (*)
Moedas de conta			
libra	240		240
florim de conta (***)	144		144
soldo	12		12
dinheiro	1		1
Moedas de ouro			
doppio filiberto d'oro (98,44%) (**)	6.480	27,88	6.480
filiberto d'oro (98,44%)	2.160	9,29	2.160
scuto d'oro (91,15%)	720	3,35	720
Moedas de prata 89,6%			
pezzo da lire tre ou scudo d'argento	720	37,98	720
lira ou *testone*	240	12,66	240
1/2 lira	120	6,33	120
fiorino d'argento	75	3,95	75
1/4 de lira ou *filiberto d'argento*	60	3,16	60
Moedas de prata 83,33%			
tallaro	504	28,79	504
1/2 tallaro	252	14,40	252
Moedas de bolhão			
4 soldos (41,67%)	48	5,29	48
pezzo da grossi 3 (43,75%)	36	3,79	36
soldo (41,67%) = *grosso di Savoia*	12	1,32	12
quarto di soldo (12,5%)	3	0,99	3
danaro (6,25%)	1	0,57	1

Moedas de bolhão do Piemonte

cavallotto (31,25%) (***)	18	3,31	18
grosso di Piemonte (19,44%) (***)	6	1,70	6
forte ou pattacco (3,82%) (***)	0,75	0,70	0,75
viennese (3,13%) (***)	0,375	0,62	0,375

(*) supõe poder aquisitivo da prata semelhante ao de Milão ou Florença
(**) na realidade, o "doppio filiberto" valia o triplo do filiberto, por sua vez o triplo da lira
(***) moedas anteriores à reforma monetária de 1562

No século XVII, o ducado de Savoia tornou-se um satélite da França por meio de alianças matrimoniais, mas durante a Guerra da Sucessão Espanhola (1700-1713) mudou de lado e foi salvo da invasão francesa por tropas austríacas. Ao fim da guerra, o Duque Vítor Amadeu II recebeu o reino da Sicília Ulterior, mas em 1720, por sua postura dúbia na Guerra da Quádrupla Aliança, foi forçado a trocá-lo pelo reino da Sardenha, mais pobre.

Mesmo assim, o título de rei da Sardenha era mais elevado e implicava soberania. Passou a ser usado pelos chefes da casa de Savoia, e seus domínios passaram a ser conhecidos como "Reino da Sardenha", apesar de a ilha ser praticamente uma colônia e a capital continuar em Turim. A Sardenha continuou a ter sua moeda própria, e 5 liras da Sardenha equivaliam a 8 liras do Piemonte.

Após a Revolução Francesa, a Savoia foi anexada pela França em 1792 e o Piemonte ocupado e transformado em uma República Subalpina satélite anexada em 1802. O rei-duque refugiou-se na ilha da Sardenha, onde continuou a reinar até a derrota de Napoleão.

Moedas do Piemonte

Denominação	Valor em d	Peso em gramas	Valor em ñ c. 1768 (*)
Moedas de conta			
libra	240		90
soldo	12		4,5
dinheiro	1		0,375
Moedas de ouro 99,1%			
4 cequins (**)	9.360	13,81	3.510

cequim (zecchino) (**)	2.340	3,45	878
1/2 cequim (**)	1.170	1,73	439
1/6 cequim (**)	390	0,58	146
1/8 cequim (**)	293	0,43	110
Moedas de ouro 90,6%			
carlino (5 doppie)	28.800	47,87	10.800
1/2 carlino (2,5 doppie)	14.400	23,93	5.400
doppia	5.760	9,57	2.160
1/2 doppia	2.880	4,79	1.080
1/4 doppia	1.440	2,39	540
Moeda de prata 98,6%			
ducatone (**)	1.320	31,87	495
Moedas de prata 91,67%			
scudo vecchio (**)	1.200	29,67	450
1/2 scudo vecchio (**)	600	14,83	225
1/4 scudo vecchio (**)	300	7,42	113
lira = 20 soldi (**)	240	5,59	90
1/8 scudo vecchio (**)	150	3,71	56
1/2 lira (**)	120	2,80	45
Moedas de prata 90,6%			
scudo nuovo	1.440	34,96	540
1/2 scudo nuovo	720	17,48	270
1/4 scudo nuovo	360	8,74	135
1/8 scudo nuovo	180	4,37	68
Moedas de bolhão			
7,5 soldos (27,1%)	90	4,71	34
5 soldos (25%) (**)	60	4,45	23
2,5 soldos (16,7%)	30	2,55	11
soldo (10,5%)	12	1,90	4,5
Moedas de cobre			
2 denari	2	1,75	0,75

(*) supõe poder aquisitivo da prata semelhante ao de Milão ou Florença
(**) moedas anteriores à reforma monetária de 1755 ainda em circulação

Moedas da Sardenha

Denominação	Valor em d	Peso em gramas	Valor em ñ c. 1768 (*)
Moedas de conta			
libra	240		144
soldo	12		7,2
dinheiro	1		0,6
Moedas de ouro 89,1%			
carlino (5 doppiete)	6.000	16,05	3.600
1/2 carlino (2,5 doppiete)	3.000	8,03	1.800
doppieta	1.200	3,21	720
Moedas de prata 91,67%			
1/4 scudo vecchio (**)	150	6,12	90
reale vecchio (**)	60	2,45	36
1/2 reale vecchio (**)	30	1,22	18
Moedas de prata 89,6%			
scudo	600	23,59	360
1/2 scudo	300	11,79	180
1/4 scudo	150	5,90	90
Moedas de prata 50%			
reale nuovo	60	3,26	36
Moedas de bolhão			
1/2 reale nuovo (29,2%)	30	2,72	18
soldo (14,6%)	12	2,23	7,2
Moedas de cobre			
3 cagliaresi	6	6,99	3,6
cagliarese	2	2,33	1,2
1/2 cagliarese	1	1,17	0,6

(*) supõe poder aquisitivo da prata semelhante ao de Milão ou Florença
(**) moedas anteriores à reforma monetária de 1768 ainda em circulação

ITÁLIA

Hungria

O rei Matias I Corvino (r. 1458-1490) conseguiu fazer frente aos otomanos e expandir as fronteiras da Hungria para o sul e o noroeste. Muitas de suas campanhas mais importantes foram confiadas a seu ministro Estêvão V Báthory, entre estas a guerra de 1476 para restaurar no poder o voivoda[13] da Valáquia Vlad III Drácula[14], chamado pelos cronistas Tepes ("Empalador"), inimigo dos turcos. Drácula foi pouco depois derrotado e morto, mas, em recompensa por seus serviços, Báthory foi nomeado voivoda da Transilvânia em 1479.

O sistema monetário húngaro do início do século XVI não havia se alterado significativamente desde o tempo de Matias Corvino, exceto pela valorização relativa do **florim de ouro**, que, dos 100 **denares** ou dinheiros originais, passara a 124 pela alteração do valor relativo dos metais. A contabilidade continuou, porém, a usar um "florim de conta" no valor de 100 denares.

Denominação	Valor em d	Peso em gramas	Valor em ñ c. 1505 (*)
Moedas de conta			
florim (*forint*)	100		1.800
Moedas de ouro 100%			
florim de ouro (*aranyforint*)	124	3,54	2.232

---

13 Título originalmente equivalente a "duque", mas traduzido como "príncipe" em latim e línguas latinas.
14 Ele de fato assinava "Drácula" ("filho de Dragão") como filho de Vlad II Dracul ("Dragão"), alusão à Ordem (de cavalaria) do Dragão criada pelo rei Sigismundo da Hungria em 1408, à qual pertenciam as principais famílias da nobreza húngara (inclusive Báthory e Rákóczy) e estrangeiros notáveis.

Moedas de prata 93%			
aspre (moeda otomana)	2	0,70	36
Moedas de prata 50%			
garas	5	3,25	90
denar	1	0,65	18
obolus	½	0,33	9

(*) Supõe poder aquisitivo da prata semelhante ao de Viena

Em 1521-1525, *denar* para cobrir os gastos das guerras contra os otomanos, o *denar* foi reduzido a 0,46 grama de prata 25% e considerava-se uma moeda antiga equivalente a duas novas (embora a paridade real fosse de 2,67 para 1).

Em 1526, o exército húngaro foi destroçado pelos otomanos na batalha de Mohács, na qual o rei Luís II morreu sem deixar descendentes. A maioria da nobreza húngara, reunida no parlamento de Székesfehérvár (Alba Real em português antigo), elegeu João Zapolya, voivoda da Transilvânia, como seu sucessor. Uma minoria, porém, respaldou a reivindicação de Fernando da Áustria, cunhado de Luís e irmão de Carlos V, com a expectativa de que ele os salvasse dos turcos, e um mês depois o elegeu rei em Bratislava (Pressburg em alemão, Pozsony em húngaro, Posônia em português antigo). João foi derrotado por Fernando em duas batalhas e fugiu para a Polônia em 1528. Ali ofereceu vassalagem ao sultão Solimão, o Magnífico, em troca de apoio para retomar seu país. Teve sucesso, mas não conseguiu uma vitória decisiva. Em 1533 a Hungria foi dividida, estabelecendo-se um reino Habsburgo rival, a "Hungria Real", cuja capital foi fixada em Bratislava em 1536.

Em 1540, João morreu deixando um filho recém-nascido como herdeiro. Fernando invadiu o país, mas o regente pediu socorro aos otomanos, que derrotaram Fernando e transformaram a Hungria central na província (*elayet*) de Budin, com capital em Buda (atual Budapeste), mas permitiram ao herdeiro João II Sigismundo estabelecer-se em Alba Júlia (na atual Romênia) e governar a Hungria oriental como rei rival até 1570. Nesse ano, João II chegou a um acordo com o imperador Maximiliano II, herdeiro de Fernando I, pelo qual renunciou ao título de rei da Hungria e em troca foi reconhecido como príncipe da Transilvânia.

O principado se tornou simultaneamente vassalo dos Habsburgos e dos Otomanos e dependia do equilíbrio das duas potências para manter uma relativa independência. Como a Contrarreforma católica não atingia as partes otomana e transilvana da Hungria, parte da população e da aristocracia, inclusive o próprio príncipe, tornou-se protestante. O país passou a ser um dos poucos da Europa no qual católicos, calvinistas, luteranos e unitaristas viviam em tolerância mútua, apesar de todos discriminarem os cristãos ortodoxos. Após a morte do unitarista João II em 1571, o católico Estêvão IX Báthory[15] (r. 1533-1586) foi eleito seu sucessor e sua família governou a Transilvânia até 1613. Depois de 1630, veio a governar mais frequentemente a família calvinista Rákóczy, convertida ao catolicismo a partir de 1660.

A Hungria otomana, por falta de jazidas de metais preciosos, não cunhou moedas próprias e usou as do Império Otomano ou oriundas do comércio com o Ocidente, principalmente o **táler** (*Reichsthaler*), avaliado nos anos 1550-1560 a 50 *aspres* e o **florim** (***forint***) húngaro, então equivalente a 75 *aspres* turcos, 150 denares húngaros[16], ou 1½ florim de conta.

A Hungria Real dos Habsburgos cunhou inicialmente moedas de *garas* ("grosso" de 4 ou 8 denares), *denar*, *obolus*, táleres e *goldguldens* (florins austríacos, de menor valor que os húngaros, então equivalentes a 54 *aspres* ou 108 *denares*). Fernando cunhou moedas de um denar, ½ gulden, 1 gulden, 1 ½ gulden, 1, 1½ táler e 2 táleres. Depois de 1556, passou a cunhar ducados, equivalentes aos florins húngaros.

A Hungria de João II, que ficara com as minas mais ricas, cunhou inicialmente moedas de ¼, ½, 1, 2, 5 e 10 ducados, óbolo, *denar*, *goldgulden* e táler. Já transformada em Transilvânia, cunhou no reinado de Sigismundo Báthory (r. 1586-1598) moedas de sólidos e grossos copiadas do sistema da Polônia, onde ele também reinou. Em 1613-1629, a Transilvânia começou a cunhar moedas de 1, 3 e 24 *Kreuzer*, trazidas do sistema austríaco (um *Kreuzer* valia 2 *denars*) e um **Breitergroschen** imitado da Hungria Real.

As moedas da Transilvânia mais notáveis foram, porém, as do príncipe Mihail Apafi (r. 1661 -1690), o último a governar sob a proteção dos otomanos. Cunhou moedas de ouro de 1 ducado (3,49 gramas de ouro 99%, cerca de 1.350 ñ a preços de Viena), 2, 3, 4, 4½, 5, 6, 7, 8, 9,

---

15 Tio da famigerada condessa Erzsébet (Isabel ou Elizabeth) Báthory, acusada de torturar e matar até 650 mulheres entre 1590 e 1609 e responsável por parte da reputação vampiresca da Transilvânia onde foi criada, embora os crimes tenham ocorrido no castelo do finado marido, na atual Eslováquia.
16 O florim de ouro já subira a 133 denares em 1540 e 140 denares em 1545.

10, 12, 13, 25, 50 e 100 ducados, várias das quais com formatos exóticos e esta última com diâmetro de 104 mm, espessura de 2,61 mm e peso de 345,95 gramas. Incluíram ducados hexagonais e em estrela de oito pontas curtas; uma moeda de 4½ ducados com forma de estrela de oito pontas longas,uma moeda octogonal de 5 ducados, uma hexagonal de 6 ducados, moedas de 10 ducados losangulares, hexagonais,em flor de seis pétalas e em meia-lua. Apafi também cunhou moedas de 1, 2 e 4 polturas (do polonês *póltorak*, "um e meio" [grosso]), ½ , 1 *gulden*, 1 táler (28,82 gramas de prata 87,5%, cerca de 675 ñ), 1½, 2 e 2 ½ táleres. Um táler valia então 186 denares e o ducado, 372 *denares*, cada *denar* 1,8 ñ, a poltura 10,8 ñ e o florim de conta, cerca de 181 ñ.

Em 1686 a Áustria derrotou os otomanos e retomou Buda e, nos anos seguintes, o resto da Hungria, vitória confirmada pelo tratado de Karlowitz de 1699. Com apoio de Luís XIV, dos otomanos e dos protestantes, reprimidos e destituídos de terras pelo novo governo, o voivoda da Transilvânia Francisco II Rákóczi liderou uma rebelião contra os Habsburgos e proclamou-se príncipe da Hungria, mas foi derrotado em 1711 e morreu exilado na Turquia.

Sob o domínio austríaco, a Hungria sofreu inicialmente um retrocesso econômico devido às guerras e ao despovoamento e regrediu a um sistema feudal, com pouco comércio entre as cidades e o campo. Em resposta, os Habsburgos incentivaram a ocupação do território por camponeses eslovacos, sérvios, croatas e alemães. A população triplicou de 1720 a 1787, o que ampliou a oferta de mão-de-obra e causou uma deterioração do padrão de vida dos servos. José II (r. 1780-1790) criou inquietação na nobreza húngara ao conceder os camponeses a liberdade de deixarem suas terras, se casarem e empregarem seus filhos no comércio, mas também veio a se tornar impopular por impor o alemão (no lugar do latim) como língua oficial e ampliar impostos, alistamentos obrigatórios e requisições de suprimentos para suas guerras com o Império Otomano. Isso deflagrou o nacionalismo húngaro, e suas reformas foram em parte revertidas por seu sucessor Francisco II.

Nesse período, o sistema monetário húngaro era praticamente igual ao austríaco, embora o ducado húngaro tivesse um teor ligeiramente superior ao austríaco (98,96% ante 98,61%). Por isso foi em 1750 tarifado a 252 *Kreuzer*, ante 250 *Kreuzer* do ducado austríaco (de 1693 até então, ambos valiam teoricamente 240 *Kreuzer* ou dois táleres). Com a alta dos preços do ouro, em 1786 ambos os ducados passaram a ser tarifados a 270 *Kreuzer*. O *Kreuzer* era em húngaro *krajczar*, o *gulden*, *forint* e o táler, *tallér*.

Denominação	Valor em krajczar	Peso em gramas	Valor em ñ c. 1760
Moedas de ouro 98,6%			
10 ducados	2.520	34,90	12.600
5 ducados	1.260	17,45	6.300
3 ducados	756	10,47	3.780
2 ducados	504	6,98	2.520
ducado	252	3,49	1.260
1/3 ducado	84	1,16	420
¼ ducado	63	0,87	315
1/6 ducado	42	0,58	210
Moedas de prata 83,33%			
Conventionsthaler (konvenciós tallér)	120	28,07	600
1/2 thaler = florim (forint)	60	14,03	300
1/4 thaler (30 krajczar) (máriás)	30	7,02	150
Moedas de prata 58,3%			
20 krajczar	20	6,68	100
Moedas de prata 50%			
17 krajczar	17	6,12	85
Moedas de prata 54,2%			
10 krajczar	10	3,89	50
Moedas de bolhão			
7 krajczar (42%)	7	3,24	35
10 denare (=43,8)	5	2,33	25
3 krajczar (34,4%) = garas = 2 poltura	3	1,70	15
poltura	1½	1,44	7,5
krajczar (kreuzer)	1	0,87	5
denar (1/2 krajczar)	½	0,65	2,5

POLÔNIA-LITUÂNIA

Em 1496, três anos depois de criado, o parlamento polonês aprovou uma moeda de ouro de 3,5 gramas chamada *złoty*, plural złote, "de ouro", como o alemão *Gulden*. A nova moeda foi chamada em documentos latinos de *florenus* (florim), e para ela foi usado o símbolo monetário **fl.** (só muito depois se usou zł). Com poder aquisitivo de cerca de 2.400 ñ, era dividida em 30 *grosze* (singular *grosz*, "grosso", com valor de 80 ñ), 60 *półgrosze* ("meios grossos") ou 90 *solidi*, também chamados *szeląg i* (do alemão *schilling*) ou 1.080 *denari*. Como moeda de conta, uma *grzywna* valia 48 *grosze* e uma *kopa* (unidade de origem tcheca) 60 *grosze*, ou 4.800 ñ.

Em 1505, o Parlamento assumiu os poderes legislativos do rei. Pouco a pouco, o poder concentrou-se nas mãos da alta nobreza feudal que o controlava, às custas tanto da monarquia quanto dos servos camponeses, submetidos a uma exploração cada vez mais abusiva, e da burguesia, por leis desfavoráveis ao comércio e à expansão das cidades, que floresceram a partir do século XV.

Por outro lado, desenvolveu-se uma política de tolerância religiosa rara na Europa de seu tempo, que atraiu muitos perseguidos pelos conflitos religiosos da Idade Moderna, a começar pelos judeus. Nos séculos XVI e XVII, o país passou a abrigar sua maior comunidade na Europa (10% da população polonesa), e desde então foi o centro espiritual do judaísmo europeu. Os reinados de Sigismundo I (r 1506-1548) e Sigismundo II Augusto (r. 1548-1572) também foram notáveis pela cultura e pela ciência, da qual é exemplo o astrônomo Nicolau Copérnico.

O *grosz* foi sofreu sucessivas quebras, de modo que, enquanto o *złoty* continuou a valer 30 grossos como moeda de conta, a moeda de ouro antes chamada por esse nome teve aumentado seu valor. Para evitar a confusão foi chamada **czerwony złoty** (*złoty* vermelho) ou **czerwoniec** (vermelha), embora também fosse conhecida como **dukat** ou "ducado polonês". De 1476 a 1611, registrou-se uma inflação anual média de 1,5% em termos de poder aquisitivo e 0,8% em termos de prata.

Ano	gramas de prata pura por grosz	złoty por grosz	ducados por grosz	Poder aquisitivo em ñ (*)		
				grosz	złoty	dukat
1470	1,57	22	22	102	2.249	2.249
1476	1,44	24	24	111	2.675	2.675
1487	1,24	28	28	83	2.334	2.334
1496	1,15	30	30	82	2.470	2.470
1505	1,08	30	32	70	2.089	2.228
1511	0,96	30	36	64	1.922	2.306
1523	0,91	30	38	43	1.292	1.637
1526	0,86	30	40	44	1.326	1.768
1528	0,77	30	45	38	1.131	1.696
1545	0,69	30	50	34	1.020	1.699
1550	0,68	30	51	30	914	1.554
1564	0,67	30	52	30	888	1.539
1574	0,65	30	53	26	789	1.394
1578	0,64	30	54	24	709	1.276
1581	0,62	30	56	23	685	1.279
1598	0,60	30	58	17	521	1.008
1611	0,49	30	70	15	456	1.064

(*) A preços de Cracóvia, capital de 1038 a 1795

Em 1528, foi criado um novo sistema monetário pelo qual 1 *złoty*, moeda de conta equivalente a 23,06 gramas de prata, valia 5 **szóstak** ("sêxtuplo"), 10 **trojak** ("triplo"), 30 *grosze*, 60 *półgrosze*, 90 *szelągi* (*solidi*), 180 *ternarii* ou 540 *denari*. Foram cunhadas também moedas de dois ducados e dez ducados.

Denominação	Valor em d	Peso em gramas	Valor em ñ c. 1529
Moedas de conta			
Kopa	2.160		3.600
grzywna	1.728		1.800
Złoty	1.080		720
Moedas de ouro 96,9%%			
10 ducados	16.200	35,70	3.600
2 ducados	3.240	7,14	1.800
Ducado	1.620	3,57	720
Moedas de bolhão 37,5%			
Szóstak	216	12,36	216
Trojak	108	6,18	108
Grosz	36	2,06	36
Półgrosz	18	1,03	18
Moedas de bolhão 18,75%			
Szelag	12	1,24	12
Ternar	3	0,57	3
Moedas de bolhão 9,375%			
Denar	1	0,37	1
obol (Lituânia)	0,5	0,19	0,5

Em 1525, a Ordem Teutônica, convertida ao luteranismo, foi secularizada. Seu ex-grão-mestre, Albrecht von Hohenzollern, prestou vassalagem rei polonês e fez de seu território o Ducado da Prússia, que em 1538 adotou o sistema monetário polonês. A Mazóvia (incluindo Varsóvia), antes um ducado semi-independente, foi incorporada ao domínio real em 1529. Em 1561, ao também ser dissolvida a Ordem da Livônia, o Grão-Ducado da Lituânia, governado desde 1386 pelos reis da Polônia, incorporou a maior parte das atuais Estônia e Letônia e fez do ex-grão-mestre o duque vassalo da Curlândia, sul da atual Letônia. Em 1533 e 1540 foi cunhado um **talar** ou **koronny** (coroa) de prata, moeda de 27,266 gramas com valor de 30 *grosze*. Em 1565-1568, foi emitida uma moeda de 4 *grosze*, chamada **czworak** (quádrupla).

Em 1569, a União de Lublin juntou a Polônia e a Lituânia em um só reino, o maior da Europa de seu tempo, e consequentemente a Lituânia passou a usar moedas polonesas (antes cunhava moedas próprias, de valor equivalente). Para conseguir a aprovação dessa federação, o rei fez várias concessões à nobreza, que a longo prazo se mostrariam contraproducentes para o país: a eleição dos futuros reis pela nobreza (15% da população), que abriu caminho à interferência de potências estrangeiras, e o *liberum veto*, o direito de qualquer deputado do Parlamento a dissolver uma sessão e anular a legislação nela aprovada, que resultaria em imobilidade política interna.

O primeiro rei eleito após a morte de Sigismundo II foi Henrique de Valois (r. 1573-1575), que logo abandonou o trono da Polônia para assumir o da França. Seguiu-se Estêvão V Báthory (r. 1576-1586), príncipe da Transilvânia que cunhou um **talar** de 28,829 gramas e 36 *grosze* (cerca de 720 ñ) e um *póltalar* com a metade desse peso e valor.

Foi depois eleito Sigismundo III Vasa (r. 1587-1632, também rei da Suécia em 1592-99), em cujo reinado o Reino da Polônia-Lituânia atingiu sua maior extensão, mas guerras sucessivas levaram a vários aviltamentos para financiá-las. O táler, que valia 36 *grosze* em 1580, passou a 40 em 1604, 45 em 1616, 64 em 1621 e 90 em 1626. Também em seu tempo surgiram as moedas de **ort** em 1608 (do alemão **ortsthaler**, "táler da aldeia", inicialmente ¼ de táler ou 10 *grosze*, reduzida para 1/5 táler em 1626) e *póltorak* ("um e meio", 1½ grosz) em 1614; e foi cunhada a maior moeda polonesa, de 100 ducados. Pesava 349,49 gramas, com 69 mm de diâmetro e 4,6 mm de espessura. Uma dessas peças foi enviada como presente ao Papa com uma carta na qual anunciava a vitória sobre os otomanos em Khotyn, em 1621.

Denominação	Valor em grosze	Valor em d	Peso em gramas	Valor em ñ c. 1623
Moedas de conta				
kopa	60	2.160		720
złoty	30	1.080		360
Moedas de ouro 98%				
100 ducados	10.000	360.000	353,00	120.000
40 ducados	4.000	144.000	141,20	48.000
20 ducados	2.000	72.000	70,60	24.000
10 ducados (portugal)	1.000	36.000	35,30	12.000
5 ducados (meio portugal)	500	18.000	17,65	6.000
2 ducados	200	7.200	7,06	2.400
ducado	100	3.600	3,53	1.200

Moedas de prata 84,4%				
2 *talara*	128	4.608	57,66	1.536
talar	64	2.304	28,83	768
półtalar	32	1.152	14,42	384
Moedas de prata 65,6%				
ort	16	576	7,06	192
Moedas de bolhão 46,9%				
szóstak	6	216	3,98	72
trojak	3	108	1,99	36
Moedas de bolhão				
półtorak (37,5%)	1 1/2	54	1,18	18
grosz (28,1%)	1	36	1,04	12
szelag (7,5%)	1/3	12	0,60	4
Moedas de cobre				
ternar	1/12	3	1,00	1
denar	1/36	1	0,33	0,33

Foram depois eleitos seus filhos Vladislau IV Vasa (r. 1632-1648) e João II Casimiro Vasa (r. 1648-1668), que cunhou a moeda chamada **dwojak** ("dupla", 2 *grosze*).

A partir de 1648, os cossacos do Dniepre se rebelaram, e em 1657 pediram socorro à Rússia, conflito que resultou em um terrível massacre de judeus (cobradores de impostos e arrendamentos para a nobreza polonesa) e na perda pela Polônia-Lituânia do que é hoje a Ucrânia central (Zaporójia) em 1667. Ao mesmo tempo, deu-se a Segunda Guerra do Norte (1665-1660), que resultou na independência da Prússia e perda de parte da Livônia para a Suécia. Com a abdicação de João II, foi eleito um rei polonês nativo, Miguel I (r. 1669-1673) e depois João III Sobieski (r. 1674-1696), que lutaram contra o Império Otomano.

Em 1663, cunhou-se uma moeda aviltada cujo valor oficial era inicialmente de 1/3 de táler, um *złoty* ou 30 *grosze* (270 ñ a preços da época) mas cujo conteúdo em prata equivalia a apenas 10 a 15 *grosze*. Foi chamada em polonês de **tynf** e em alemão de **Timpf**, o que deu origem ao provérbio polonês *dobry żart tynfa wart*, "uma boa piada vale um tynf". Em 1677, passou a valer oficialmente 1/6 táler ou 15 *grosze* (135 ñ). Outra moeda característica do período foi a **boratynka**, moeda de 1,35 grama de cobre de 1/3 de *grosz* que substituiu o *szelag* de bolhão.

Foi eleito em seguida o príncipe-eleitor da Saxônia Augusto II, (r. 1697–1733), período no qual a Polônia foi devastada pela Grande Guerra do Norte (1700-1721) e as disputas da nobreza, manipulada por potências estrangeiras, paralisaram o sistema político. Em consequência de novos aviltamentos, o táler passou em 1717 a valer 6 ***orti*** ou *tynf*, 108 *grosze* ou 240 *szelągi*.

Com a morte de Augusto II, o aristocrata polonês Estanislau I Leszczyński foi eleito rei com apoio da França, mas não foi aceito pelo imperador Carlos VI nem pela Rússia, que deflagraram a Guerra da Sucessão Polonesa (1735-1738) para impor o novo príncipe-eleitor da Saxônia, Augusto III. Com a derrota, Estanislau abdicou e recebeu da França, em compensação, o ducado da Lorena, cujo duque recebeu, por sua vez, o grão-ducado da Toscana. Além disso, o duque de Parma, da família Bourbon, recebeu as Duas Sicílias, enquanto Parma foi entregue à Áustria. A Polônia foi mais uma vez devastada, em proveito das maquinações da França e da dinastia Bourbon. No reinado de Augusto III, um táler passou em 1752 a valer 240 *grosze* (agora moedas de puro cobre) ou 720 *szelągi* e o *ort* ou *tynf* 42 *grosze*.

Augusto III também fez cunhar uma moeda conhecida como ***augustdor*** ("augusto de ouro"), com 13,3 gramas de ouro 90% e valor nominal de 5 táleres, mas negociada de fato por 1.900 *grosze* (depois 1.760). Continha 3,5 vezes a quantidade de ouro do ducado, que valia então 540 *grosze* (depois 502,5, para retornar a 540 em 1786).

Com a morte de Augusto III, foi eleito rei um títere da Rússia, Estanislau II Augusto Poniatowski (r. 1764-1795), que em 1766 estabeleceu um novo padrão. Um marco de Colônia (*Kolognian grzywna*) de 233,8 gramas de prata passou a valer 10 táleres ou 80 *złote* (83,5 depois de 1786) e um ducado de ouro, 16,75 *złote* (18 *złote* depois de 1786). Portanto, o *złoty* de 1766 continha 2,92 gramas de prata e o de 1786, 2,80 gramas. Ambos eram divididos em 4 *grosze* de prata, 30 *grosze* de cobre ou 90 *szelągi*.

Denominação	Valor em grosze	Peso em gramas	Valor em ñ 1766
Moedas de ouro 98%			
10 ducados	10.050	34,90	30.150
5 ducados	2.513	17,45	7.538
2 ducados	1.005	6,98	3.015
ducado	502,5	3,49	1.508
1/2 ducado	251,3	1,75	754
Moedas de ouro 90%			
duplo *augustdor*	3.520	26,60	10.560
augustdor	1.760	13,30	5.280
1/2 *augustdor*	880	6,65	2.640
Moedas de prata 83,3%			
talar	240	28,07	720
półtalar	120	14,42	360
Moedas de prata 65,6%			
dwuzłotówka	60	9,35	180
Moedas de prata 54%			
złoty ou *tynf*	30	5,40	90
Moedas de bolhão 43%			
dwojak	2	3,34	6
Moedas de cobre			
trojak	3	11,70	9
grosz	1	3,89	3
półgrosz	1/2	1,95	2
szelag	1/3	1,30	1

A nobreza antirrussa rebelou-se contra Estanislau II e formou de 1768 a 1772 a Confederação de Bar para combatê-lo. Após o esmagamento da revolta com ajuda da Rússia, esta concordou em dividir grande parte da Polônia com a Prússia e a Áustria na Primeira Partilha da Polônia. Alarmados, o rei e boa parte da nobreza aprovaram em 1791 uma nova Constituição, de inspiração iluminista, para tentar reverter a paralisia e o colapso do país, mas os setores mais conservadores pediram a intervenção da Rússia, que os levou ao poder e impôs uma Segunda Partilha com a Prússia em 1793.

Seguiu-se um levante nacional liderado por Tadeusz Kościuszko, veterano da Guerra da Independência dos Estados Unidos. Após a nova revolta ser esmagada pela intervenção da Rússia e da Prússia, o que restava da Polônia-Lituânia foi totalmente dividido entre Rússia, Prússia e Áustria. Durante a rebelião de Kościuszko, foram emitidas notas de papel-moeda, nos valores de 5 e 10 **medziane** ("cobres", ou seja, *grosze* de cobre) e 1, 4, 5, 10, 25, 50, 100, 500 e 1.000 *złote*, com um poder aquisitivo aproximado de 70 ñ por *złoty*. Foi também cunhado o **stanislasdor** de 54 *złote* (3.780 ñ) contendo 12,35 gramas de ouro 83,3% e o meio *stanislasdor*.

Em 1807, Napoleão criou o grão-ducado de Varsóvia com terras anexadas pela Prússia e o ampliou em 1809 com terras da Áustria. Esse Estado polonês durou até 1815, quando foi de novo partilhado entre Prússia e Rússia. Suas moedas seguiram o padrão de 1786, mas com um táler de 180 *grosze* e um ducado de 540 *grosze*, com um poder aquisitivo de 1,8 ñ por *grosz*.

RÚSSIA

A partir de 1438, a Horda Dourada começou a se desintegrar, com a separação do canato de Cazã, no alto Volga, do qual Moscou passou a depender. Seguiram-se a separação do canato da Crimeia em 1441 e de Astracã em 1466. Enquanto isso, o príncipe de Moscou Ivã III, o Grande (r. 1462-1505) anexava os principados de Yaroslavl (1463) e Rostov (1474) e a República de Novgorod (1478), de modo a fazer de seu principado o maior Estado russo. Também se casou (em 1472) com Sofia Paleóloga, sobrinha do último imperador bizantino, procurando legitimar as pretensões de Moscou de se tornar a "Terceira Roma" e suceder a Constantinopla como capital do cristianismo ortodoxo e de um novo império.

Com a anexação de Novgorod, uma importante cidade mercantil, começaram a circular em todos os domínios de Ivã III as suas *dengas*, que continham o dobro de prata das moscovitas (0,68 grama ante 0,34 grama). Como a *denga* de Novgorod tinha a imagem de um cavaleiro com uma lança, os moscovitas a chamaram de **kopek** (do russo *kopjo*, "lança") ou copeque. Para simplificar a contabilidade, adotou-se um rublo de conta no valor de 10 *grivnas* (como abreviação de *"grivnas de kunas"*), 100 copeques, 200 *dengas* (moscovitas) ou 400 *polushkas*. A *grivna*-peso agora valia 409 gramas ou dois rublos-peso.

Em 1480, Ivã III desafiou e venceu os tártaros de Cazã e fez de Moscou um principado soberano. Acabaram as inscrições em árabe nas moedas russas e o antigo suserano foi reduzido à vassalagem em 1487. Em 1485, Moscou anexou o principado de Tver e em 1505 o de Perm. Seu filho Basílio III (r. 1505-1533) anexou também Pskov e Riazan, mas coube ao neto Ivã IV, o Terrível (r. 1533-1584), se proclamar Tsar ("césar", o mesmo título pelo qual haviam sido chamados em russo o imperador bizantino e o Khan da Horda Dourada) de Todas as Rússias em 1547 e anexar os canatos de Cazã (1552), Astracã (1556) e Sibéria (1582), que se separara de Cazã em 1490.

Na época de Ivã IV, cinco copeques compravam 40 libras (16,38 quilos) de centeio; sete copeques, um machado; 20 a 40 copeques, uma sermiaga (caftã de lã grossa); e um rublo ou 100 copeques, uma vaca ou cavalo. Isso sugere um valor de 30 ñ para o copeque e 3.000 ñ para o rublo e um poder aquisitivo para a prata comparável ao da Polônia da mesma época.

Teodoro I, filho de Ivã IV, reinou até 1598. Ao morrer sem filhos, seguiu-se um período de guerras civis e más colheitas conhecido como "Tempo das Dificuldades", que durou até 1613. Foi eleito sucessor seu cunhado e conselheiro Boris Godunov, um boiardo (nobre menor) em conflito com a aristocracia, liderada pela família Romanov. Em 1603, um impostor que dizia ser o irmão mais novo de Ivã IV, Dmitri, e ter escapado da tentativa de Godunov de assassiná-lo na infância invadiu o país com apoio da Polônia-Lituânia e de parte da nobreza, inclusive a mãe do verdadeiro Dmitri (morto acidentalmente quando criança). O falso Dmitri tomou o trono em 1605 e executou a família de Godunov, mas foi morto por uma insurreição de boiardos e camponeses, convencidos de que ele pretendia espalhar o luteranismo e o catolicismo com seus soldados. O líder da revolta subiu ao poder como Basílio IV, mas foi combatido por um segundo falso Dmitri e deposto por um grupo de boiardos em 1610. Vladislau Vasa, herdeiro da Polônia, foi convidado pelos golpistas a sucedê-lo, mas seu pai não lhe permitiu viajar a Moscou e converter-se ao cristianismo. Um terceiro falso Dmitri tentou tomar o poder em 1611-1612. Uma revolta liderada por Dmitry Pozharsky, expulsou os poloneses em 1612, e o impasse foi resolvido com a eleição de Miguel I Romanov (r. 1613-1645).

Seu filho Aléxis I (r. 1645-1676) tomou a Ucrânia central à Polônia com apoio dos cossacos da região e impôs à nobreza a prestação de serviços militares ou na burocracia. Em troca ampliou seu poder sobre os camponeses ao fixá-los à terra, de modo a instituir plenamente a servidão. Muitos camponeses fugiram, porém, a seus senhores para se juntar aos cossacos do Don que resistiam à progressiva centralização do Estado, originando uma revolta liderada pelo cossaco Stepan Razin, executado em 1671 como herói popular. Também durante seu reinado, exploradores russos atravessaram e anexaram toda a Sibéria até a fronteira da China e o Pacífico e fizeram da Rússia o maior Estado do mundo.

Em 1654, Aléxis tentou resolver os problemas financeiros do Tesouro, pondo em circulação um **rublo** de prata que consistia em um táler (29,23 gramas de prata 88,9%, chamado em russo *efimok*) sobrecunhado, um *poluefimok* sobrecunhado sobre meio táler ou táler cortado pela metade e uma *polupoltina*, sobrecunhada sobre quartos de táleres, ou táleres cortados em quatro. Os táleres eram comprados em média a 50 copeques e seu conteúdo em prata correspondia ao de 64 copeques de 0,47 gramas de prata 85% então em circulação (com poder aquisitivo de cerca de 15 ñ), de modo a proporcionar ao Estado um ganho de 100%.

Em 1655, começou a cunhar moedas de cobre de 50 (*poltina*), 25 (*polupoltina*), 10 (*grivna*), 3 (*altyn*), 2 copeques (*grosh*) e um copeque, as três últimas das quais cunhadas sobre arame de cobre. O custo de produção era apenas 1/60 do equivalente em moedas de prata. Enquanto as moedas maiores eram vistas com relutância, os copeques, de aparência similar às moedas de prata tradicionais, foram aceitos, mas seu excesso provocou inflação. Em 1653, um balde (12,3 litros) de vodca custava 75-90 copeques (89 a 107 ñ por litro); em março de 1660, 150; em outubro de 1660, 300; e em setembro de 1662, 500. O descontentamento levou ao "Motim do Cobre" de Moscou em julho de 1662, cuja repressão custou pelo menos mil vidas. As moedas de cobre, trocadas pelas de prata à razão de 15 por uma em junho de 1663, foram retiradas de circulação no fim desse ano, quando eram avaliadas a 100 por uma. A maioria dos rublos de prata foi depois fundida para fazer copeques tradicionais.

Teodoro III (r. 1676-1682) criou uma academia de ciências e iniciou um processo de modernização e profissionalização da burocracia, substituindo o sistema de preferência segundo a hierarquia nobiliárquica por promoções de acordo com o mérito e a vontade do soberano. Ao morrer sem filhos, abriu-se uma disputa entre partidários do irmão Ivã V, um adolescente incapaz, e o meio-irmão (filho da segunda esposa de Aléxis) Pedro I, ainda criança. Após uma disputa violenta, ambos foram declarados tsares, e a irmã mais velha, Sofia, sua regente. Esta fez a paz com a China e planejou tomar o poder como tsarina, mas Pedro I a depôs em 1689 e passou a regência à mãe. Com a morte desta em 1694, Pedro I assumiu o poder formalmente. Com a morte de Ivã V, sem filhos homens, em 1696, tornou-se o único tsar.

Evolução do rublo, copeque e denga

Período		Local	rublo		prata pura (g)			poder aquisitivo no início do período (ñ)			poder aquisitivo no final do período (ñ)		
			peso (g)	% prata	rublo	copeque	Denga	rublo	copeque	denga	rublo	copeque	denga
1420	1494	Novgorod	204,8	90,0%	184,3	0,85	0,85	10.036	46	46	12.641	59	59
1468	1535	Moscou	78,8	93,3%	73,5	0,68	0,34	4.688	43	22	3.702	34	17
1494	1535	Novgorod	170,6	90,0%	153,6	0,71	0,71	8.030	37	37	7.736	36	36
1535	1612	Moscou	68,3	92,5%	63,1	0,63	0,32	3.180	32	16	1.938	19	9,7
1535	1612	Novgorod	147,3	92,5%	136,3	0,63	0,63	6.864	32	32	4.182	19	19
1613	1630	Rússia	51,2	85,0%	43,5	0,44	0,22	1.307	13	6,5	1.243	12	6,2
1630	1682	Rússia	47,4	85,0%	40,3	0,40	0,20	1.151	12	5,8	1.511	15	7,6
1682	1698	Rússia	40,6	84,0%	34,1	0,34	0,17	1.280	13	6,4	1.031	10	5,2
1699	1710	Rússia	28,4	87,5%	24,9	0,25	0,12	781	7,8	3,9	836	8,4	4,2
1718	1730	Rússia	28,4	72,9%	20,7	0,21	0,10	797	8,0	4,0	809	8,1	4,0
1731	1763	Rússia	25,9	80,2%	20,7	0,21	0,10	838	8,4	4,2	728	7,3	3,6
1764	1796	Rússia	24,0	75,0%	18,0	0,18	0,09	607	6,1	3,0	400	4,0	2,0
1796	1914	Rússia	20,7	83,3%	17,3	0,17	0,09	384	3,8	1,9	205	2,1	1,0

Após livrar-se de inimigos, o tsar enviou em 1697-1698 uma missão diplomática de 250 pessoas por vários países da Europa, da qual Pedro I, o Grande, participou supostamente incógnito como um mero "sargento Piotr Mikhailov". As autoridades europeias fingiam não saber quem era aquele homem inconfundível, de 2,03 metros de altura e postura dominante. Depois de passar pela Curlândia e Prússia, esteve na Holanda, onde se empregou como carpinteiro no estaleiro da Companhia das Índias Orientais para aprender sobre construção naval, mas chamou a atenção pelos gastos excessivos para um operário – 450 florins (65 mil ñ) para comprar um barco de lazer, 300 (43 mil ñ) para pagar as dívidas de um amigo – e pelas visitas de embaixadores russos à sua residência alugada.

Visitou a Inglaterra, onde conheceu o rei, o Parlamento e a Casa da Moeda, então dirigida por Isaac Newton, os estaleiros da Royal Navy em Deptford, onde também trabalhou "incógnito", e depois a Áustria, mas teve de antecipar seu retorno por uma revolta da guarda imperial dos Streltsy, que tentou reinstaurar Sofia no poder. Mais de mil deles foram cruelmente torturados e executados, e Sofia, forçada a recolher-se a um convento. Pedro I começou também a enquadrar a conservadora nobreza russa com um imposto de cem rublos anuais (80.000 ñ) aos boiardos que insistissem em manter sua barba, os quais foram também obrigados a carregar um distintivo com as frases "o dinheiro foi pago" e "a barba é um fardo desnecessário".

Pedro I voltou impressionado com os avanços técnicos e culturais do Ocidente, mas desiludido quanto à esperança de receber ajuda contra o Império Otomano. Em vez de combater os turcos, voltou-se para a guerra contra a Suécia e a modernização de seu império. Começou por tomar aos suecos uma saída para o Báltico, onde começou a construção de São Petersburgo em 1703 e a fez sua capital em 1712. A guerra durou até 1718 e levou à conquista da Livônia, da Estônia e de parte da Finlândia, abrindo caminho para a Rússia, até então praticamente sem saída para o mar – salvo o gelado Oceano Ártico e a distante e então inútil saída para o Pacífico –, criar uma marinha, comerciar diretamente com a Europa e tornar-se uma potência respeitada pelo Ocidente. Em 1721, após concluir o tratado de paz com a Suécia, Pedro I trocou o título tradicional de tsar (entendido pelos ocidentais como equivalente a "rei", se tanto, apesar de suas origens históricas) pelo de imperador e proclamou o Império Russo.

Enquanto isso, reformas centralizadoras foram implementadas. O serviço público e suas promoções foram abertos aos plebeus, o conselho dos boiardos (pequena nobreza) foi abolido e se instaurou um sistema administrativo absolutista, porém mais moderno e tecnocrático. Suas reformas também atingiram a moeda, com a abolição das moedas regionais (algumas ainda com inscrições em árabe) e a implantação de um sistema de tipo ocidental baseado em um rublo cunhado pela primeira vez em 1704 e quase igual ao táler e em um copeque de cobre de 8,53 gramas, embora os agora minúsculos (10,7 x 7,3 mm) copeques de "arame" de prata continuassem a ser cunhados até 1725 e surgissem copeques de bolhão durante a transição. As despesas das guerras o levaram, porém, a avíltar a moeda de prata em 1718 e reduzir o copeque de cobre para 4,1 gramas.

Denominação	Valor em copeques	Peso em gramas	Valor em ñ c. 1720
Moedas de ouro 98,6%			
duplo *chervonets*	432	6,98	3.456
chervonets (ducado)	216	3,49	1.728
Moedas de ouro 78,1%			
duplo rublo	200	4,10	1.600
Moedas de prata 72,9%			
rublo	100	28,44	800
poltina (1/2 rublo)	50	14,22	400
polpoltina (1/4 rublo)	25	7,11	200
grivna	10	2,84	80
copeque ("moeda de arame")	1	0,28	8
Moedas de bolhão 39,6%			
altyn	3	1,71	24
copeque	1	0,57	8
Moedas de cobre			
5 copeques	5	20,50	40
copeque	1	4,10	8
denga	1/2	2,05	4
polushka	1/4	1,02	2

A primeira esposa, Eudóxia (da qual se separara em 1698), e o filho e herdeiro Alexei decepcionaram Pedro ao desprezar suas reformas e conquistas. Em 1716, Pedro exigiu que o filho o acompanhasse no Exército e Alexei fugiu para Viena. Retornou em 1718 com a promessa de Pedro de que não seria castigado. Em vez disso, foi torturado até a morte. Seus amigos e de sua mãe, suspeitos de conspirar contra o imperador, foram executados. Isso deixou a Pedro apenas a segunda esposa e netos ainda crianças como herdeiros ao morrer em 1725.

A segunda esposa era uma lavadeira nascida na Letônia que em 1702 se juntou às forças russas quando estas tomaram a região, tornou-se serviçal do melhor amigo de Pedro e em 1704 passou a ser amante do tsar, casando-se com ele em 1707. Reinou como Catarina I, mas morreu em 1727, deixando o trono a Pedro II, filho de Alexei, que morreu em 1730. No reinado de Catarina I, foram cunhadas moedas de rublo, meio rublo, *grivna* e meia *grivna* na forma de placas quadradas de cobre, à maneira dos dálers suecos da mesma época. O rublo pesava originalmente 1.658 gramas, o que implicava uma relação de preços prata/cobre de 80 para um e tinha 180 mm de lado, enquanto o meio rublo media 148 mm, a *grivna* 63 mm e a meia *grivna* 42 mm.

Seguiu-se Ana, sobrinha de Pedro I, que reinou até 1740. Foi sucedida por Ivã VI, filho bebê de sua sobrinha também chamada Ana, que governaria como regente. Ambos foram, porém, vítimas de um golpe de Estado que pôs no poder Isabel, filha de Catarina I. Esta reinou até 1762. Ivã VI passou toda a vida como prisioneiro e foi executado em 1764, quando uma conspiração pretendeu libertá-lo e colocá-lo no trono.

Isabel escolheu seu sobrinho Pedro III como herdeiro, mas, após seis meses de reformas liberais, o tsar foi deposto e executado por uma conspiração liderada pela própria esposa, Catarina II, a Grande. Esta reinou até 1796, conquistou o canato da Crimeia, de modo a completar a incorporação da Ucrânia e ganhar acesso ao Mar Negro e comandou a partilha da Polônia. Foi sucedida pelo filho Paulo I, assassinado em 1801. Subiu ao trono Alexandre I, ao qual coube lidar com Napoleão e anexar a Finlândia, Bessarábia e Cáucaso.

Em 1769, fundou-se em São Petersburgo o *Gosudarstvennyy Assignatsionnyy Bank* ("Banco de Endossos do Estado") para emitir papel-moeda resgatável em cobre, pois a prata se tornara escassa e grandes quantidades de cobre eram incômodas. Foram emitidas notas de 25, 50, 75 e 100 rublos e, a partir de 1785, também de 5 rublos. Inicialmente foram negociadas ao par ou com pequeno deságio em relação às moedas de prata, mas 100 rublos de prata passaram a valer 108 rublos de papel-moeda em 1788, 115 em 1790, 146 em 1795 e 153 em 1800.

Denominação	Valor em copeques	Peso em gramas	Valor em ñ c. 1769
Papel-moeda			
100 rublos	10.000		60.000
75 rublos	7.500		45.000
50 rublos	5.000		30.000
25 rublos	2.500		15.000

Moedas de ouro 97,9%			
duplo *chervonets*	566	6,94	3.396
chervonets (ducado)	283	3,47	1.698
Moedas de ouro 91,7%			
10 rublos	1.000	13,08	6.000
5 rublos	500	6,54	3.000
2 rublos	200	2,62	1.200
rublo	100	1,31	600
1/2 rublo	50	0,65	300
Moedas de prata 75%			
rublo	100	24,00	600
poltina (1/2 rublo)	50	12,00	300
polpoltina (1/4 rublo)	25	6,00	150
20 copeques (*dvugrívenny*)	20	4,78	120
15 copeques (*pyatialtýnny*)	15	3,55	90
10 copeques (*grívennik*)	10	2,37	60
Moedas de cobre			
5 copeques (*pyaták*)	5	51,20	30
4 copeques	4	40,96	24
2 copeques (*semishnik*)	2	20,48	12
copeque	1	10,24	6
denga	1/2	5,12	3
polushka	1/4	2,56	1,5

Império Otomano

Após a conquista de Constantinopla e dos Bálcãs, que fez do sultanato osmanli um Império, a expansão otomana foi interrompida com Bayezid II (r. 1481-1512), mas retomada com Selim I (r. 1512-1520), que em 1517 venceu os Mamelucos e assim conquistou a Síria, o Egito e o título de Califa, transformando o Império Otomano na maior potência do mundo muçulmano.

Desde 1326, a unidade monetária otomana era o aspre (*akçe* em turco), reduzido no final do século XV a 0,75 grama de prata e no início do XVI a 0,72 grama. Cunhavam-se também os mangires de cobre (1/8 ou 1/24 de aspre), o *sultani* de ouro (equivalente em 1477 a 45 aspres ou um ducado veneziano), também chamado *altin* ("ouro") e uma moeda de 5 aspres.

No início do século XVI, após a conquista da Anatólia Oriental, os otomanos cunharam para essa região uma moeda de prata semelhante ao *shahi* dos territórios safávidas conquistados e chamada popularmente pelo mesmo nome, embora fosse oficialmente denominada *padishahi*. Com aproximadamente 4 gramas, valia 6 aspres (90 ñ) no início do século XVI.

Em 1517, com a conquista do Egito por Selim I (r. 1512-1520), a moeda de prata de meio dirham e 1,2 grama ali cunhada, conhecida como *nisf, muayyadi* ou *medin,* foi incorporada ao sistema monetário otomano com o nome de *para* ("peça") e cunhada à razão de 250 para 100 dirrãs de prata a 84%, o que resultava em uma moeda de 1,28 grama que continha 1,075 grama de prata pura no valor de 1½ aspre (22,5 ñ).

Denominação	Valor em aspres	Peso em gramas	Valor em ñ c.1520
Moedas de conta (de prata)			
aspre	1		15
Moedas de ouro			
ducado, sultani ou *altin*	54	3,45	810
Moedas de prata 93%			
shahi ou *padishahi*	6	4,20	90
para (87,5%)	1½	1,28	22,5
aspre	1	0,70	15
Moedas de cobre			
mangir	1/8	3,28	1,9

Solimão, o Magnífico (r. 1520-1566) expandiu as conquistas otomanas na Europa. Conquistou a Moldávia, parte da atual Ucrânia e a maior parte da Hungria até 1526. Falhou nas duas tentativas de tomar Viena, em 1529 e 1532, mas teve suas conquistas reconhecidas pelo Imperador Fernando I. Também tomou a Mesopotâmia ao Império Persa e anexou grande parte da península Arábica e da África do Norte até Argel.

Embora os sultani ou ducados de ouro, símbolo de soberania, seguissem um padrão único, o domínio de regiões tão vastas e culturalmente diversas, o Império Otomano veio a dividir-se em várias zonas monetárias para as moedas de prata e cobre: Bálcãs, Egito, Crimeia, Argélia, Túnis e Trípoli, além da região central onde circulava o *shahi*. Do início do século XVI a 1585 não houve mudança no conteúdo metálico das moedas, mas o valor do sultani em aspres aumentou devido à queda relativa do valor da prata, como mostra a tabela abaixo:

Ano	Conteúdo em prata do aspre (g)	Valor do aspre em ñ	Valor do sultani ou ducado em aspres	Valor do ducado em ñ
1477	0,693	19,1	45	859
1488	0,675	18,6	49	911
1510	0,657	15,0	54	808
1523	0,657	15,0	55	823
1548	0,657	15,0	57	853
1550	0,657	13,4	60	805
1566	0,612	12,5	60	750
1575	0,612	12,5	60	750
1586	0,342	7,0	120	838

A derrota naval em Lepanto (1571) causou uma severa perda de navios, capitães e marinheiros capacitados e preveniu uma completa hegemonia otomana no Mediterrâneo, mas não deteve a expansão, que chegou a Creta em 1669. Entretanto, os custos militares de enfrentar a coalizão cristã europeia causaram uma crise fiscal, enfrentada com uma desvalorização de 44% do aspre em 1585. De 450 por 100 dirrãs de prata pura, passaram a ser cunhados 800 com a mesma quantidade de metal. O valor do sultani de ouro saltou de 60 para 120 aspres e o do para de 1½ para 3 aspres (21 ñ).

Novas desvalorizações seguiram-até 1690, levando ao desaparecimento temporário do aspre como moeda física, embora sempre fosse usado como moeda de conta.

Ano	Conteúdo em prata do aspre (g)	Valor do aspre em ñ	Valor do sultani ou ducado em aspres	Valor do ducado em ñ
1586	0,342	7,0	120	838
1600	0,288	5,5	125	682
1641	0,279	5,3	168	888
1659	0,234	4,2	190	801
1668	0,234	4,2	250	1.054
1672	0,207	3,7	300	1.119
1690	0,130	2,3	300	703

Em 1683, os otomanos fracassaram em mais uma tentativa de tomar Viena e alemães, poloneses e venezianos moveram uma guerra de quinze anos que terminou em 1699 com a perda da Hungria, Croácia e parte da Ucrânia. Os turcos passaram então a uma postura defensiva e não voltaram a sofrer grandes perdas territoriais (embora a Argélia se tornasse semi-independente durante o século XVII) antes do século XIX. A administração foi reformada, tornando-se algo mais centralizada, como também o sistema monetário.

Em meio à guerra, o império viu-se ante outra grave crise financeira. Em 1688, foi autorizada a cunhagem de novos mangires de cobre, com peso de 1,6 grama e valor de ½ aspre, mas em poucos meses, passaram a valer 1 aspre.

Em 1690, após mais uma grande quebra do aspre, os otomanos começaram a cunhar moedas de prata de maior porte, baseadas no *zloty* polonês, que vinha sendo introduzido no país em grandes quantidades por mercadores holandeses. Chamado *isolette* em francês, tornou-se *zolota* em turco, com peso de 19,2 gramas (6 *dirhams*) e 60% de prata e o valor nominal de 30 *paras* ou 90 aspres. Em 1703, começou a ser cunhada uma moeda ainda maior, chamada em turco *kuruş* ou *kurush* (do italiano *grosso*, "grosso" através do francês *gros*, do alemão *Groschen* e do húngaro *garas*) e em outras línguas e regiões do império *qirsh*, *ersh*, *gersh*, *grush* ou *grosi*. Apesar de "grosso" remeter a moedas europeias bem menores, o *kurush* valia 40 paras ou 120 aspres pesava 8 dirhams ou 26 gramas, quase tanto quanto o peso espanhol ou o escudo de prata francês, e tinha diâmetro semelhante, mas seu teor era de apenas 60%. Na Europa, através do comércio mediterrâneo, essa moeda ficou conhecida como *piastra*, nome dado por comerciantes florentinos às grandes moedas de prata europeias semelhantes ao peso espanhol. Além do *kurush* e do *zolota*, foram cunhados a partir de 1703 também o *yirmilik* ("peça de 20") e peças menores de 1, 5 e 10 paras.

Os sultani de ouro, equivalentes aos ducados venezianos, foram descontinuados perto do final do século XVII, mas de 1697 a 1728 voltaram a ser cunhadas peças de peso semelhante, chamadas *tughrali*, *cedid Istanbul*, *zincirli* e *findik*, que circularam até o reinado de Mahmud II (r.1808 - 1839) e, a partir de 1711, peças um pouco menores, conhecidas como *zehri mahbub* ("dinheiro bom"), bem como múltiplos e frações. Até 1780, o Império Otomano conheceu um período de expansão econômica e comercial e o valor das moedas permaneceu relativamente estável, mas novas quebras reduziram o aspre a 0,049 grama de prata pura e o *kurush* a 5,88 gramas até 1800.

Ano	Peso do kurush (g)	% de prata	Conteúdo em prata do aspre (g)	Valor do aspre em ñ	Valor do kurush em ñ	Ducado em aspres	Ducado em ñ
1690	–	60%	0,13000	2,34	–	300	703
1696	–	60%	0,13167	2,37	–	300	712
1708	26,2	60%	0,12833	3,49	419	360	1.258
1716	26,5	60%	0,13250	3,61	433	375	1.353
1720	26,4	60%	0,13167	3,59	430	380	1.362
1730	24,8	60%	0,12417	3,38	406	385	1.302
1740	24,1	60%	0,12083	3,29	395	440	1.448

1754	23,7	60%	0,11833	2,31	278	460	1.065
1757	19,0	60%	0,09500	1,86	223	465	864
1766	19,2	60%	0,09583	1,87	225	480	900
1774	18,2	60%	0,09083	1,78	213	495	879
1780	18,5	54%	0,08333	1,63	196	550	896
1788	17,4	54%	0,07830	1,53	184	660	1.011
1789	12,8	54%	0,05750	1,12	135	690	776
1794	12,6	54%	0,04917	0,96	115	840	808
1800	12,6	54%	0,04917	0,86	103	960	823
1808	12,8	46%	0,04907	0,86	103	960	821

Em 1720, em meio a um período de relativa estabilidade, as moedas em circulação na região central do Império Otomano eram as seguintes:

Denominação	Valor em aspres	Peso em gramas	Valor em ñ c.1720
Moedas de conta (de prata)			
aspre	1		3,6
Moedas de ouro			
ducado, sultani ou *altin*	380	3,45	1.368
Duplo *zeri mahbub*	570	5,20	2.052
zeri mahbub	285	2,60	1.026
Meio *zeri mahbub*	142	1,30	511
Quarto de *zeri mahbub*	71	0,65	256
Moedas de prata 60%			
kurush ou piastra	120	26,4	432
zolota	90	19,8	324
yirmilik (20 *paras*)	60	13,2	216
onluq (10 *paras*)	30	6,6	108
beshlik (5 *paras*)	15	3,3	54
para	3	0,66	10,8
aspre	1	0,22	3,6

Preços de alguns produtos (Istambul, 1723)

produto	unidade antiga	aspres	unidade moderna	ñ por unidade moderna
trigo	kile (37 l)	69,8	kg	9
farinha de trigo	kile (37 l)	81,5	kg	14
arroz	kile (37 l)	105,2	kg	13
carne de carneiro	okka (1,283 kg)	15,0	kg	42
manteiga	okka (1,283 kg)	31,7	kg	89
azeite de oliva	okka (1,283 kg)	22,2	l	68
mel	okka (1,283 kg)	14,0	kg	39
café (1729)	okka (1,283 kg)	200,0	kg	559
grão-de-bico	kile (37 l)	108,9	kg	14
madeira	cheki (237 kg)	45,0	kg	0,7
carvão vegetal	okka (1,283 kg)	2,0	kg	5,6
pregos	okka (1,283 kg)	30,3	kg	85
sabão (1734)	okka (1,283 kg)	38,4	kg	107
tecido de lã (1744)	zira (70 cm)	350,0	m	1.845
pano importado (1744)	zira (70 cm)	240,0	m	1.265
veludo (1744)	zira (70 cm)	840,0	m	4.429

Salários médios (Istambul, 1723)

trabalhador	aspres/dia	ñ/dia
Construção civil, qualificado	40,1	144
Construção civil, não qualificado	24,1	86

IRÃ

No final do século XV, a decadência da dinastia timúrida, que governava o Irã (chamado "Pérsia" apenas no Ocidente), o Iraque e a Ásia Central desde 1370, deixou a região fracionada entre grupos político-religiosos, entre os quais se destacou a ordem sufi safaviyya, sediada em Ardabil, atual noroeste do Irã e ligada à vertente xiita do Islã. Em 1501, o grão-mestre Ismail, de origem curda, tomou Tabriz e se proclamou *Shahanshah* (Imperador ou Xá) do Irã. De 1502 a 1508, Ismail I tomou posse da maior parte do que hoje são Irã e Iraque; a maioria das seitas religiosas da região se tornou xiita e aceitou sua liderança.

A nova dinastia safávida teve como principal rival o Império Otomano, então em plena expansão. Os xiitas dentro do Império Otomano apoiaram o Xá, que em 1512 invadiu a Anatólia. Os otomanos reagiram em 1514 com uma força maior e recursos de artilharia. Os safávidas foram derrotados e Tabriz foi tomada, mas as tropas otomanas se recusaram a continuar a luta até a conquista final e o sultão teve de retornar. Em 1524, Ismail foi sucedido pelo filho Tahmasp (r. 1524-1576), que voltou a lutar contra os otomanos e perdeu para eles o atual Iraque. Em 1555, mudou a capital para Qazvin.

No campo monetário, Ismail adaptou o sistema timúrida baseado na tanga de 4,78 gramas, que continuou em circulação no Cáucaso, províncias do Mar Cáspio, e Ormuz até meados do século XVI. A moeda oficial Safávida consistia em moedas de prata (***shahi***), inicialmente com o peso de um metical de Tabriz (4,6083 gramas ou 24 *nokhods*) e uma moeda de ouro (*ashrafi*), inicialmente com o peso de um ducado veneziano ou dinar mameluco (3,456 gramas ou 18 *nokhods*), mas substituído por uma peça de um metical antes do fim do reinado de Ismail I. As inscrições seguiram o padrão muçulmano habitual, com o acréscimo da fórmula xiita '*Ali wali Allah* ("Ali é amigo de Alá"), à *shahada* (profissão de fé) do anverso.

Os padrões monetários safávidas foram expressos em termos de **toman** (do mongol *toman*, "dez mil") uma unidade de conta equivalente a 10.000 dinares de conta. Após a entronização de Ismail I, o valor do *toman* parece ter sido inicialmente fixado em 200 meticais (= 4.800 *nokhods*) de prata, e o *shahi* como 50 dinares de conta. Sempre que um novo padrão monetário foi decretado, o *toman* foi descrito como igual a tantos *nokhods* ou meticais. Também se usou como moeda de conta o *qran* ou *qeran* de 1.000 dinares, também chamado *hazaar dinar*.

Já em 1517 a moeda safávida foi reformada. Nos territórios ocidentais, o *toman* foi reduzido para 4.050 *nokhods* e no Khorasan foi aumentado para 5.400 *nokhods*, para competir com as moedas mais pesadas cunhadas por Mohammad Shaybani, khan de Bukhara. Em 1547, o *toman* foi reduzido para 100 meticais ou 2.400 *nokhods* (1 *shahi* = 0,5 metical = 50 dinares) e depois disso a moeda se manteve relativamente estável por um tempo considerável. Foram cunhadas moedas de 2 *shahi* (*do-shahi*), que predominaram na maior parte do império e, nas regiões de Gilan e do Cáucaso, moedas de ½ (*nim-shahi*) e ¼ de *shahi*.

No norte (Tabaristão), uma tanga local de cerca de 3,6 g foi mantida até cerca de 1533, e por várias décadas depois foi ocasionalmente usada juntamente com a moeda safávida. Na costa do Golfo Pérsico, continuou-se a usar a moeda **larin** (plural *lari*) em persa e **larim** (plural larins) em português, cujo nome vem da cidade de Lar. Tinha a forma de um arame de prata de cerca de 10 centímetros dobrado como um grampo achatado e inscrito nas pontas, com peso de uma tanga ou 4,78 gramas. Também chamada *koku ridi* ("gancho de prata"), era cambiada no século XVII a 5 por um peso espanhol, apesar de seu conteúdo em prata do peso equivaler a pelo menos 5,5 larins, o que levou ao derretimento de moedas europeias para serem transformadas em larins. Entre 1624 e 1640, o larim valia 96 réis em Goa (o peso valia 480) e 9½ *stuiver* holandeses no Ceilão. Embora as moedas europeias tenham predominado no comércio do Índico a partir do século XVIII, o larim foi usado em alguns lugares até o início do século XX e deu origem aos nomes das moedas hoje usadas nas Ilhas Maldivas e na Geórgia.

Com a morte de Tahmasp, seus filhos disputaram a sucessão e saiu vitorioso Ismail II, que tentou reintroduzir o Islã sunita, mas foi envenenado pela irmã Pari Khan Khanum depois de um ano. Subiu ao trono, sob a regência da irmã até esta ser assassinada em 1578, o único irmão sobrevivente, Mohammad, poupado por ser quase cego.

Em 1578, os otomanos voltaram a invadir o Irã e tomar seus territórios do Cáucaso e Curdistão até Tabriz, e em 1581 iniciou-se uma rebelião no Khorasan em nome de Abbas, filho de Mohammad. Em 1587, os usbeques invadiram o Khorasan. Os partidários de Abbas entraram em Qazvin e foram apoiados pela população, o que convenceu o pai a abdicar.

O xá Abbas I (r. 1588-1629) tratou de reformar as instituições e transformar o que até então era uma confederação de tribos em um império centralizado. Mudou a capital para Isfahan em 1598, venceu os usbeques em 1599 e em 1599-1602 enviou à Europa uma missão diplomática para negociar uma aliança contra os otomanos, que conseguiu expulsar de Tabriz e do Cáucaso em 1603. Em 1622, tomou Ormuz aos portugueses e em 1623 conquistou o Iraque ao Império Otomano. Em seu reinado, o *toman* foi reduzido (em 1596) para 2.000 nokhods e a principal moeda de prata passou a ser a de 4 *shahi*, chamada **abbasi**, enquanto a moeda de 2 *shahi*, do predecessor, passou a ser conhecida como **mohammadi**. A moeda de ouro de 2.000 dinares e 7,78 gramas também foi conhecida como **abbasi**.

Denominação	Valor em dinares	Peso em gramas	Valor em ñ c.1600
Moedas de conta			
toman	10.000		9.000
qran	1.000		900
dinar	1		0,9
Moedas de ouro			
abbasi	2.000	7,68	1.800
Moedas de prata			
panj-shahi	250	9,60	225
abbasi	200	7,68	180
mohammadi ou do-shahi	100	3,84	90
shahi	50	1,92	45
bisti	20	0,77	18

Abbas I executou ou cegou seus filhos, supostamente envolvidos em conspirações. Ao morrer, foi sucedido pelo neto Safi, que eliminou todos os rivais potenciais. O poder safávida entrou a partir de então em declínio, pela revolta de províncias periféricas, invasões de povos tribais da Ásia Central e controle crescente do comércio do Índico por holandeses e ingleses. Em 1722, o xá Husain foi forçado a abdicar pelo chefe pashtu Misrail, do atual Afeganistão, cuja dinastia governou até 1729. Nesse período, o Irã perdeu o Cáucaso para a Rússia de Pedro I, o Grande e o Iraque para o Império Otomano. Os safávidas retornaram em seguida, mas foram depostos em 1736 pelo comandante Nader Shah, que recuperou parte dos territórios perdidos.

De 1605 a 1717, só se cunharam em ouro moedas de prestígio de 3,5 gramas chamadas ***ashrafi***. Foram também cunhadas moedas de prestígio de prata de 18 gramas a mais de 100 gramas, sendo mais comuns as de 2,5, 5 e 10 *abbasis* (500, 1.000 e 2.000 dinares). Embora fosse teoricamente obrigatório recunhar as moedas estrangeiras, encontravam-se no comércio pesos espanhóis, táleres alemães, *leeuwendaalder* holandeses e *orts* (quartos de táler) de Danzig. Cunhavam-se em cobre o faluz de um dinar e o *qazbegi* de 5 dinares. Para a perplexidade dos mercadores ocidentais, os pesos e táleres eram aceitos só a 600 dinares e os *leeuwendaalder* a 480 dinares, embora devessem valer 20% mais pelo conteúdo de prata.

Houve novas reduções de peso do toman, para 1.925 *nokhods* em 1644, 1.800 *nokhods* em 1711 e 1.400 *nokhods* em 1717. A relação de valor ouro/prata no Irã continuou próxima de 10 até 1789, embora atingisse 13 no Império Otomano e 14 ou 15 na Índia e Europa.

Ano	nokhods	toman	peça de ouro	shahi	toman	peça de ouro	shahi	dinar
	por toman	g Ag	g Au	g Ag	ñ	ñ	ñ	ñ
1510	4.800	922	3,46	4,61	21.001	840	105	2,1
1523 (Pérsia)	4.050	778	4,61	3,89	17.719	1.063	89	1,8
1523 (Khorasan)	5.400	1.037	4,61	5,18	23.626	1.063	118	2,4
1550	2.400	461	4,61	2,30	9.414	941	47	0,9
1600	2.000	384	7,68	1,92	7.277	1.455	36	0,7
1659	1.925	370	3,46	1,85	6.659	599	33	0,7

1716	1.800	346	3,46	1,73	9.411	941	47	0,9
1720	1.400	269	3,46	1,34	7.320	952	37	0,7
1740	1.200	230	11,03	1,15	6.274	3.137	31	0,6
1780	800	153,6	11,03	0,77	3.005	1.442	15	0,3
1788	600	115,2	11,52	0,58	2.254	2.254	11	0,2
1790	528	101,4	8,19	0,51	1.983	1.983	10	0,2
1798	480	92,2	6,14	0,46	1.803	1.803	9	0,2

Obs: supõe-se preços em prata equivalentes aos do Império Otomano nos mesmos períodos

Em 1737, Nader Shah reorganizou a cunhagem para aproximar seu sistema do vizinho Império Mugal. O toman foi reduzido a 1.200 *nokhods*. Foram cunhadas inicialmente moedas de 1, 6 e 20 *shahis* e, a partir de 1739, de 1 e 10 *shahis*. Esta última, de 11,5 gramas e 500 dinares, era praticamente equivalente à rúpia mugal contemporânea, de 11,3 gramas. Por volta de 1776, o *toman* foi novamente reduzido para 800 *nokhods*, mas as moedas não foram modificadas e se aumentou seu valor em dinares em 50%. A rúpia (***rupi***) passou a 750 dinares e o *abbasi*, a 300. Entretanto, o *shahi* continuou a ser moeda de conta de 50 dinares.

O assassinato de Nader Shah em 1747 foi seguido por um período de fragmentação, no qual os otomanos retomaram territórios no Iraque e possessões do Cáucaso. Golfo Pérsico e Ásia Central se tornaram independentes, inclusive Bukhara e Khiva (atual Usbequistão), Durrani (atual Afeganistão) e Mascate (atual Omã), enquanto Karim Khan, da tribo curda Zand, tomava o poder na maior parte do que restou do Irã. Embora os *ashrafis* continuassem a ser cunhados até 1752, a principal moeda de 1739 a 1787 foi o mohur de origem indiana, conhecido na Pérsia como *mohr-e ashrafi*, acompanhado por frações de ½, ¼ e 1/8. Os quartos de *mohur* de Karim Khan (r. 1750-1779) parecem ter sido as primeiras moedas de ouro comuns no Irã desde a época de Tahmasp.

A morte de Karim Khan trouxe outra guerra civil da qual em 1789 saiu vitorioso Mohammad Khan, da tribo azerbaijana Qajar, que tomou Isfahan aos descendentes de Karim Khan e mudou a capital para Teerã. Em 1786, o *toman* foi novamente desvalorizado para 600 *nokhods*, passando a *rupi* a valer 1.000 dinares. Em 1789, voltou a ser reduzido para 528 *nokhods*, e em 1798 para 480 *nokhods* (*rupi* de 1.250 dinares).

Em 1787, o padrão do *toman* foi estendido às moedas de ouro. O primeiro *toman* de ouro, de 1787, pesou cerca de 13,6 g, mas foi reduzido em 1788 para 11,5 g, em 1790 ou 1791 para 8,2 g e em 1797 para 6,1 g.

Em 1790 o rebelde Ahmad Khan Donboli começou a emitir segundo um novo padrão com base no toman de 528 *nokhods*. A denominação principal era um rial de 1.250 dinares, que pesava cerca de 12,67 g. Depois de sufocar a rebelião de Ahmad Khan em 1791-1792, Mohammad Khan adotou o rial e ao longo dos anos seguintes estendeu seu uso para todo o Irã. Um *toman* (equivalente a 101,4 gramas de prata) valia agora 2.000 ñ e o rial, 250 ñ. Em 1798, com a redução do *toman* para 480 *nokhods*, o rial se igualou à antiga *rupi*, agora de 1.250 dinares. Foram cunhadas moedas de ½, ¼ e 1/8 de *toman* e ½, ¼ e 1/8 de rial, complementadas pelas cunhagens locais de moedas de cobre.

Bibliografia

A BRIEF history of banknotes. Disponível em http://www.bankofengland.co.uk/banknotes/Pages/about/history.aspx

ALLEN, Robert C. *Progress and poverty in Early Modern Europe*. Oxford: Nuffield College, 2004.

ANGELINI, Cláudio Marcos. Os Holandeses no Brasil e sua cunhagem obsidional. Disponível em http://www.acervus.com.br/numismatica/artigos/htm/35.htm

ANMERKUNGEN zum historischen Geldwesen in West- und Mitteleuropa. Disponível em http://www.hagen-bobzin.de/hobby/muenzen.html

ARAGÃO, A. C. Teixeira de. *Descripção geral e histórica das moedas cunhadas em nome dos reis, regentes e governadores de Portugal. Tomo II*. Lisboa: Imprensa Nacional, 1874.

BUENO, Eduardo. A corrida do ouro em Minas Gerais. *Aventuras na História*, 01/03/2004. Disponível em http://guiadoestudante.abril.com.br/aventuras-historia/corrida-ouro-minas-gerais-433563.shtml

BUESCU, Mircea. *300 anos de inflação*. Rio de Janeiro: APEC, 1973.

BURGGRAAF, Simon. Van duiten, guldens en euro's. *Op de Rand van Brabants zand*, 2001.

BURINGH, Eltjo, VAN ZANDEN, Jan Luiten. Charting the 'Rise of the West': Manuscripts and Printed Books in Europe, A Long-Term Perspective from the Sixth through Eighteenth Centuries. *The Journal of Economic History*, Vol. 69, No. 2 (June 2009).

CAPIE, Forrest. Money and economic development in eighteenth-century England. *Exceptionalism and Industrialisation: Britain and its European Rivals, 1688–1815*. Cambridge University Press, 2004.

CARRARA, Angelo Alves. Às toneladas. *Revista de História*, 9/12/2008. Disponível em http://www.revistadehistoria.com.br/secao/capa/as-toneladas

CATALOGO di Numismatica e monete. Disponível em http://numismatica-italiana.lamoneta.it/

CIBRARIO, Luigi. *Della economia politica del Medio Evo libri 3 che trattano della sua condizione politica morale econômica*. Torino: Giuseppe Bocca, 1839.

_____. Delle Finanze della Monarchia di Savoia ne' secoli XIII e XIV. *Memorie della Reale accademia delle scienze di Torino, v. 36*. Torino: Stamperia Reale, 1833.

COELHO, Rafael da Silva. Moeda no Brasil no final do século XVII. São Paulo: USP/FFLCH, 2013.

COIMBRA, Álvaro da Veiga. Noções de numismática brasileira (I). *Revista de História*. v. 18, n. 37 (1959). São Paulo, USP/Departamento de História.

_____. Noções de numismática brasileira (II). *Revista de História*. v. 18, n. 38 (1959). São Paulo, USP/Departamento de História.

_____. Noções de numismática brasileira (III). *Revista de História*. v. 18, n. 39 (1959). São Paulo, USP/Departamento de História.

_____. Noções de numismática brasileira (IV). *Revista de História*. v. 18, n. 40 (1959). São Paulo, USP/Departamento de História.

_____. Noções de numismática brasileira (V). *Revista de História*. v. 18, n. 41 (1959). São Paulo, USP/Departamento de História.

_____. Noções de numismática brasileira (VI). *Revista de História*. v. 18, n. 42 (1960). São Paulo, USP/Departamento de História.

COLÓN DE CARVAJAL, Anunciada. Cristóbal Colón, ¿hombre rico, hombre pobre? Una perspectiva sobre su supuesta riqueza. *Revista de estudios colombinos*, 2006 no. 2 p. 5-12.

COOPER, J. P. *The New Cambridge Modern History: Volume 4*. Cambridge University Press, 1670.

CORPUS nummorum italicorum. Disponível em http://www.numismaticadellostato.it/web/pns/iuno-moneta/biblioteca/corpus

CZACKI, Tadeusz . *O litewskich i polskich prawach*. Poznan: Nowej, 1843.

DE KOPERGELD Pagina" . Disponível em http://www.duiten.nl/

DE VITTE, Alphonse. *Histoire Monétaire des Comtes de Louvain, Ducs de Brabant et Marquis du Saint Empire Romain, Tome Deuxième*. Anvers : Imprimerie Veuve de Backer, 1896.

DENZEL, Markus A. *Handbook of World Exchange Rates, 1590-1914*. Farnham: Ashgate, 2010.

DOTY, Richard G. English merchant tokens. Disponível em http://www.chicagocoinclub.org/projects/PiN/emt.html

DUTCH Coinage Circulating in the Colonies. Disponível em http://www.coins.nd.edu/ColCoin/ColCoinContents/Contents02.html

DYSON, Freeman. *Trastornando el Universo*. México: Fondo de Cultura Económica, 1983.

EDVINSSON, Rodney, JACOBSNO, Tor, WALDENSTRÖM, Daniel. *Exchange Rates, Prices, and Wages, 1277-2008*. Estocolmo: Ekerlids, 2010.

FERNANDES, Valéria. Mineração no Brasil - século XVIII. Disponível em http://pt.slideshare.net/shoujofan/minerao-no-brasil-sculo-xviii

GANDOLFI, Giovanni Cristoforo. *Della moneta antica di Genova, Libri 4, Volume 2*. Genova: Tipografia Ferrando, 1841.

GIRAUDEAU, Pierre. *La Banque rendue facile aux principales nations de l'Europe*. Lyon: Leroy, 1793.

GROEBE, Door. Beantwoording der prijsvraag over de Munten, en Hetgeen Daartoe Betrekking Heeft, Sedert 1500 tot den Jare 1621 Ingesloten. *Mémoires Couronnés par L'académie Royale des Sciences et Belles-Lettres, Tome X*. Bruxelles: M.Hayez, 1835.

HISTÓRIA do cifrão. *Expresso* : Lisboa, 1 de maio de 1998. Disponível em http://www.expresso.pt/ed1331/e32.asp?e23,e41,e32,e33,e34,e61,e62,e22,e21,pu11

HORN, James. Leaving England: The Social Background of Indentured Servants in the Seventeenth Century". The Colonial Williamsburg Foundation. Disponível em http://www.virtualjamestown.org/essays/horn_essay.html

ILIESCU, Octavian. *The History of coins in Romania* (cca. 1500 B.C. – 2000 AD). Bucareste: Editura Enciclopedică,2002.

JOHNSON, Tim. Isaac Newton: financial regulator. 12 de agosto de 2011. Disponível em http://magic-maths-money.blogspot.com.br/2011/08/isaac-newton-financial-regulator.html

JORDAN, Louis. Colonial currency. Disponível em http://www.coins.nd.edu/ColCurrency/index.html

KINGDOM of Poland. Disponível em http://coinscat.ru/pages/poland.html

KRAUSE, Chester, MISHLER, Clifford. *Standard catalog of world coins*, 1985: Iola, Krause

LE LOUIS d'or. Disponível em http://www.coutumes-et-traditions.fr/vivre-autrefois/le-louis-dor/

LEA, Henry Charles. Spanish experiments in coinage. *Appleton's Popular Science Monthly*, September 1897.

LEMMENS, K. Rekenmunt en Courant Geld. *Jaarboek 1998 van het Europees Genootschap voor Munt- en Penningkunde*.

LIMA, Fernando Carlos G. C. *Sugar and metals as commodity money in colonial Brazil*. IE-UFRJ, nov. 2012.

LUNDQVIST, Arvid. Coins of Gustav Vasa, Sweden, full catalog with prices. Disponível em https://www.academia.edu/19217883/Coins_of_Gustav_Vasa_Sweden_Full_Catalog_with_Prices

MACEDO, Jorge Braga de, SILVA, Álvaro Ferreira da, SOUSA, Rita Martins de. War, Taxes and Gold: the inheritance of the Real. *12 Congresso Internacional de História Econômica em Sevilha*, agosto de 1998. Disponível em http://www.fe.unl.pt/~jbmacedo/papers/war.htm

MARKHAM, Jerry W. *A Financial History of the United States: From Christopher Columbus to the Robber Barons (1492-1900)*. Nova York: M.E. Sharpe, 2002

MARTEAU, Pierre. Persia: Money. Disponível em http://pierre-marteau.com/wiki/index.php?title=Money_%28Persia%29

MATTHEE, Ruthie, FLOOR, Willem, CLAWSON, Patrick. *The Monetary history of Iran: from the safavids to the qajars*. London: I.B.Tauris, 2013

McEVEDY, Colin. *Atlas da História Moderna*. São Paulo: Verbo, 1990.

MONNAIES et unités de valeur du XVII Siècle. Disponível em http://foire-saintjacques.free.fr/www/spip.php?article8

MORRIS, James M. *On Mozart*. Cambridge University Press, 25 de nov de 1994

MUNRO, John H. Money and coinage in Late Medieval and Early Modern Europe. Disponível em http://www.economics.utoronto.ca/munro5/MONEYLEC.htm

NRIAGU, Jerome O. Mercury pollution from the past mining of gold and silver in the Americas. *The Science of the Total Environment 149* (1994) 167-181

NUMÁRIA portuguesa: Sebastião I. Disponível em https://sites.google.com/site/moedamania/numaria-portuguesa-1/sebastiao-i

OBSIDIONAIS - segunda parte. Disponível em http://www.mbaeditores.com/2014/02/obsidionais-segunda-parte.html

OBSIDIONAIS holandesas, as primeiras moedas com o nome Brasil. Disponível em http://www.mbaeditores.com/2016/02/obsidionais-holandesas-as-primeiras.html

ORTEGA DATO, José Ángel. *Los dineros en El Quijote*. PAES, J. C. Moedas do Brasil. Disponível em http://www.jcpaes.hpg.com.br/brasil/moedabrasil.htm

PAINE, Lincoln. *Ships of the World: an Historical Encyclopedia*. Londres: Conway, 1997

PAKUCS, Maria. *Sibiu – Hermannstadt*. Viena: Böhlau Verlag Köln Weimar, 2007.

PALMA, Nuno. *Anglo-portuguese trade and monetary transmission during the eighteenth century*. Nova School of Business and Economics, October 21, 2012.

PAMUK, Sevket. "Coins and Currency of the Ottoman Empire". Disponível em http://www.pierre-marteau.com/currency/coins/turk.html

_____. *A Monetary History of the Ottoman Empire*. Cambridge University Press, 2000.

_____. Data Series on Ottoman and Turkish Economy. Disponível em http://www.ata.boun.edu.tr/faculty/sevketpamuk/dataseries

PELLICER I BRU, Josep. *Conversaciones sobre Metrología* (Siglos XV y XVI). Gaceta Numismática, marzo 2010.

PICKEL, Bento José. O Pau-brasil. *Revista de História* Vol. XVI, Ano IX N.º 33 Janeiro-Março 1958.

PIERWSZE monety Polski 'królewskiej'. Disponível em http://www.poszukiwanieskarbow.com/numizmatyka/polska-krolewska.html

PROMIS, Domenico. *Monete dei Reali di Savoia*. Torino: Chirio e Mina, 1841.

PUCCI, Andrea. LA COLLEZIONE di Vittorio Emanuele III: Granducato di Toscana. Francesco Stefano di Lorena (1737-1765). *Bollettino di Numismatica On-Line*. N. 1 – Gennaio 2013.

_____. LA COLLEZIONE di Vittorio Emanuele III: La zecca di Firenze. Cosimo I de' Medici, duca di Firenze e Siena (1557, II semestre – 1569, I semestre). *Bollettino di Numismatica On-Line*. N. 15 – Marzo 2014.

QUEIROZ, Baptista. Subsídios para a história da numismática portuguesa. *O Archeologo Português*.

RIEDER, Reinhold. *Der Aufbau der habsburgischen Münzprägung im zu Ende gehenden Römisch-Deutschen Reich (Joseph II. – Franz II.)*. Viena: Universität Wien, 2014.

ROSS, Kelley L. British coins before the florin, compared to french coins of the Ancien Régime. Disponível em http://www.friesian.com/coins.htm

ROYO MARTÍNEZ, María del Mar. Antecedentes de la reforma monetaria de Felipe II de 1566 através del proyecto de Francisco de Almaguer y Diego de Carrera. *Espacio, Tiempo y Forma*, Serie IV, Hª. Moderna, t. 11, 1998, págs. 85-109

RUBBI, Gian Rinaldo Carli. *Delle monete e dell'instituzione delle zecche d'Italia, dell'antico e presente sistema di esse: e del loro intrinseco valore, e rapporto con la presente moneta dalla decadenza dell'impero sino al secolo XVII*. Pisa: Giovan Paolo Giovanelli, 1757

RUDING, Rogers. *Annals Of The Coinage Of Great Britain And Its Dependencies*. Londres: John Hearne, 1840.

RUIZ TRAPERO, María. La Onza: importancia y trascendencia. Madrid : Universidad Complutense, s. d.

_____. La Reforma monetaria de Felipe V: su Importancia histórica. Madrid : Universidad Complutense, s.d.

SANAHUJA, ANGUERA, Xavier. *Fabricació i circulació de moneda local a la Catalunya dels segles XIII-XVI*. Universitat de Lleida, 2013.

SANTIAGO FERNÁNDEZ, Javier de. *Legislación y reforma monetaria en la España borbónica*. Universidad Complutense de Madrid, s/d.

SCUDI, testoni, paoli l'antico sistema monetario di Roma. Disponível em http://roma.andreapollett.com/S7/monpapi.htm

SELGIN, George. Steam, hot air, and small change: Matthew Boulton and the reform of Britain's coinage. *Economic History Review*, LVI, 3 (2003), pp. 478–509.

SHAW, William Arthur. *The History of currency: 1252 to 1894*. London: Wilsons & Milne, 1895.

SVERIDGES Sedlar. Disponível em http://www.sedelmynt.se/

TAVOLE Descrittive delle Monete della Zecca Di Genova dal MCXXXIX al MDCCCXIV. *Atti della Società Ligure di Storia Patria* – Volume XXII—Fascicolo I. Genova: Tipografia del R. Istituto Sordo-Muti, 1890.

THE COST of Living: London, mid 1700s. Disponível em http://footguards.tripod.com/08HISTORY/08_costofliving.htm

THOMPSON, Earl A. *The tulipmania: fact or artifact?*. Springer Science, 2006.

TONYS Mintsida. Disponível em http://www.tonysmynt.se/

TORRES LÁZARO, Julio. La implantación de la moneda en América. *Revista de filología románica*, n. 11-12, 1994-1995, págs. 115-132

TRAVERS, Tim. *Pirates: a history*. Stroud: The History Press, 2009

VILAPLANA PERSIVA, Manuel. *Historia del real de a ocho*. Universidad de Murcia, 1997.

VINOGRADOV, A. G. *National economy of Russia: 1515-2015*. Disponível em https://books.google.com.br/books?id=h2JfDAAAQBAJ

VIRTUAL gold. Disponível em http://info.goldavenue.com/info_site/in_arts/in_mill/Gold-intro.htm

_____. "Kingdom of Poland". http://coinscat.ru/pages/poland.html

_____. "Numária Portuguesa: Sebastião I."WHITTON, C. A. *The Coinages of Henry VIII and Edward VI in Henry's Name*.

http://www.virtualjamestown.org/essays/horn_essay.html

WIECZOREK, Joanna. System monetarny Polski. Disponível em http://joannawieczorek.pl/wp-content/uploads/2015/10/System-monetarny-Polski.doc

Munro, "Money and Coinage in Late Medieval and Early Modern Europe". http://www.economics.utoronto.ca/munro5/MONEYLEC.htm

Jorge Braga de Macedo, Álvaro Ferreira da Silva e Rita Martins de Sousa. "War, Taxes and Gold: the inheritance of the Real", 12° Congresso Internacional de História Econômica em Sevilha, agosto de 1998.Jorge Caldeira. *História da Riqueza no Brasil: cinco séculos de pessoas, costumes e governos*. Rio de Janeiro: Estação Brasil, 2017.

José Ángel Ortega Dato. "Los dineros en El Quijote". Suma, junio 2006. pp. 33-40

ZSIGMOND, Pach. Aba, kebe, igriz. Posztófajták a hódoltsági török vámnaplókban a 16. század derekán. *Történelmi Szemle*, vol. 39, n.1, 1997.

FINANCIADORES
QUE VALEM OURO

Agradecemos a todos os apoiadores fãs de numismática e entusiastas da História da Economia mundial. E queremos depositar um obrigado especial a Bruno Pellizzari e a Sociedade Numismática Brasileira (www.snb.org.br), cujo incentivo e colaboração na divulgação nos foi de grande valor para realizar mais este projeto.

Agenor Franchi Jr.
Alessio Esteves
Allan Patrick
Allana Dilene de Araújo de Miranda
André Marques Da Silva
André Mellini
Antonio Tadeu Ferreira Sobrinho
Arrizon Olinto de Souza Filho
Augusto Bello Zorzi
Breno dos Santos Magalhães
Bruno Belloc Nunes Schlatter
Bruno Branco Pontarolli
Bruno César Alves Cantuária
Bruno Pellizzari
Bruno Petri
Bruno Pinheiro Ivan
Carlos Eduardo Cordeiro Fini
Carlos Eduardo Rodrigues Biondo
Carlos Mario Guedes de Guedes
Carlos Santos Amorim Junior
Cecília Auxiliadora Bedeschi de Camargo
Celisa Carrara Bonamigo
Cilmara Bedaque
Diego Pereira Batista
DPL - Numismática

Edison Paulo Del Debbio
Edson Alves de Abreu
Edson Elnei Lehr
Eduardo Maciel Ribeiro
Eduardo Oliveira
Eduardo Yoshinori Ochi
Estação Q
Fabio Henrique Alves
Fabio Martins Ferreira
Fabio R. T. dos Santos
Fernando Molina
Fernando Roda
Filipe Frank
Francisco Cabral
Gabriel Mamoru Marques Shinohara
Gerson Lodi-Ribeiro
Gilberto Fernando Tenor
Gustavo Frade
Henrique J. M. C. Da Costa
Hilton Aparecido Magri Lucio
Honório Gomes
Idalmo Cardoso da Costa Filho
Igor Vaz Guimarães
Itané de Borba
J. M. Beraldo
Janito Vaqueiro Ferreira Filho
João Goulart de Souza Gomes
José Tertuliano Oliveira
Julio Yamawaki
Karina Alves
Leandro Ferreira da Silva
Leandro Volpini Bernardes
Leonardo Cordeiro Araujo da Fonseca
Leopoldo Luiz Balestrini
Luan Catellan
Luciana Liscano Rech
Luciano Borges Junqueira
Luis Alberto de Seixas Buttes
Luiz Santelli
Marcelo Rodrigo Pereira
Marco Antonio da Costa
Marco Poli de Araujo
Marcos Souza Ferreira
Marcos Yokota
Mario Henrique Oliveira Seabra
Mateus Vacelli Spina

Mauricio Nardini
Mauricio Oliveira Dupim
Monocelho_mann
Oswaldo Martins Rodrigues Junior
Otavio Duarte
Paulo Antonio Dos Santos
Paulo Cezar Mendes Nicolau
Penumbra Livros
Peterson Pampolha Ferreira
Rafael Lobato
Rafael Augusto de Mattos Ferreira
Rodrigo Calegario
Rodrigo Ortiz Vinholo
Rubens Marcio R. de Mesquita
Sady D. Assumpcao Torres Filho
Sociedade Numismática Brasileira
Tanise Gayer do Amaral
Thiago Tonoli Boldo
Willy Vukan
Yuri Ghenov

Coleção de não-ficção do mesmo autor:

História do Dinheiro v. I

História do Dinheiro v. II

História do Dinheiro v. III

Batalhas Espaciais

Títulos de Nobreza e Hierarquias

Armas Brancas

Este livro foi impresso em papel pólen soft na Renovagraf em Março de 2020.